华东政法大学 2018 年度高峰高原学科建设项目
"一带一路"背景下的自贸区法治深化（A-4904-18-00113013）

法律服务业开放的规则研究

李晓郛 ◎著

图书在版编目(CIP)数据

法律服务业开放的规则研究/李晓郛著.—北京:北京大学出版社,2019.1

ISBN 978-7-301-30131-9

Ⅰ.①法… Ⅱ.①李… Ⅲ.①法律—工作—研究—中国 Ⅳ.①D920.4

中国版本图书馆 CIP 数据核字(2018)第 283566 号

书　　　名	法律服务业开放的规则研究 FALÜ FUWUYE KAIFANG DE GUIZE YANJIU
著作责任者	李晓郛　著
责 任 编 辑	朱　彦
标 准 书 号	ISBN 978-7-301-30131-9
出 版 发 行	北京大学出版社
地　　　址	北京市海淀区成府路 205 号　100871
网　　　址	http://www.pup.cn　新浪微博　@北京大学出版社
电 子 信 箱	sdyy_2005@126.com
电　　　话	邮购部 010-62752015　发行部 010-62750672 编辑部 021-62071998
印 　刷 　者	北京溢漾印刷有限公司
经 　销 　者	新华书店
	965 毫米×1300 毫米　16 开本　16.75 印张　210 千字 2019 年 1 月第 1 版　2019 年 1 月第 1 次印刷
定　　　价	52.00 元

未经许可,不得以任何方式复制或抄袭本书之部分或全部内容。
版权所有,侵权必究
举报电话: 010-62752024　电子信箱: fd@pup.pku.edu.cn
图书如有印装质量问题,请与出版部联系,电话: 010-62756370

本书使用的部分中英文全称与简称对照表

中文全称	英文全称	简称
世界贸易组织	World Trade Organization	WTO
《服务贸易总协定》	General Agreement on Trade in Services	GATS
《关税和贸易总协定》	General Agreement on Tariffs and Trade	GATT
服务贸易协定	Trade in Services Agreement	TiSA
《跨太平洋伙伴关系协定》	Trans-Pacific Partnership Agreement	TPP
《跨大西洋贸易和投资伙伴关系协定》	Transatlantic Trade and Investment Partnership	TTIP
《与贸易有关的知识产权协定》	Agreement on Trade-Related Aspects of Intellectual Property Rights	TRIPS
《与贸易有关的投资措施协定》	Agreement on Trade-Related Investment Measures	TRIMS
《北美自由贸易协定》	North American Free Trade Agreement	NAFTA
争端解决机构	Dispute Settlement Body	DSB
自由贸易协定	Free Trade Agreement	FTA
《区域全面经济伙伴关系协定》	Regional Comprehensive Economic Partnership	RCEP
《全面与进步跨太平洋伙伴关系协定》	Comprehensive and Progressive Agreement for Trans-Pacific Partnership	CPTPP
经济一体化协定	Economic Integration Agreement	EIA

目录
CONTENTS

第一章　导言 …………………………………………………… 001

　第一节　本书的研究对象 ………………………………… 003
　第二节　本书的研究背景和意义 ………………………… 008
　第三节　国内外研究现状 ………………………………… 015
　第四节　本书的研究方法 ………………………………… 025

第二章　全球化时代之国际法律服务业开放 ………………… 029

　第一节　全球化时代各国法律服务业开放水平参差
　　　　　不齐 ……………………………………………… 031
　第二节　全球化时代国际法律服务业开放的三大规则
　　　　　障碍 ……………………………………………… 048

第三章　逆全球化浪潮下之国际法律服务业开放 …………… 069

　第一节　国际经贸规则重构存在从多边走向区域的
　　　　　倾向 ……………………………………………… 072
　第二节　TiSA 在 GATS 基础上约束缔约方对法律
　　　　　服务业开放的限制 ……………………………… 081
　第三节　TPP 文本以其他方式约束缔约方对法律
　　　　　服务业开放的限制 ……………………………… 103

第四节 逆全球化浪潮阻碍法律服务市场开放新规则的
快速实施 ………………………………………… 119

第四章 全球化时代之中国法律服务业开放 ……………… 133

第一节 全球化时代中国有条件开放法律服务市场
……………………………………………………… 135
第二节 中国限制法律服务业开放带来的实践问题 …… 145
第三节 自由贸易试验区建设促成中国法律服务业
新一轮开放 ……………………………………… 156
第四节 自由贸易试验区法律服务业新规则的实际
效果欠佳 ………………………………………… 168

第五章 新时期中国法律服务业开放的规则构建 …………… 189

第一节 中国法律服务业开放的特殊性和重要性 ……… 191
第二节 中国法律服务业开放宜采取分阶段的方式 …… 199
第三节 中国法律服务业开放的具体设计 ……………… 225

附　录 关于发展涉外法律服务业的意见 ………………… 245

参考文献 ……………………………………………………… 254

谢　辞 ………………………………………………………… 263

第一章

导言

第一节　本书的研究对象

所谓"法律",有三种含义:① 最广义的"法律"与"法"同义,是指国家制定或者认可,并以国家强制力保证实施的行为规范总和,包括宪法、法律(狭义)、法规、规章、判例、惯例、习惯法等各种成文法与不成文法;较狭义的"法律"专指宪法性法律与普通法律;最狭义的"法律"专指普通法律,常与宪法并列使用。

所谓"服务",一般有两种含义:② 一种是指为集体或者为别人工作;另一种是指不以实物形式而以提供活劳动的形式满足他人某种需要的活动,亦称"劳务"。依据国家统计局自1985年以来实施的若干次产业分类标准,第三产业内部又划分为两大部门和四个层次。两大部门分别是流通部门和服务部门。其中,服务部门提供的服务包括四类:第一类是流通服务,包括交通运输、邮电通信、商业饮食、物资供销和仓储服务等;第二类是生产服务(包括金融、保险、信息咨询和技术服务等)和居民生活服务(包括园林绿化、环境卫生、洗衣和沐浴等);第三类是教育、文化、卫生、体育等旨在提高科学文化水平和居民素质的服务;第

---

① 参见《辞海》(第四卷),上海辞书出版社1999年版,第2414页。
② 参见《辞海》(第六卷),上海辞书出版社1999年版,第4062页。

法律服务业开放的规则研究

四类是为国家机关、政党机关、社会团体、军队和警察等部门提供的社会公共需要服务。①

因此,"法律服务"(legal service)是一个范围很广的概念。广义的"法律服务"不仅包括咨询和代理服务,也包括司法行政活动,涉及的人员除了律师之外,还包括法官、检察官、政府法律顾问和公证员等。就本书而言,写作的背景处于(逆)全球化时代,作为研究对象的法律服务业开放主要以服务贸易覆盖的规则为主,涉及司法行政的法律服务不在本书的主要内容之列。

就法律服务分类而言,国际上主要有两种方法:一种来自联合国统计委员会(United Nations Statistical Committee,UNSC)②,它将法律服务业按照刑法、非刑法的法律和法定程序进行区分;另一种来自世界贸易组织(World Trade Organization,WTO),它将法律服务业按照东道国法律、母国法律和国际法律开放承诺进行区分。两种方法虽然来自不同组织,但是也有相关联的地方。在WTO服务部门分类表(GNS/W/120)中,"法律服务"属于"商业服务"(business service)下的"(A)专业服务"(professional service),与联合国产品总分类(Provisional Central Product Classification)目录编号"CPC 861"相对应。

联合国产品总分类目录将法律服务细分为五类:第一类是"关于刑法的法律咨询和代理服务"(legal advisory and representation services concerning criminal law,CPC 86111),主要包括诉讼过程中的法律咨询和代理服务,以及起草与刑法有关的法律文书的服务。一般而言,这意味着在刑事犯罪案件中,专业人士在

---

① 参见邵云伟、顾潇斐、王琼:《上海法律服务业的现状与完善》,载《法治论丛》2005年第4期,第116页。

② 联合国统计委员会成立于1947年,它将各成员国的数据集中统计,作为全球统计数据系统的权威,以最高决策者的身份进行统计标准和统计活动的管理。其官方网站为: http://statistics.unwto.org/content/united-nations-statistical-commission-unsc。

司法机构面前为客户辩护。同时，这类服务也可以是在刑事犯罪案件中担任检察官，或者作为私人法律执业人员在政府收费的基础上被雇用；还可以是在法院提起诉讼和在法院之外的法律工作。"起草与刑法有关的法律文书的服务"涵盖刑事案件的研究和其他工作（例如，研究法律文件、与证人会见、评议警察和撰写其他报告），以及进行与刑法有关的诉讼后工作。第二类是"关于其他法律领域中司法程序的法律咨询和代理服务"（legal advisory and representation services in judicial procedures concerning other fields of law，CPC 86119），主要包括诉讼过程中的法律咨询和代理服务，以及起草与刑法以外的法律相关的法律文书的服务。代理服务一般包括代表客户担任检察官，或者保护客户不受起诉；还包括在法院提起诉讼和在法院之外的法律工作。后者涵盖与刑法以外的法律有关的研究和其他工作（例如，研究法律文件、与证人会见、评议警察和撰写其他报告），以及进行与刑法以外的法律相关的诉讼后工作。第三类是"关于准司法法庭和理事会等的法定程序的法律咨询和代理服务"（legal advisory and representation services in statutory procedures of quasi-judicial tribunals，boards，etc.，CPC 120），主要包括诉讼过程中的法律咨询和代理服务，以及起草与法定程序有关的法律文书的服务。一般而言，这意味着专业人士代表客户出现在法定机构（如行政法庭）。这类服务也可以是在法院之外的有权机构处理案件，或者从事相关的法律工作。比如，进行非司法案件的研究和其他工作（例如，研究法律文件、与证人会见和撰写评议报告），以及进行诉讼后工作。第四类是"法律文书和证明服务"（legal documentation and certification services，CPC 86130），主要包括前期准备、文件起草和法律文书认证的服务。这些服务涵盖提供咨询意见、完成有关文件起草或者法律文书认证所需的各种任务。比如，拟定遗嘱、婚姻合同、商业合同和公司章程等。第五类是"其他法律和咨询信息"（other legal and advisory information，CPC 8619），主要包括向客户提供有关其法律权利和义务的咨询服务，或者提供关于未列入其他分类的法律事项的信息，如托管服务和房产结算服务等。1997年2月，联合国统计委员会批准产品总分类目录的修订，但是法律服务分类基本保持不变。其主要变化是将批准"仲裁和调解服务"（arbitration and conciliation services）作为"法律服务"的子类，这在以前属于"管理咨询服务"（management consultancy services）的一部分。①

由于联合国产品总分类目录不太符合法律服务贸易实践，因此国际社会更倾向于接受WTO和《服务贸易总协定》（General Agreement on Trade in Services，GATS）的分类方法，后者更能反映成员方法律服务市场的开放程度。WTO/GATS也将法律服务分成五类：第一类是"东道国法律咨询/代理服务"（host country law advisory/representation），第二类是"母国和/或者第三国法律咨询/代理服务"（home country law and/or third country law advisory/representation），第三类是"国际法律咨询/代理服务"（international law advisory/representation），第四类是"法律文书和证明服务"（legal documentation and certification services），第五类是"其他咨询和信息服务"（other advisory and information services）。

WTO某一成员方可以允许外国专业人士从事上述五类法律服务中的任意一类或者几类。在法律实践中，成员方的开放承诺可能只包括咨询服务，也可能扩展到代理服务。相应地，外国专

---

① See Addendum, Detailed Analysis of the Modifications Brought About by the Revision of the Central Product Classification，S/CSC/W6/Add. 10，March 27，1998.

业人士有可能在成员方境内法庭出庭,也有可能参与东道国的仲裁案件。实践中,参与国际法律服务、东道国法律服务和第三国法律服务这三类服务中至少一类服务的专业人士经常被称为"外国法律顾问"(foreign legal consultant),这个定义也为一些国家或地区的服务贸易承诺表所采用。①

  GATS作为WTO一揽子协定的重要内容,其条款和效力几乎覆盖全部服务贸易领域,只是剔除了"非基于商业基础亦非与一个或者多个服务提供者竞争所提供"的"行使政府权力提供之服务"(GATS第1条)。相应地,涉及司法行政的法律服务也就不在GATS的框架内。GATS第1条既包括协定覆盖的范围,也包括四种服务贸易提供方式:除了传统的"跨境交付"(cross-border supply,模式1)之外,依据"消费者跨越国境接受服务"被定义为"境外消费"(consumption abroad,模式2),依据"服务提供者作为法人"和"自然人跨越国境提供服务"分别被定义为"商业存在"(commercial presence,模式3)和"自然人流动"(presence of natural persons,模式4)。法律服务国际化对应上述四种模式的表现:模式1主要通过函件、电信等手段提供法律服务,外国律师及律师事务所均不进入本国,本国律师及律师事务所亦不进入外国。模式2是指本国当事人出国,在境外获得外国律师提供的法律服务,或者外国当事人入境,由当地律师为其提供法律服务。模式3是指外国律师在东道国设立律师事务所或办事机构,向东道国当事人提供服务,或者本国律师去外国设立律师事务所或办事机构,向境外当事人提供法律服务。模式4是指外国律师进入东道国,为当事人提供现场法律服务,或者本国律

---

  ① See World Trade Organization, Legal Service: Background Note by the Secretariat, S/C/W/43, July 6, 1998, para. 18.

师在境外为当事人提供面对面的法律服务。①

中国是经济全球化的受益者，也是WTO的重要成员方。相应地，本书在讨论法律服务业开放时，主要依照GATS的四种服务贸易模式和规则予以展开和分析。

第二节　本书的研究背景和意义

虽然法律服务在整个服务贸易总量中所占的份额较小，但是它与一个国家的政治、经济、文化等密切相关，属于服务贸易中直接触及上层建筑的部分。中国经济的许多热点问题，如人民币国际化进程、"一带一路"倡议和自由贸易区战略的实施，都离不开法律服务。同时，从统计数据来看，法律服务市场价值和规模呈稳定的上升趋势，成为服务贸易不可缺少的组成部分。因此，法律服务业的发展不仅特殊，而且重要。

本书的研究背景是一个特殊的全球化时代。"全球化"（globalization）概念产生于西方社会，它被中国社会接受和使用的过程本身也是一个独特的全球化过程。得益于信息技术革命的快速发展和"价值链"（value chain）理论的广泛传播，20世纪后半期，经济全球化获得了爆炸式发展。② 其主要表现为贸易的全球化、

---

①　参见孙南申：《法律服务业市场开放中的问题与对策》，载《南京大学学报（哲学·人文科学·社会科学）》1998年第4期，第137页。

②　"价值链"概念首先由迈克尔·波特于1985年提出，主要针对垂直一体化公司，强调单个企业的竞争优势。波特于1998年进一步提出"价值体系"（value system）概念，将研究视角扩展到不同的公司之间，这与后来出现的"全球价值链"（global value chain）概念有共通之处。之后，布鲁斯·寇伽特提出了"价值增加链"（value-added chain）概念，他的观点比波特的观点更能反映价值链的垂直分离与全球空间再配置之间的关系。2001年，加里·格里芬在分析全球范围内国际分工与产业联系问题时，提出了"全球价值链"概念。

生产的全球化、金融的全球化以及劳务的全球化。① 这几股力量交织在一起，相互作用、相互影响，将世界各国紧密联系在一起，极大地促进了全球经济发展。全球化不仅意味着竞争，更意味着世界秩序的一次"扩容"。从16世纪的麦哲伦环球航行开始，全球化的发端是一个仅仅局限于欧洲的"1.0版"；随着工业革命的推动，全球化开始整合西方世界，演进成为美欧跨大西洋共治的"2.0版"全球化；当冷战分裂了世界，继而又整合了世界，中国改革开放与跨太平洋合作的时代到来了，这是全球化的"3.0版"，真正让世界变成了"地球村"。②

中国既是经济全球化的重要参与者，也是受益者。有学者认为，中国经历过三轮全球化。在1870—1914年的第一轮全球化进程中，中国的人均收入从占英国的24%下降到13%。不过，幸运的是，中国赶上了肇始于1960年的第二轮全球化的尾声。中国在最近十余年间发展成为世界第二大经济体、第一大贸易出口国，加上联合国常任理事国的地位，使中国作为世界上最大的发展中国家，在国际舞台上的声音和行动越来越有分量。③

WTO是第二轮全球化的重要标志，也是重大成果。作为WTO一揽子协定的组成部分，自GATS生效以来，全球服务贸易谈判可分为三个阶段：第一个阶段是WTO成立初期（1995—1999年）的乌拉圭回合（Uruguay Round）阶段，第二个阶段是21世纪以来的多哈回合（Doha Round）阶段，从2012年开始的"服务贸易协定"（Trade in Services Agreement，TiSA）谈判可

---

① 参见袁志刚、余新宇：《经济全球化动力机制的演变、趋势与中国应对》，载《学术月刊》2013年第5期，第67—80页。
② 参见孙蔚、曹德军：《中国正在引领新一轮全球化进程》，载《中国发展观察》2017年第20期，第68—70页。
③ 参见陆磊：《主动参与全球化符合中国战略利益》，http://opinion.caixin.com/2012-10-10/100445424.html，访问日期：2018年3月24日。

看作第三个阶段。一方面，WTO 的外部环境发生了变化，受到逆全球化浪潮的影响。另一方面，就 WTO 自身而言，由于成员方增多，协调变得困难，① 因此多哈回合谈判②长期停滞不前。加上美国主导《跨太平洋伙伴关系协定》(Trans-Pacific Partnership Agreement，TPP)、《跨大西洋贸易和投资伙伴关系协定》(Transatlantic Trade and Investment Partnership，TTIP)和 TiSA 等新一轮多边经济协定谈判，WTO 受到负面影响，一些人士称全球已经进入"后 WTO 时代"。③

除了 WTO 的变化，从非洲和拉美的实践，以及两次世界大战对经济社会的巨大破坏中，国内外学术界已经注意到：第一，全球化是可逆的；第二，全球化本身有缺陷。当前，全球正面临一个重大抉择：是否延续几乎自 2008 年起暂停的全球化进程？反全球化基本上具有以下三大先兆：一是贸易保护主义盛行，欧洲和美国等前两次全球化的引领者似乎正在构筑壁垒；二是意识形态对立和民族主义思潮上升，并"压倒"经济和政策协调，全球从共识占主导走向对立边缘，这一点从东亚局势可以清晰看出；

---

① 比如，出现了"意大利面条碗"现象。这源于美国经济学家巴格沃蒂 1995 年出版的《美国贸易政策》一书，指在双边自由贸易协定和区域贸易协定下，各个协定的不同优惠待遇和原产地规则就像碗里的意大利面条一样，一根根地绞在一起，甚至对多边贸易产生了负面影响。

② 多哈回合谈判，是指 WTO 成员方之间的新一轮多边贸易谈判。2001 年 11 月，WTO 在卡塔尔首都多哈举行第四次部长级会议，启动这一轮多边贸易谈判。人们称之为"多哈发展议程"，简称"多哈回合"。多哈回合谈判的宗旨是，促进 WTO 成员方削减贸易壁垒，以更公平的贸易环境促进全球特别是较贫穷国家的经济发展。谈判包括农业、非农产品市场准入、服务贸易、规则谈判、争端解决、知识产权、贸易与发展以及贸易与环境八个主要议题。多哈回合谈判虽是多边谈判，但谈判的主角是美国、欧盟和由巴西、印度、中国等发展中国家组成的"二十国协调组"。WTO 多哈回合谈判历程可见 WTO 网站：https://www.wto.org/english/tratop_e/dda_e/dda_e.htm，访问日期：2018 年 3 月 22 日。

③ 早在中国正式加入 WTO 的 2001 年，一些报纸、期刊就开始讨论中国与世界经济在"后 WTO 时代"的关系。截至 2018 年 4 月 7 日，以"后 WTO"作为篇名的文章在中国知网（CNKI）上共有 333 篇。

第一章
导言

三是地缘"火药桶"正在形成，如1914年的巴尔干半岛和2012年的朝鲜半岛。①

正在进行之中的第三轮全球化与第二轮全球化的不同之处在于，更加强调国与国之间的平等，更加注重不同社会阶层的普惠受益。"一带一路"倡议可以成为本次全球化的"试验田"。

2013年9月和10月，中国国家主席习近平访问哈萨克斯坦和印度尼西亚时，先后提出了建设"丝绸之路经济带"和打造"二十一世纪海上丝绸之路"的倡议。"一带一路"倡议顺应了时代要求和各国加快发展的愿望，提供了一个包容性巨大的发展平台，能够把快速发展的中国经济与沿线国家的利益结合起来，实现互利共赢。中国与国际社会的互动是围绕"责任"概念进行的。"一带一路"倡议有机地结合了自我关注与他者关注之间的动态和变量关系，形成了一种安全共享与包容共治的价值观。"一带一路"倡议成为中国作为新兴大国为国际体系所接纳的一种机制和路径。通过"一带一路"倡议，中国提升了"议程设置"的能力，形成了"话语聚焦"。中国与周边国家的共同利益为"一带一路"倡议提供了以非传统安全问题治理为内容的合作文化，有别于以传统安全为主要内容的"冷战"式安全文化。"走出去"和"一带一路"倡议将为全球安全治理做出引领性贡献，给中国带来重塑亚太"新安全文化格局"的历史机遇。②

从几轮全球化进程来看，全球化不单纯是经济的，它必然以国家政策与法律的变革为先导，也会带动国家政策与法律的变革。随着争夺市场和投资的国际竞争日益加剧，在全球范围内，

---

① 参见陆磊：《主动参与全球化符合中国战略利益》，http://opinion.caixin.com/2012-10-10/100445424.html，访问日期：2018年3月24日。

② 参见沈伟：《逆全球化背景下的国际金融治理体系和国际经济秩序新近演化——以二十国集团和"一带一路"为代表的新制度主义》，载《当代法学》2018年第1期，第46页。

特别是第三世界国家和东欧国家,出现了一股以市场为导向的法律改革潮流。健全的法律保障系统已经成为判断一个国家或地区是否具有良好投资环境的关键性因素之一。这些法律改革的基本原则和最终目的就是增加法的可预测性、稳定性和透明度,即实现"法治"(rule of law),以保证资本跨国界的自由流动,进而促进世界范围内的贸易自由。在国际领域,《关税和贸易总协定》(General Agreement on Tariffs and Trade,GATT)及之后的WTO在全球贸易中的作用越来越大,目标不仅在于排除对外资的歧视措施,还试图调节"国界背后"的政策内容和国内市场结构。① WTO通过以保障市场准入和国民待遇为核心的《服务贸易总协定》(GATS)、《与贸易有关的知识产权协定》(Agreement on Trade-Related Aspects of Intellectual Property Rights,TRIPS)和《与贸易有关的投资措施协定》(Agreement on Trade-Related Investment Measures,TRIMS)等,都是法律全球化的典型例证。

当前,全球超过一百个国家和国际组织积极支持和参与"一带一路"建设,联合国大会、联合国安理会的重要决议也将"一带一路"建设内容纳入。"一带一路"倡议逐渐从理念转化为行动,从愿景转变为现实。"一带一路"沿线有六十多个国家和地区,相关建设存在政治风险、经济风险、法律风险和文化风险等,其核心是法律风险。由于"一带一路"沿线国家和地区的法律制度参差多态,存在英美法系国家、大陆法系国家和伊斯兰法系国家等,法治环境复杂多变,因此"一带一路"建设法律服务

---

① 参见朱景文:《关于法律与全球化的几个问题》,载《法学》1998年第3期,第4页。

不可或缺,法律服务工作大有可为。①

经济全球化推动法律服务业发展,而律师服务是法律服务的重要内容。自1992年中国正式允许外国律师事务所来华开设代表机构以来,大量外国律师事务所进入中国法律服务市场,并在2001年中国加入WTO后形成一个高潮。根据中国司法部发布的公告,通过2013—2016四个年度检验的外国律师事务所驻华代表机构分别是232家、225家、229家、223家。② 其中,绝大多数来自美国、英国、日本、法国、德国、澳大利亚等发达国家,主要分布在中国富庶发达的东部沿海地区,93%以上集聚在北京市和上海市。《美国律师》(The American Lawyer)杂志评选的2015年全球前100名律师事务所中,有68家在中国设置了代表机构。③ 这说明,只要外国律师事务所有足够的实力和能力并且愿意来华,那么中国法律服务市场是向它们敞开的。

除了"一带一路"倡议,加快实施自由贸易区战略也是中国新一轮对外开放的重要内容。毋庸置疑,自由贸易试验区是中国的一个创造。国内外多数学者对自由贸易试验区的认识比较一致,即自由贸易试验区建设意味着中国再一次选择"开放倒逼改革",再一次"入世"。再一次"入世",指的是中国更加融入风云变幻的世界新规则。④ 在"一带一路"建设以及自由贸易试验区建设中尝试法律服务业开放和规则设计,已经成为中国政府和

---

① 参见魏哲哲、倪弋:《法律服务,护航"一带一路"》,载《人民日报》2017年5月10日第17版。

② 具体信息可以访问司法部网站(2017年司法公告第175号):http://xy.moj.gov.cn/index/content/2017-09/01/content_7304310.htm?node=86543,访问日期:2018年3月24日。

③ 具体信息可以访问《美国律师》杂志网站:https://www.law.com/americanlawyer/?slreturn=20180307083220,访问日期:2018年3月24日。

④ 参见许晴青、韩淼:《告别"政策洼地":中国强调自贸区建设重在制度创新试验》,http://www.Chinadaily.com.cn/hqcj/xfly/2014-05-09/content_11681778.html,访问日期:2018年3月24日。

全社会的共识。随着三批共11个自由贸易试验区以及海南自由贸易试验区和中国特色自由贸易港的成立,中国自由贸易区建设进入一个新阶段,新一轮高水平的对外开放和更大范围的改革试点正在稳步推进。与此同时,法律服务业的发展也将迎来更多的机遇与挑战。一方面,自由贸易试验区开放措施中出现了不少有关法律服务业的发展指引及政策;另一方面,自由贸易试验区各项开放措施涉及社会发展的方方面面,各行业的发展急需专业法律服务的大力支持。在自由贸易试验区发展的新阶段,如何顺应社会发展的需要,进一步提高法律服务水平,为自由贸易试验区经济建设、社会发展提供强有力的法律支持,是新时期中国法律服务业发展研究的新课题。

逆全球化已经成为未来国际社会的发展方向,抑或全球化依然是国际社会的发展方向?这是考虑开放法律服务业的重要因素,与之相关的另一个问题是:在当前的趋势下,中国是否要继续推动法律服务业开放和自由化进程,特别是继续推行已经在自由贸易试验区实施的法律服务自由化政策,使其有利于中国进一步发展自己和融入世界?如果答案是肯定的,那么接下来的问题就是:如何进行法律服务业开放?

虽然逆全球化浪潮愈演愈烈,但是本书认为,技术、资本、劳动力等要素仍在全球范围内较为自由地流动、配置,商品生产、销售全球化的趋势没有变,全球治理机制也在不断完善,这些均是经济全球化进一步深化的基础和条件。同时,与美国退出TPP、英国"脱欧"等形成鲜明对比的是,中国推动"一带一路"建设、发展上海合作组织(Shanghai Cooperation Organization,简称"上合组织")等,为经济全球化注入活力。以中国为代表的新兴经济体已经成为全球经济增长的新引擎,也成为经济全球化新的动力源泉,对于世界经济增长的贡献越来越大。2014—

2016年，中国经济总量分别占到世界经济总量的11.3%、11.8%和12.3%，对世界经济增长的实际贡献率则分别为28%、29%和32%。① 总之，经济全球化是社会生产力发展的客观要求和必然结果，经济全球化继续深化的大趋势不会变。在以中国为代表的新兴经济体的带动下，经济全球化必将在包容、消解各种矛盾中不断前进。

本书还认为，长期以来，主流叙事都将中国仅仅看作全球化进程的被动接受者与参与者。实际上，近代以来，中国一直是内嵌于全球化进程的。但是，由于复杂的历史原因，中国自现代开始脱离全球化浪潮，脱胎于冷战的分裂进程中。直到冷战终结，中国再次融入全球化进程。虽然目前逆全球化的思潮涌动，但全球化依然是不可逆转的趋势，在法治的基础上，如何结合世情和国情进行法律服务业开放，这是本书的写作目的和主要内容。

第三节　国内外研究现状

乌拉圭回合服务贸易谈判小组在以商品为中心的服务贸易分类的基础上，结合服务贸易统计和服务贸易部门开放的要求，并经过征求各谈判方的提案和意见，提出以部门为中心的服务贸易分类方法，将服务贸易分为十二大类。"法律服务"属于这十二大类中"商业服务"下的"专业服务"，作为六个种类之一，与"会计服务"等并列。TiSA谈判方也基本采用GATS的服务贸易分类方法。然而，由于服务贸易受到重视是近几十年的事情，而

---

① 参见冯新舟：《经济全球化新形势与中国的战略选择》，载《经济问题》2018年第3期，第4页。

且作为一个特殊的服务贸易领域，法律服务长期在各国贸易统计中不受重视，在乌拉圭回合之前和WTO成立之后的一段时间内，有关各成员方的法律服务贸易统计数据不多。即便作为世界第一大服务贸易出口国，美国统计法律服务贸易数据时，也只涉及跨境交易方式和临时自然人服务方式。这个做法直到近年才得到改变。相应地，各国对法律服务业主要是结合其他十一大类服务（如金融、健康及社会服务等），进行共同研究。这样的状况也影响到国内外学术界对于法律服务贸易的研究。

截至2018年4月6日，在中国知网搜索篇名带有"法律服务"的文章，共有6107条结果。虽然法律服务涉及的范围很广，但是国内对法律服务贸易的研究成果较少。比如，在上述结果中，筛选摘要中含有"贸易"的文章，只有47条结果。综合HeinOnline、Westlaw等法律专业网站的资料，按照时间顺序以及法律服务贸易规则的变化，可以将有关资料分成四大类：

一是在有关GATT/WTO时期法律服务业规则的文献综述方面，国内学者在中国正式成为WTO成员方后陆续有关于法律服务业的研究成果出现，主要集中在律师服务领域。中国刚加入WTO的前三年，有学者认为，影响法律服务自由化程度的具体因素主要是市场准入和国民待遇，法律服务自由化并不会导致法律的全球化和本地法律服务的边缘化。境外法律服务机构的本土化是法律服务自由化过程中不可避免的现象。加入WTO之后，在法律服务业开放的问题上，只要规范得当，对本地法律服务市场也会产生积极影响。保护性措施不是实现法律服务市场政策目标的最佳手段，必须随着国家的经济开放程度及时调整法律服务市场开放的步伐。特别是在实施法律服务自由化的过程中，必须与加强和改善行业的有效监管结合。（李本森，2004）但是，有学者认为，律师制度恢复以来，律师法律服务市场机制尚不健全，加上缺乏与国外同行业的有效沟通与合作，所以暂时不要大规模开放国内法律服务市场，应避免国内市场和环境受到巨大冲击，以完善国内法律服务市场、提高律师服务水平和效率为主。（巫文勇等，2006）也有学者认为，面对国际法律服务业的发展现状、趋势以及加入WTO面临的机遇和挑战，应当科学分析、全面认识，采取措施积极应对，才能趋利避害，适应经济全球化和一体化的发展趋势。（李涛，2005）有学者总结"入世"以来的开放历程，认为国内法律服务市场尚处于初级阶段，律师业存在结构性矛盾，对国际金融、贸易、航运等领域的支持很有限，亟待改革和提高。同时，国内高校也要转变观念，从理论教育转向职业教育，培养、输出适合新时期环境的法律人才。（季卫东，2011）还有学者专门从仲裁角度要求政府及时废除对法律服务市场不利的条款，促成中国成为重要的国际仲裁地，为金融服务、货物服务以及中国企业走出国门"保驾护航"。（陶景洲，2005）另有学者从现象角度出发，认为长期以来中国政府对外国律师事务所及律师的监管"外严内松"，外国律师事务所驻华代表机构规避了原本应遵守的法律法规，甚至利用"法律漏洞"，在国内市场不规范地运作，抢占国内律师事务所及律师市场和资源。（向涛，2011）

  国外学者早先认为，开放法律服务市场，特别是放开对外国律师事务所及律师的诸多限制，是中国履行WTO/GATS义务的组成部分。法律服务作为上层建筑，与经济、政治、文化等息息相关，开放法律服务市场对WTO、对中国都是利大于弊的选择。（Henry Gao，2007）在金融领域对世界经济越来越重要的背景下，不能忽视律师服务、仲裁服务等法律服务对金融领域的帮助和提高作用。（J. Steven Jarreau，2000）有学者总结，国内法律服务市场开放同时面临市场准入、国民待遇和国内规制等方面的规则制约，政府不能忽视国际大型律师事务所及律师的丰富经验和管理能力，应当及时开放法律服务市场，引进国外先进人才和管理经验，在融合优势的同时，增强国内法律服务市场的竞争能力。（Cohen，2012）也有学者在肯定中国改革开放取得巨大进展的同时，认为一些改革流于表面，仅限于特定部门；西方法律制度建立在资本主义意识形态之上，其法律和政治结构与权力分离，"法治""民主""自然正义"等概念是一致的，国内法律服务改革也会受到这些因素的影响。（Huang Liyue，2013）还有学者通过观察近些年外国律师事务所驻华代表机构规模、收入、策略等的变化，认为国内的外国律师事务所已经接近"饱和"，制约因素既有来自外国律师事务所自身发展的理念和管理方式，也有来自国内政府的政策和法规限制，宜进一步扩大开放。（Rachel E. Stern，et al.，2015）另有学者从法社会学的角度认为，在法律服务全球化和自由化的进程中，法律职业的结构性障碍或许可以逐渐消除，但是专业技能的文化内涵永远不会消失。（刘思达，2011）

二是在有关新时期国际法律服务业开放新规则的文献综述方面，由于法律服务不是国内外关注的重点，因此相关文献比前述律师服务业开放的有关文献数量要少，法律服务业开放研究更多地与服务业整体开放研究结合在一起。有国内学者认为，在美国制造业衰退，金融危机后经济发展不见起色的情况下，作为守成的贸易大国，因自身在既有的国际贸易制度中的优势不断丧失，美国主动发起新制度攻势，通过"3T"（TPP、TTIP和TiSA）谈判以缔造对自身有利的新一代国际贸易制度体系。（李巍，2016）在经济全球化面前，与货物贸易相比，服务贸易领域多边规则的水平较低、覆盖面较窄。随着发达国家的经济重心不断向服务业倾斜，服务贸易对其经济和贸易发展的重要性日益凸显，

GATS 规则已经越来越难以满足其扩展服务业对外贸易和投资的需求。美国、欧盟等发起 WTO 多哈回合谈判的一个重要动机就是进一步推进服务贸易和投资自由化。(屠新泉等，2014) 多哈回合由于在农业和非农产品市场准入领域遭遇瓶颈而陷入僵局。作为美国、欧盟和澳大利亚力推的新一代服务贸易协定，TiSA 源自 GATS 第 19 条的授权。如果 TiSA 能够谈判成功，不单是法律服务业，对中国整个服务业和经济发展都将产生深远影响（陈立虎等，2013）。WTO/GATS 和 TiSA 都希望实现法律服务业自由化，在国内规制方面都要求明确国内监管形式，实现透明、公开。(赵瑾，2015) 从"金砖国家"的反应来看，一开始是拒绝的态度，后来转为包容、开放的态度。这反映了"金砖国家"对 TiSA 作为新一代高标准服务贸易协定的认可。(李伍荣等，2015)

有学者从 TiSA 谈判产生的法律背景以及可能具有的法律地位入手，对其在基础文本的谈判、承诺减让表以及监管纪律等方面对多边服务贸易体制的超越进行了研究：在基础文本的谈判方面，TiSA 在服务贸易的基本问题上设计了与多边服务贸易体制兼容的机制，以保障 TiSA 框架和基础文本不会成为 TiSA 多边化的障碍；在承诺减让表方面，TiSA 谈判的起点是延伸区域服务贸易的谈判成果；在监管纪律方面，谈判重点是诸多领域的国内监管措施改革。TiSA 现有的谈判文本所体现的高标准服务贸易政策的外溢与中国服务贸易市场的开放目标并不冲突。中国应在保证国家利益的前提下，逐步开放服务贸易市场，改革服务贸易的国内监管措施，以确保服务贸易的进一步开放对国家经济发展的实际促进作用。(陈立虎等，2013) TiSA 的开放程度和涵盖范围都高于 GATS。TiSA 有关谈判框架的文件显示，TiSA 将以诸边协定的形式作为起点，待条件具备后，实现多边化，甚至升级成为"GATS 2.0"。从欧盟和"维基解密"披露的进展情况来看，TiSA 实现多边化已经出现有利条件，如协定的框架内容较好地做到了与 GATS 适配、欧盟等谈判方的态度积极等；同时，也面临不少困难，如美国与"金砖国家"对待 TiSA 的诉求和利益存在明显错位等。（周艳等，2016）从总体上看，TiSA 的诸多规则与国家经济发展同方向，有利于中国服务业乃至整个经济的发展。虽然短期内中国没有成为 TiSA 谈判方的可能，但是未来加入 TiSA 可能对中国服务业乃至整个经济安全产生较大冲击。有学者建议利用中国自身庞大的服务业市场规模作为谈判筹码，同时加快服务业开放和国内有关体制改革，做好应对准备。（刘旭，2014）就具体谈判而言，中国应采取积极的态度：第一，及时关注 TiSA 谈判动向，跟踪 TiSA 谈判热点，做好多种谈判结局的应对预案；第二，以 TiSA 谈判为契机，推动国内服务业改革，既要关注服务业供给侧，也要关注服务业需求侧；第三，鼓励有竞争力的服务业企业参与国际竞争，优化国内服务业国际贸易结构。（段子忠、林海，2016）还有学者认为，中国加入 TiSA 谈判既具备现实发展需求，又具有制度土壤和外部条件，应该争取在中后期参与到谈判中，并理清服务贸易各部门发展现状以及出价、要价清单。中国至少可在 WTO 层面要求 TiSA 谈判方落实透明度和包容性原则，公开相关的谈判信息；同时，加快国内自由贸易试验区战略的部署，消除其不利影响。（彭德雷，2015）

三是在有关自由贸易试验区作为"一带一路"倡议下法律服务业开放平台的文献综述方面，随着建设的深入，国内学术界对于法律服务业规则的研究逐渐增加。法律服务业开放离不开立法机关、行政机关和司法机关三者之间的分工和配合。这首先涉及自由贸易试验区的法律属性，直接关系到自由贸易试验区能否作为法律服务业开放规则的创新平台以及开放的程度。在自由贸易试验区成立之前和成立之初,有过许多关于自由贸易试验区性质的争论。有学者将"自由贸易试验区"视作与根据双边或者多边国际协定成立的"自由贸易区"两个不同制度安排的同一表述。(王敏,2013)更有学者将两者混为一谈。(夏善晨,2013)早在2008年5月,商务部与海关总署联合发函,明确指出了"自由贸易区"的定义。国内的自由贸易试验区与更早一些时候建立的保税港、保税区、出口加工区、经济技术开发区和经济特区等特殊功能区都具有自由贸易园区的某些特征,但是并无完全对应的区域。自由贸易试验区的设立源自海关特殊监管区域的探索。从海关特殊监管区域的性质开始,国内学术界就出现了"境内关外"与"境内关内"的争论。(朱秋沅,2014)但是,随着自由贸易试验区建设的推进,学术界和实务界都认为,自由贸易试验区建设与20世纪国内改革开放所采用的"政策优惠型"模式不同,不是形成"政策洼地",而是打造"制度创新池",先行先试的核心内容是制度创新。习近平总书记强调:"凡属重大改革都要于法有据。"在中国特色社会主义法律体系已经形成的今天,涉及自由贸易试验区先行先试的事项,现行法律、行政法规均有明确的规定,任何实质性的制度创新都需要突破现行法律、行政法规的相关规定。法律服务业与其他开放领域一样,在自由贸易试验区建设和推进过程中,立法合法性问题如影随形。(丁伟,2013)上海、天津、广东和福建四地自由贸易试验区总体方案中,服务贸易都被认为是创新的重要内容,就法律服务业开放如何在自由贸易试验区探索和发展,可以从整体和局部两个视角荟萃学术界和实务界研究的成果。(陈勇等,2017)在整体上,自中国2001年加入WTO以来,国内服务业开放呈现渐进式发展,在不同阶段对服务业开放的研究也出现不同观点。从战略角度出发,在WTO过渡期满之时,有学者基于国内服务业发展水平较低而支持政府对服务业及服务贸易进行有效规制,通过GATS对发展中国家的优惠保护及国际贸易理论,包括市场失灵论、保护幼稚产业论、管理贸易论和新贸易理论,支持政府进行市场准入限制,减缓服务业受到的冲击,逐步提高服务业的竞争力。(王艳杰,2007)也有学者回顾对外开放的政策,列出服务业开放的依据,提出开放的政策方向和选择,强调应把国家整体利益放在首位,重点通过提高服务业效率,提升现有企业竞争力。(沈玉亮,2007)有学者认为,国内服务业初始低效率体制的成因源于早期实施的赶超战略,应吸取服务业剩余以解决资本约束问题,而渐进性改革产生预算软约束,降低了服务业的技术效率。(顾乃华,2006)从制度角度出发,有学者认为,国内服务业发展滞后的原因与法治水平低下、赶超战略、政治"锦标赛"制度、政府规模紧密相关。(姜磊,2009)有学者通过对不同市场结构产业的进入壁垒高度的总体判断,指出政府干预、市场壁垒影响产业绩效,影响服务业长足发展。(孙燕铭,2010)也有学者考虑体制障碍,分析服务业滞后的原因为产权体制、规则体制、管理体制、支持体制、环境体制五个方面的缺陷,并指出要为服务经济发展创造良好的制度环境,应建立与以上五个方面相对应的支持体系。(黄永明,2010)还有学者认为,要实现服务业的跨越式发展,必须先解决其深层次的体制问题,从调整市场准入政策、进行国有企业改革、加快行业协会改革、加大力度实施国内服务业"走出去"战略四个方面提出体制改革的相应对策。(胡琨,2010)服务业存在的共性问题也会制约法律服务业的开放进程。有学者从传统的工业化战略、服务业中的垄断以及服务业规制改革三个方面分析中国服务业发展中的制度障碍,并提出相应的政策建议。(樊瑞莉,2009)也有学者认为,计划经济时期政府实行优先发展重工业的赶超战略,导致服务业受到压制,改革开放后"三位一体"模式的部分延续进一步造成服务业发展滞后的局面。(王向等,2013)金融服务业发展和创新是自由贸易试验区的一大任务。早在中国加入WTO之前,就有国外学者分析律师与金融之间的关系,认为金融业作为国家发展不可或缺的领域,急需高质量法律服务的支持,中国加入WTO后应该大力发展法律服务业,减少对律师执业的制度约束,进而促进金融业的健康发展。(J. Steven Jarreau,2000)

国内多数学者认为,随着世界贸易自由化趋势的不断发展,区域经济合作逐渐取代多边谈判,服务贸易成为贸易自由化的核心。欧美国家通过力推高标准贸易谈判,巩固并扩大其在世界服务贸易领域的优势地位,延伸其在发展中国家的产业链。从长期来看,它们的规则取向有利于提升中国服务业在全球价值链上的地位,有利于分享高标准贸易协定的溢出效应,也会进一步促进中国服务业市场开放;同时,也给中国经济发展带来巨大挑战:部分服务业开放存在安全隐患,现有企业制度与经济管理体制面临升级压力,制约了既有优势服务产业出口和经济增长模式。为此,中国应主动采取措施加以应对:提高服务贸易发展水平,加快实施自由贸易试验区发展战略,健全法制环境,完善服务贸易法律体系,积极参与国际服务贸易规则的制定。(张悦、崔日明,2017)

国内学界比较一致的意见是:顺利实现"一带一路"倡议,必须走法治化道路。随着"一带一路"倡议的深入推进,涉外法律法规体系的完善成为当务之急,应当着重完善对外贸易法律制度,制定外国投资法以及对外投资法律法规,构建中国特色援外法律制度,完善外国人服务管理、领事保护等方面法律法规的建设。同时,要更加注重对外开放面临的新情况和新特点,将国际经济贸易规则的新发展和新内容吸收进相关的国内立法中,为各国法律协调和趋同奠定基础,减少将来可能的法律冲突或法律障碍,努力打造一个稳定、公平、透明、可预期的营商环境。(张鸣起,2017)也有学者认为,"一带一路"倡议的跨国性,要求其实施必须有国际法律规则和制度相伴。实施"一带一路"倡议之国际经贸行为的多样性,要求必须有不同种类和内容的国际法律规则和制度予以规范。中国完全可以主动采取有力措施,参与并引领在国际投资、国际技术转让、国际税收和国际人员流动等领域中的法律建设,完善和建立新的国际规则和制度。(邵景春,2017)还有学者认为,法律服务应当从两方面主动服务和融入"一带一路"建设:一方面,以律师为代表的法律职业群体应根据本地区在"一带一路"中的功能定位,搭建平台,积极提供法律服务;另一方面,从司法角度充分发挥法院审判职能作用,提升"一带一路"建设中的司法服务水平,并保障中国司法的国际公信力。(张福森,2017)有学者把"一带一路"倡议和上合组织建设结合起来,认为中方法律服务委员会作为其重要组成部分,设有健全的组织机构与特定的工作方向,能够为中国参与国际规则制定提供平台支持与人才储备,推动国际秩序向公正合理方向发展,有效降低各成员国投资贸易法律壁垒,促进经济共同发展,增进各国友谊,推动"一带一路"倡议的实现。(姜思源、王一晨,2016)

四是在法律服务业开放的方向和路径上,法律服务业"分阶段开放"是国内外学者比较一致的观点。就域外经验而言,有外国学者认为,韩国法律服务业的市场规模较小,容易受到外界压力和面临竞争,政府通过"分步走"的方式,一边对接国际高标准、符合国际趋势,另一边为本土法律服务提供者设置一个缓冲期。(Jeanne Lee John,2012)这种逐渐开放式的发展方式既符合国际规律,也适合服务业较为落后的国家。(鲍晓华等,2015)

具体而言，韩国政府一方面通过制定自由贸易（港）区发展大战略，对接国际新标准和新潮流，对外承诺开放，以开放倒逼改革；另一方面，通过制定、修改和实施国内法律法规，将国际义务转化为国内依据，自上而下地推动改革，并使得创新"有法可依"。（杜相希，2009）在自由贸易试验区成立之前，有外国学者支持中国政府针对港澳服务提供者优先开放市场的做法，认为这增加了外国法律服务提供者获得市场准入和国民待遇的可能性，未来中国应当在此基础上加大法律服务业自由化的步伐。（Anderson Godwin，2009）有国内学者研究《中国（上海）自由贸易试验区中外律师事务所互派律师担任法律顾问的实施办法》以及《中国（上海）自由贸易试验区中外律师事务所联营的实施办法》，认为这两份规范性文件具有一定的积极意义，但是没有完成自由贸易试验区法律服务业探索的任务，政府需要进一步地开放规则。借鉴韩国经验，该学者认为：首先，法规制定的终极目标应当是为更高的市场开放程度服务；其次，在制定开放规则的框架性以及原则性规定时，应当使用更加明确的法律语言；最后，自由贸易试验区在监管权的合理、透明行使方面需要提高。（张方舟，2016）

第四节　本书的研究方法

本书的写作主要采用了以下几种研究方法：

第一，文献研究法。文献研究法被广泛用于各种学术研究，一方面，能够帮助了解法律服务业开放的历史和现状，确定研究对象的内涵和外延；另一方面，能够形成国内法律服务业开放的一般印象，进而有助于全书的分析和对策建议。

第二，定性分析法，亦称"非数量分析法"。这是对研究对象进行"质"方面的分析。具体地说，它是运用归纳与演绎、分析与综合以及抽象与概括等方法，对获得的各种材料进行思维加工，从而能去粗取精、去伪存真、由此及彼、由表及里，达到认识事物本质、揭示内在规律的目的。英文中的"qualitative research"在中国大陆被翻译成"定性研究"，在中国台湾、香港地区以及新加坡被译为"质的研究"。如果望文生义，此类研究似乎是对社会现象"性""质"的研究，而与此不同的另一种方法"定量研究"或者"量的研究"（quantitative research）则是将重点放在事物的量化表现上。有学者将这两种研究概括为："定性是定量的基础，定量是定性的精确化。"实际上，定性研究和定量研究只是从不同的角度，在不同的层面，用不同的方法对同一事物的"质"进行研究。由于指导思想和操作手段不同，它们有可能将研究的重点放在"质"的不同侧面上。社会科学界对"定性研究"尚无明确、公认的定义。国内社会科学界对"定性研究"的理解一般比较宽泛，通常将所有非定量的研究（包括个人的思考、对政策的解释与阐发）均纳入定性的范畴。① 由于"法律服务（贸易）"一词在国内法学界还未形成较精确的定义，因此本书结合 WTO/GATS 规则等进行研究和提出对策建议，也算是一种"变通"的方式。

第三，跨学科研究法。这是运用不同学科的理论、方法和成果，从整体上对某一课题进行综合研究的方法，也被称为"交叉研究法"。科学发展运动的规律表明，科学在高度分化中又高度综合，形成一个统一的整体。据不完全统计，现在世界上已经有超过两千种学科，而学科分化的趋势还在加剧；同时，各学科间

---

① 参见陈向明：《质的研究方法与社会科学研究》，教育科学出版社 2000 年版。

的联系愈来愈紧密，在语言、方法和某些概念方面，有日益统一化的趋势。北京大学朱苏力教授从宏观角度对20世纪70年代末以来的中国法学发展格局进行了检视，认为其中存在着三种不同的重要范式：政法法学、诠释法学和社科法学。这三种范式的出现虽然有大致的先后顺序，但是并非此兴彼灭的完全替代关系，而是以不同程度上共存的形式奠定了当代中国法学的基本格局。在展望中国法学的未来发展之时，朱苏力教授认为，注重意识形态话语的政法法学将走向衰落，起主导作用的将是高度关注具体法律条文、法律制度和法律纠纷解决技术的诠释法学，以及借鉴其他社会科学的理论资源和研究方法、试图发现法律制度与社会生活等因素的相互影响和制约的社科法学。[①] 本书在进行法律服务业开放的规则研究时，辅之以经济学、管理学等范式，力图更好地对法律服务业开放的规则提出对策建议。

---

① 参见尤陈俊：《不在场的在场：社科法学和法教义学之争的背后》，载《光明日报》2014年8月13日第16版。

第二章

全球化时代之国际法律服务业开放

全球化运动有力地推进了法律服务业发展和自由化运动。然而，各国法律服务业开放的规则不统一，开放程度参差不齐。英美法系国家在法律服务贸易中占有重要地位，开放程度较高，也是推动法律服务业开放和自由化的主要力量。综合来看，国际法律服务业开放的规则障碍可以概括为市场准入限制、国民待遇限制以及其他国内规则限制三类。

第一节　全球化时代各国法律服务业开放水平参差不齐

"全球化"这个术语虽然是工业时代的产物之一，但是直到20世纪80年代，其含义才基本确定。[①] 21世纪初，国际货币基金组织（International Monetary Fund，IMF）在研究报告《全球化：威胁还是机遇？》（Globalization：Threat or Opportunity?）中，确定了支持全球化的四个方面：贸易（trade）、资本流动（capital movement）、人口移徙（movement of people）以及知识（和技术）的传播（spread of knowledge（and technology））。[②] 有学者认为，全球化是现代性的结果，地方性事件意味着世界范围

---

① See Paul James &. Manfred B. Steger, A Genealogy of "Globalization"：The Career of a Concept, *Globalizations*, 2014, 11 (4): 417-434.

② See IMF Staff, Globalization：Threat or Opportunity? http://www.imf.org/external/np/exr/ib/2000/041200to.htm♯II, last visited on January 1, 2018.

内的社会关系;全球化也是一个长期的进程,与商业组织、经济、社会文化和自然环境之间相互影响。① 学术文献通常将全球化细分为三个主要领域:除了经济全球化,还有政治全球化(political globalization)和文化全球化(cultural globalization)。②

经济全球化的含义有很多,还没有统一的概念。IMF 认为:"经济全球化是一个历史进程,是人类创新和技术进步的结果。它指世界各国经济日益一体化,主要通过贸易和资金流动实现。该术语有时也指人(劳动)和知识(技术)跨国界的活动,但是不包括更广泛的文化、政治或者环境层面的全球化。"③ 经济合作与发展组织(Organization for Economic Co-operation and Development,OECD)认为:"经济全球化可看作一个过程,在这个过程中,经济、市场、技术与通信形式都越来越具有全球特征,民族性和地方性在减少。"④

主流经济学家通常把经济全球化归因于市场经济的发展。在市场经济条件下,人类作为"理性经济人",为了追求和占有更多的财富,必然推动劳动分工的专业化以及市场规模的不断扩大,直至超越国家的界限,形成统一的全球市场。亚当·斯密提出的绝对成本优势理论和大卫·李嘉图创立并由诸多学者发展的

---

① See Gavin Bridge, Grounding Globalization: The Prospects and Perils of Linking Economic Processes of Globalization to Environmental Outcomes, *Economic Geography*, 2002, 78 (3): 361-386.

② See Salvatore Babones, Studying Globalization: Methodological Issues, in George Ritzer (ed.), *The Blackwell Companion to Globalization*, John Wiley & Sons, 2008, p. 146.

③ IMF Staff, Globalization: Threat or Opportunity? April 12, 2001 (Corrected in January 2002), http://www.imf.org/external/np/exr/ib/2000/041200to.htm#II, last visited on January 1, 2018.

④ OECD 推出经济全球化指标,具体信息可见 OECD, OECD Handbook on Economic Globalisation Indicators, http://www.oecd.org/sti/sci-tech/oecdhandbookoneconomicglobalisationindicators.htm, last visited on January 1, 2018。

比较成本理论,都论证了国际分工、国际自由贸易可以增加全球财富,增进全世界人民福祉,为经济全球化的合理性和正当性提供了理论支持。马克思和恩格斯深刻揭示了经济全球化的本质,认为经济全球化是资本主义生产方式扩张的必然结果。① 国内有学者认为,经济全球化是指在生产力不断进步、科技加速进步、社会分工和国际分工不断深化、生产的社会化和国际化程度不断提高的情况下,世界各国、各地区的经济活动越来越超出一国和地区的范围而相互联系、相互依赖的过程。② 在自由资本主义阶段,一些主要资本主义国家的生产经营活动实际上已经开始在全球范围内进行组织,意味着经济全球化的趋势已经萌芽。正如马克思、恩格斯所说:"资产阶级,由于开拓了世界市场,使一切国家的生产和消费都成为世界性的了。"③

从整体上看,随着全球化的深入,人类社会经济增长加速,贫困减少。在中国加入 WTO 前夕,IMF 的一份研究报告指出(2001 年 9 月发布):参与全球化的国家/地区人均国内生产总值(Gross Domestic Product,GDP)年增长率从 20 世纪 60 年代的 1.4% 增长到 70 年代的 2.9%,再到 80 年代的 3.5% 以及 90 年代的 5.0%。鉴于富裕国家 GDP 的年增长率从 20 世纪 60 年代的高速增长(4.7%)下降到 90 年代的 2.2%,参与全球化的国家/地区整体经济增长比例显得更加突出。与此同时,未参与全球化的发展中国家经济发展相对缓慢,年增长率从 20 世纪 70 年代的 3.3% 下降到 90 年代的 1.4%。这种得益于全球化的快速增长不仅仅是由于中国和印度在 20 世纪 80 年代和 90 年代的强劲表现。

---

① 参见冯新舟:《经济全球化新形势与中国的战略选择》,载《经济问题》2018 年第 3 期,第 1 页。
② 参见本书编写组:《马克思主义基本原理概论》(2013 年修订版),高等教育出版社 2013 年版,第 196 页。
③ 《马克思恩格斯文集》(第 2 卷),人民出版社 2009 年版,第 35 页。

调查显示,在 24 个参与全球化的国家中,有 18 个国家出现增长,且数据相当可观。①

同一份报告还指出,虽然经济全球化的增长利益是被广泛分享的,全球化为真正的全球发展提供了广泛的机会,20 世纪的发展显示参与全球化的国家平均收入增长可观,但是很明显,这一进展并不均衡。富国和穷国以及一国之内的贫富差距已经扩大。世界上最富裕的地区人均 GDP 在 20 世纪增长迅猛,而最贫穷的地区增长较慢,个人/阶级收入不平等明显增加。然而,人均 GDP 并不能说明整体情况,发展中国家追赶发达经济体的经验参差不齐。在一些国家,特别是在亚洲国家,自 1970 年以来,人均收入一直在迅速向工业化国家的水平迈进。经济学界对这种现象的一个解释是,成功追赶的国家是贸易强劲增长的国家,这些国家比其他国家更快地融入全球经济。能够进行整合的国家正在看到经济更快的增长和贫困的减少。例如,外向型政策为东亚大部分地区带来了活力和更大的繁荣,使其从第二次世界大战后世界上最贫穷的地区之一转变为新兴经济体。随着生活水平的提高,东亚地区在民主、环境以及工作标准等经济问题上取得进展。相比之下,在 20 世纪七八十年代,拉美和非洲许多国家奉行内向型政策,经济停滞甚至下降,贫困加剧,高通胀成为常态。在许多情况下,特别是在非洲,不利的外部事态发展使情况变得更糟。当这些地区改变政策后,人们的收入开始增加。IMF 报告认为,鼓励全球化趋势,而不是扭转这种趋势,是促进增长、实现发展和减贫的最佳途径。当然,全球化运动并非没有风险。20 世纪末的新兴市场危机就是一个例证,这是由于不稳定的资本流动引发

---

① See David Dollar & Aart Kraay, Trade, Growth, and Poverty, http://www.imf.org/external/pubs/ft/fandd/2001/09/dollar.htm, last visited on January 1, 2018.

第二章 全球化时代之国际法律服务业开放

的全球风险。①

虽然服务业作为一个传统的产业部门已有数千年的发展史，但是"服务贸易"（trade in services）这一概念的提出相对于古老的货物贸易而言，却是一件并不遥远的事。IMF在进行各国国际收支统计时，一直把"服务贸易"列入"无形贸易"（invisible trade）一栏，这种情况直到1993年才作出调整。中国过去一直把服务贸易称作"劳务贸易"。在1986年9月乌拉圭回合发起谈判之前，服务贸易只是在发达国家的有限范围内展开，还谈不上作为国际贸易的普遍问题引起人们的高度关注。据文献记载，"服务贸易"这个概念最早出现在1972年9月OECD发布的《高级专家对贸易和有关问题的报告》中。美国在《1974年贸易法》（Trade Act of 1974）的"301条款"中首次使用了"世界服务贸易"的概念。②

随着全球化的深入，服务业在国民经济和世界经济中的地位不断上升，已不再是"边缘化的或者奢侈的经济活动"，而是位于经济的核心地带，具有"黏合剂"的功能。作为WTO一揽子协定之一的GATS，有力地促进了全球服务贸易自由化的发展。在过去十多年的时间里，全球服务贸易以高于各国国内生产总值和货物贸易的速度增长：从2005年到2014年，全球服务贸易规模翻了一番，已跨过10万亿美元大关，成为拉动全球经济增长和扩大就业的重要力量。

现代市场经济以法治为基础，市场中各种交易活动受到契约、商业惯例、国际商业条约的约束，由此衍生出大量法律服务

---

① See David Dollar & Aart Kraay, Trade, Growth, and Poverty, http://www.imf.org/external/pubs/ft/fandd/2001/09/dollar.htm, last visited on January 1, 2018.

② 参见张霄岭、任健：《〈国际服务贸易总协定〉对90年代国际贸易的影响》，载《世界经济》1992年第12期，第19—23页。

需求。法律服务贸易之所以在过去几十年稳定、持续地增长，主要原因是经济全球化背景下的国际贸易增长和新的法律实践出现。例如，在商法领域，公司重组、私有化、跨境并购、知识产权保护、新金融工具诞生以及竞争法等部门对越来越复杂的法律服务需求越来越大。律师们接手越来越多的跨国业务，在不同的司法管辖区域内提供咨询和代理服务。这主要是因为，随着商业客户跨境交易的日益发展，需要已经熟悉当地法制环境并能保证提供高质量服务的专业人士。一些国家青睐国际法律服务贸易，将外国律师视为跨国投资的催化剂，认为其有助于保证当地商业环境的安全和可预测性。①"一站式服务"（one stop shopping）的概念以及为跨国企业提供高质量服务是支持法律服务国际化和自由化的主要因素。国内律师可能不熟悉某个新兴领域的法律业务，这会成为阻碍外国投资者/客户进行跨国商业活动的一项因素。对于那些需要大量进口涉外法律服务的国家而言，当地律师（事务所）与外国律师（事务所）之间进行某种形式的合作（包括外国律师事务所聘请当地律师和本国律师事务所聘请外国律师），有利于其在竞争激烈的国际律师服务行业中占得一席之地。律师如果受聘于国际律师事务所，可能会在多个国家或地区执业，提供法律服务。律师事务所的组织结构有多种，从松散的、彼此之间存在独立地位的联合律师事务所到集成式的跨国企业都有。律师事务所通过合作，既能专注于商事法律和国际法律服务，也可以在一定程度上参与当地的法律实践。

对法律服务的需求既来自商业人士或组织，也来自公民个体。两者的区别在于，前者需要持续不断的法律服务；而后者一

---

① See World Trade Organization, Legal Service: Background Note by the Secretariat, S/C/W/43, July 6, 1998, para. 3.

第二章
全球化时代之国际法律服务业开放

般是在发生了对生活有重大影响的特殊事件，如离婚、继承、购买房地产和刑事案件等之后，才需要法律服务。根据 OECD 的统计，WTO 成立之前，即便由于劳动力的流动性增加而使得涉及外国法律或国际法律的服务开始不断增多，大多数公民个体所需要的法律服务仍然集中于国内法领域，主要由当地法律服务者提供。①

在商事法和国际法领域，对法律服务的需求大部分来自参与国际交易的企业和组织。法律服务提供者如果能为这些企业或组织提供高质量的法律服务，这些企业或组织可以不在乎提供者的来源地。一般而言，本地律师的优势在于比较了解当地商事法律和监管环境，而跨境律师的优势在于对国际商事法律比较熟练。因此，商事法和国际法是受国际法律服务贸易影响最大的部门法。不过，也不应低估外国法律服务提供者进入国内传统法律服务部门的可能性，毕竟国内一些法律部门的综合性和复杂性在增强。

法律服务的跨境贸易包括通过邮政或电信设备传送法律文书或咨询意见。随着电信部门的技术发展，正在形成越来越有效和便捷的法律服务跨境贸易方式。法律服务贸易将受益于互联网和电子商务的增长，因为提供法律服务的大部分活动，除了出庭，都可以电子方式进行。大多数法律服务贸易仍然实行跨境交付，或通过个体专业人员（自然人流动模式），或作为外国律师事务所合伙人/雇员，以临时过境方式提供。以联盟形式存在的法律服务贸易仍然有限，因为法律服务提供者发现建立商业存在模式

---

① See OECD, Liberalization of Trade in Professional Services, OECD Documents, 1995.

面临过高的成本和障碍,特别是与跨境交付这样较低的成本相比。① OECD 于 1995 年公布的数据显示,永久移居国外的律师(包括 GATS 模式 3 和模式 4)数量非常少,大概只有几千人,而同期超过 30 万名律师每年至少一次出国提供法律服务。② 只有在高成本和高风险的背景下,大型律师事务所之间才会倾向于采取联盟形式,而且主要面向全球金融和商业中心,如欧洲的巴黎、布鲁塞尔、法兰克福和伦敦,美洲的纽约,亚洲的香港、新加坡和东京,这些地方对商事法律和国际法律服务的需求较多。

由于法律服务通常与其他专业服务或商业服务捆绑在一起,③加上技术的原因,在乌拉圭回合谈判前,缺乏有关全球法律服务贸易全面分类的数据。④ 但是,在能够统计的国家数据中,法律服务贸易的增长速度超过整体经济增长速度。例如,在意大利,法律服务贸易出口从 1990 年的 400 万美元增长到 1997 年的 1.15 亿美元;在澳大利亚,法律服务贸易出口从 1991 年的 2900 万美元增长到 1997 年的 1.18 亿美元。根据一些成员方的统计,在欧洲共同体(European Communities),法律服务专业提供者的数量在 4 年间(1989—1993 年)年均增加 20% 以上;在美国,从

---

① See US International Trade Commission, Recent Trends in US Services Trade, May 1997.

② See OECD, Liberalisation of Trade in Professional Services, OECD Documents, 1995.

③ 即便是商务部发布的《中国服务贸易统计报告 2015》,也未单独计算法律服务业的数据。具体信息可见商务部:《中国服务贸易统计报告 2015》,http://tradeinservices.mofcom.gov.cn/c/article/tongji/guonei/buweitj/swbtj/201601/16964.html,访问日期: 2017 年 12 月 2 日。

④ 1986 年 9 月,在乌拉圭的埃斯特角城举行 GATT 部长级会议,决定进行旨在全面改革多边贸易体制的新一轮谈判,故命名为"乌拉圭回合谈判"。这是迄今为止规模最大的一次贸易谈判,历时 7 年半,于 1994 年 4 月在摩洛哥的马拉喀什结束。到谈判结束时,共有 125 个参与方。See WTO, The Uruguay Round, https://www.wto.org/english/thewto_e/whatis_e/tif_e/fact5_e.htm, last visited on January 2, 2018.

第二章
全球化时代之国际法律服务业开放

1973年到1993年,法律服务提供者的数量增加了2倍。[①]

在过去十多年的时间里,全球服务贸易以高于各国GDP和货物贸易的速度增长,贸易规模持续扩大。2005—2014年,全球服务贸易规模翻了一番,已突破10万亿美元大关,成为拉动全球经济增长和扩大就业的重要力量。综合IMF和世界银行的数据,全球法律服务业创造的总收入2006年达到4087亿美元,比2005年的3922亿美元增长4.2%,2001—2006年的平均增长率达到4.4%。全球律师业从业人员2006年达到210.3万人,比2005年的207.8万人增长了1.3%。2006年,美国法律服务业占全球法律服务业市值的49.1%,达到2006亿美元;欧洲地区占37.7%,为1540亿美元;亚太地区所占比例较小,仅为5.7%,市值为233亿美元。2001—2006年,全球法律服务业市值年均增长率为1.4%。其中,亚太地区法律服务业市值年均增长8.6%,大大高于全球平均水平。在这期间,法律服务业"市场价值"(market value)的年增长率明显高于律师业从业人员的年增长率。[②] 根据前瞻产业研究院发布的《中国法律服务市场需求与发展战略规划分析报告》,在全球化背景下,全球法律服务市场的规模近年来稳步扩大。2008—2016年,全球法律服务市场以接近2.4%的年均增速扩张,市场总收入由581亿美元增加到近705亿美元。2015年,全球法律服务收费(fee revenue)达到618亿美元。其中,美国法律服务收费占全球总额的52%。根据WTO的统计,2015年,包括法律、会计等在内的全球商业服务出口总额为4.7万亿美元,发展中国家的整体出口只占36%,而欧盟整体的商业

[①] See World Trade Organization, Legal Service: Background Note by the Secretariat, S/C/W/43, July 6, 1998, para. 28.

[②] 具体信息可见商务部:《中国服务行业发展报告2007》,http://tradeinservices.mofcom.gov.cn/index.shtml? method=view&id=24756,访问日期:2017年12月5日。

服务出口就占了46%的份额。

虽然全球化运动有力地推动了法律服务贸易的发展，但是在很长的一段时间里，各国法律服务业开放的意愿不同，开放程度参差不齐。据统计，前后共有125个国家/地区参与乌拉圭回合谈判。和1995年1月1日WTO成立时的112个初始成员数量相比，在法律服务领域作出开放承诺的国家/地区并不多，有关内容和程度参差不齐。整体来看，WTO多数成员方对于开放与本国法解释相关的服务持非常谨慎的态度。虽然在GATS生效之后，成员方之间针对几个具体的专业服务领域进行了多次/轮谈判，形成若干份法律文件，但是这些都不包括法律服务业。①

在乌拉圭回合谈判期间，共计有45个WTO成员方（欧洲共同体以一个WTO成员方计算）作出过法律服务承诺。还有2个正在进行加入谈判的国家保加利亚和巴拿马的开放承诺中也包括法律服务业。在这些47个（准）WTO成员方中，22个成员方承诺开放涉及东道国/地区法律的咨询服务，其中只有20个成员方承诺开放涉及东道国/地区法律的咨询和代理服务；42个成员方承诺开放涉及国际法律的咨询服务，其中只有20个成员方承诺开放涉及国际法律的咨询和代理服务；42个成员方承诺开放涉及母国/地区法律的咨询服务，其中只有20个成员方承诺开放涉及母国/地区法律的咨询和代理服务；4个成员方承诺开放涉及第三国法律的咨询服务；6个成员方承诺开放其他法律服务，包括法律文书认证服务以及其他咨询和信息服务；4个成员方允许其他成员方在法律服务方面享有最惠国待遇，另有4个成员方允许其他成员方在专业服务方面享有豁免待遇；6个成员方不允许GATS

---

① GATS补充协议主要涉及金融服务、基础电信、信息技术和自然人流动模式四个方面。

的商业存在模式（模式3），6个成员方不允许 GATS 的跨境交付模式（模式1），绝大多数成员方对自然人流动模式的承诺"仅限于水平承诺"，开放程度较低。仅有12个 WTO 成员方允许开放法律服务贸易的全部四种模式。因此，可以认为，境外法律服务提供者在 WTO 成立后仍然面临着高强度的国内监管和苛刻的"入场"资格要求。

表2-1 WTO 秘书处公布的成员方法律服务市场开放承诺统计（1998年）[①]

法律服务类型	子项	成员方数量
东道国/地区法律	咨询服务	22
	咨询和代理服务	20
国际法律	咨询服务	42
	咨询和代理服务	20
母国/地区法律	咨询服务	42
	咨询和代理服务	20
其他法律服务		6

WTO 成立后，国际社会对法律服务业开放仍然持谨慎态度。2012年，在多哈回合持续陷入僵局的背景下，世界银行根据收集整理的全球服务贸易信息（涵盖103个国家，主要调查电信业、金融业、交通业、零售业和专业服务业5个服务部门），构建了一个服务贸易限制数据库。[②] 数据显示，一方面，全球专业服务贸易的限制水平是所有服务贸易部门中最高的，而法律服务业的开放程度是专业服务部门中最低的；另一方面，中国专业服务的限制水平高于全球平均水平，而法律服务业的开放程度又是中国专

[①] 这些统计以 GATS 第1条设置的几种服务提供模式中的一种为基础。
[②] 数据来源国包括23个非洲国家、8个东亚和太平洋国家、5个南亚国家、8个北非和中东国家、5个海湾阿拉伯国家、18个拉美和加勒比海国家、16个东欧和中亚国家、20个高收入的经济合作与发展组织国家。数据库主要以 WTO 成员方2008年的数据为主（2个国家的数据以2009年为主，1个国家的数据以2010年为主，3个国家的数据以2011年为主）。详细信息参见 http://iresearch.worldbank.org，访问日期：2018年2月22日。

业服务部门中最低的。

表 2-2 服务贸易限制数据库中世界和中国服务贸易限制对比[①]

比较	项目 (以 GATS 承诺为基础)	服务贸易平均限制指数		
		跨境交付	商业存在	自然人流动
世界	专业服务	28	40	60
	会计服务	23	31	53
	审计服务	47	38	59
	法律服务	14	43	63
	服务贸易平均指数	30	26	60
中国	专业服务	0	70	75
	会计服务	0	50	50
	审计服务	0	50	75
	法律服务	0	83	83
	服务贸易平均指数	39	37	75

综合统计数据，英国和美国是两个重要的法律服务出口国，英美法系国家是推动全球法律服务业开放的主要动力。21世纪的前五年，美国法律服务收入约占本国 GDP 的 1.5%，这个比例列世界首位；英国法律服务收入约占本国 GDP 的 1.2%；德国法律服务收入约占本国 GDP 的 1.0%；法国法律服务收入约占本国 GDP 的 0.4%；日本和中国法律服务收入约占本国 GDP 的 0.1%。业内人士对本国法律服务市场发达程度的感受，与上述六国法律服务收入占本国 GDP 的比例基本一致。[②] 虽然美国统计法律服务贸易的国际收支数据只涉及跨境交付和临时自然人服务

---

① 根据服务贸易限制数据库的说明，0 为"完全开放"，25 为"实质开放"，50 为"存在重要限制"，75 为"实质封闭"，100 为"完全封闭"。参见鲍晓华、高磊：《中国专业服务贸易：发展现状、国际经验及政策建议》，载《外国经济与管理》2014 年第 9 期，第 66 页。

② 参见史建三：《全球化背景下法律服务市场大趋势》，载《中国律师》2009 年第 10 期，第 11 页。

方式，但是数据显示，美国 1990 年对欧洲共同体法律服务贸易盈利达到 1.88 亿美元。① 在 2000 年美国服务贸易的各项目中，包含专业服务贸易的 IMF "其他商业服务"统计项目的竞争力指数达到 17.8%，比 14.5%的服务贸易竞争力指数平均值高了 3 个多百分点。其中，最具有竞争力的是法律、会计、审计以及咨询服务，竞争力指数为 37.3%，远远高于专业服务贸易的平均竞争力指数 15.7%。在 20 世纪 90 年代初，英美两国法律服务的净贸易额合计近 20 亿美元，其中英国约为 8.3 亿美元，约占整个英国净服务贸易差额的 15%。考虑到英国的职业规模还不到美国的 1/10，美国对英国在法律服务贸易方面还有约 6000 万美元的赤字，这个数字是相当惊人的。②

律师是法律服务（贸易）业的重要力量。在 20 世纪 90 年代中期，美国律师人数大约为 80 万，如果包含非专业人员，则有大约 92.5 万人，欧洲共同体大约为 50 万人，日本大约为 1.9 万人。日本的律师规模较小，是因为其国内大多数咨询服务工作由作为公司内部律师而无"律师"（bengoshi）资格的法律毕业生负责。如果单以法律服务提供者计算，那么按照《经济学人》(*The Economist*) 杂志的估计，1992 年，日本大约有 12.5 万名法律服务提供者。OECD 从产值上估算，法律服务在 20 世纪 90 年代初占主要工业化国家所有专业服务产出的 14%和经济总量的 1.1%。例如，美国 1992 年的法律服务产出约为 950 亿美元，欧洲共同体的法律服务产出约为 520 亿美元。③ WTO 成立前，各成员方普遍

---

① See EUROSTAT, Legal Services, Research Paper, March 1993.
② See Peter Goldsmith, Globalisation of Laws—Tearing Down the Walls, in J. Ross Harper (ed.), *Global Law in Practice*, Kluwer Law International and International Bar Association, 1997.
③ See OECD, International Trade in Professional Services: Advancing Liberalisation Through Regulatory Reform (OECD Proceedings), 1997.

由私人或者小型公司提供法律服务,大型律师事务所主要来自英美法系国家。WTO 的前身——GATT 统计了 1988 年合伙人数量最多的律师事务所,前 91 家全部来自美国、加拿大、英国和澳大利亚这 4 个英美法系国家。合伙人数量最多的 20 家律师事务所中,有 17 家来自美国(包揽前三名①),2 家来自加拿大(第 4 名和第 15 名),还有 1 家来自英国(第 8 名)。排名第一的非英美法系国家的大型律师事务所来自法国(第 92 名),其次是韩国(第 116 名)、荷兰(第 121 名)、德国(第 133 名)和巴西(第 135 名)。② 虽然在 WTO 成立后,越来越多的大型律师事务所来自大陆法系国家,特别是德国和法国,但是英美法系国家依然是服务贸易自由化的主要动力,其法律服务业开放程度也是最高的。③

2011 年,中国超越日本成为全球第二大经济体。同年,中国律师行业整体收入仅为 600 多亿元人民币,与约 40 万亿元人民币的国家 GDP 相比,相关度是 0.15%,而美国、英国是百分之一点几。北京约 2.3 万名律师 2010 年创造的收入约为 113 亿元人民币,而美国贝克麦坚时律师事务所单单 2008 年的合伙人分红收入就达约 20 亿美元。

根据美国劳工部(United States Department of Labor)2015 年 5 月的预测,从事法律行业的人数在 10 年间(2014—2024 年)将会增长 5%,增加约 64600 个岗位。2 年后,美国劳工部调高了预期,认为从事法律行业的人数在 10 年间(2016—2026 年)的

---

① 前三名律师事务所分别是贝克麦坚时律师事务所、众达律师事务所和盛德律师事务所。
② See World Trade Organization, Legal Service: Background Note by the Secretariat, S/C/W/43, July 6, 1998, para. 21.
③ 参见谢海涛:《中国律师业面临全球化服务瓶颈》,http://finance.sina.com.cn/roll/20110505/15479797119.shtml,访问日期:2018 年 4 月 8 日。

增速（9%）将快于全美行业平均增速，增加约116200个新岗位。① 作为全球律师最多的国家，据美国律师协会（American Bar Association，ABA）统计，2018年，美国50个州、华盛顿哥伦比亚特区和5个岛屿自由邦共有1338678名注册律师，虽然只比2017年（1335963）增长0.2%，但是比2011年（1225452）增长9.2%，比2008年（1162124）增长15.2%。考虑到同期美国人口的增长率（2018年比2011年增长5.4%，比2008年增长8.2%），② 可以说，近年来，美国律师人数总体呈持续增长的态势。③ 美国劳工部还认为，由于律师事务所试图提高法律服务的效率并降低其成本，因此预计会有更多的律师助理（paralegal）和其他类型的法律助理（legal assistant）需求。此外，鉴于个人、企业和政府在许多领域都需要法律服务，对律师的需求会持续增长。④

表2-3　美国法律服务业收入统计⑤

年份	2008	2009	2010	2011	2012	2013	2018（预测）
金额（单位：百万美元）	244511	237200	240313	247976	252767	256622	288086

---

① 具体信息可见美国劳工部：Legal Occupations，http：//www.bls.gov/ooh/legal/home.htm，访问日期：2018年5月12日。

② 参见世界银行数据以及智研咨询网发布的《2017—2022年中国人口老龄化市场研究及发展趋势研究报告》。具体信息可见中国产业信息网：http：//www.chyxx.com/industry/201801/607075.html，访问日期：2018年5月10日。

③ 统计时间截至2017年12月31日，只有佛蒙特州没有提供数据，因此采用最近提交的数据。具体信息可见美国律师协会：ABA National Lawyer Population Survey Lawyer Population by State（2018），https：//www.americanbar.org/content/dam/aba/administrative/market_research/National_Lawyer_Population_by_State_2018.authcheckdam.pdf，访问日期：2018年5月12日。

④ 具体信息可见美国劳工部：Legal Occupations，http：//www.bls.gov/ooh/legal/home.htm，访问日期：2018年5月12日。

⑤ See Statista，Revenue of Legal Services（NAICS 5411）in the United States from 2008 to 2018（in million U.S. dollars），https：//www.statista.com/forecasts/311177/us-legal-services-revenue-forecast-naics-5411，last visited on January 3，2018.

值得注意的是,全美法学院源源不断地为法律服务业提供"新鲜血液"。2016年,全美法学院毕业生为37124人,虽然略有减少(2015年为39984人,比2014年少3848人),但是统计毕业生离校10个月后的就业数据可见,2016年毕业生进入需要律师资格的行业之比例为64.5%,高于2015年(62.4%)。2015—2017年,进入律师事务所的美国法学院毕业生人数超过四成。因此,虽然美国法学院毕业生不会都成为律师,但是律师事务所是全美法学院毕业生的主要去向。①

法国和德国是大陆法系国家的代表,同时也是欧洲经济的主要引擎。然而,它们开放法律服务市场后,受到来自英美法系国家律师事务所的强烈冲击。20世纪70年代法国开放国内法律服务市场后,英美法系国家的律师事务所大举"入侵"法国,法国国内规模排前25位的律师事务所中,本土律师事务所仅有4家。1998年德国法律市场开放前,境内有500多家律师事务所,约5万多名律师。1998年后,德国境内十大律师事务所中只有两家是纯粹的内资律师事务所,其余都是来自英国和美国的律师事务所。海外冲击不但体现在律师事务所/律师的规模上,还体现在其他方面:德国律师界在引入英美法系国家普遍实行的计时收费模式后,民众接受法律服务的负担增加,律师收入差距增大;由于不参加经营而只获取报酬的合作伙伴增多,德国律师事务所的经营权变弱,律师离职率也相应增加。②

---

① See ABA,2015 Law Graduate Employment Data & 2016 Law Graduate Employment Data,http://www.americanbar.org/content/dam/aba/administrative/legal_education_and_admissions_to_the_bar/reports/2015_law_graduate_employment_data.authcheckdam.pdf & https://www.americanbar.org/content/dam/aba/administrative/legal_education_and_admissions_to_the_bar/statistics/2016_law_graduate_employment_data.authcheckdam.pdf,last visited on December 3,2017.

② 参见杜相希:《韩国法律市场:"自由贸易协定"下的"开放"与"防范"较量》,http://www.law-lib.com/lw/lw_view.asp?no=10858,访问日期:2018年1月5日。

第二章
全球化时代之国际法律服务业开放

当前占据国际律师业霸主地位的是英美的大型、超大型律师事务所,这也体现了英国和美国服务提供者在国际法律服务贸易中享有的比较优势。除英美等国发达和成熟的市场经济外,其语言和法律体系的构造也具有先天优势:(1)英语是全球商业界普遍使用的语言。(2)英美法是普通法系的核心,其商业法律比较成熟;英美作为世界贸易与金融中心的历史地位,使得英美律师事务所在就跨国交易提供法律意见方面具有得天独厚的优势和经验;在日趋复杂和多层次的国际经济法律领域,英美律师事务所以其规模化和专业化服务获得最大效益。(3)英语国家的法律,尤其是以要求告知和诘问为基础的有关证据的法律,以及研究先前案例的必要性,使得英美客户总是要求更多的律师办理一个案子。(4)英美法系国家的律师本身又是公证员,维持了法律业务的统一性。大陆法系国家中,由于法律职业被分为律师、公证员和其他一些法律职业,除极少数律师事务所规模较大外,律师事务所普遍规模较小。成文法的特点是法律条文明确具体,律师游刃于法律空间的余地较小,也使得律师事务所的规模化和专业化发展受到限制。[1]

从整体上看,还有两个因素发挥着关键作用:一个因素是服务部门的结构。英美两国提供法律服务主要依赖大中型律师事务所,而不是专业人士。另一个因素是英国法和美国法在国际商事交易中扮演的重要角色。国际法律服务的一大目标就是在跨境商事交易中处理人力和财政资源,大中型企业在这方面比个体服务提供者更有优势。同时,个体服务提供者比较专注于国内法的传统领域。虽然这些领域是构成一国法律服务部门的主要成分,但

---

[1] 参见贾午光、何敏:《国际法律服务业的发展趋势与中国法律服务业的进一步开放》,载《环球法律评论》2001年第4期,第486页。

是基于资格准入的高门槛和国内法传统的影响，这些法律部门较少受到国际贸易的影响。英美两国在法律服务贸易上的比较优势还得益于英国法律和美国法律的普遍适用性，特别是纽约州法律成为国际商事交易的重要标准之一。为确保国际商业交易和金融交易的法律确定性，当事方常常会选择能够确定协议的他国法律，而不是自身居住地法律，即便选择适用的法律与交易本身无关。①

第二节　全球化时代国际法律服务业开放的三大规则障碍

影响法律服务业开放和自由化的因素很多，既有宏观层面的，也有微观层面的。根据WTO/GATS的宗旨和规则，法律服务业开放和自由化面对的障碍可以分成市场准入、国民待遇和国内规制三个方面。

法律服务贸易的主要障碍缘于法律的民族性和法律教育的国家特征。诚然，来自具有相同法律传统或者处在同一法系的国家或地区法典或者部门法的相似程度可能很高，但是这种相似性不等于可以直接帮助律师解决跨境法律服务中的问题，毕竟法律服务提供者通常最熟悉的法律还是其母国的法律，各国法律对同一事项的规定或多或少存在着差异。虽然共同的法律传统有助于在相似国家开展法律服务业务，但是也不应低估不同法学教育的影响，以及不同法律传统对法律服务贸易形成的障碍。

---

① 参见周忠海、谢海霞：《中国开放法律服务市场有关问题之探讨》，载《政法论坛》2002年第1期，第75—82页。

法律的国家属性和法院的领土管辖权对法律服务贸易有重要影响。在雅典共和国时期，律师制度开始出现。早期的律师是以辩护人或者保护人身份出现的，整个法律职业围绕法院进行组织。贸易的扩大和新法律领域的出现，对法院、律师行业和律师都产生了影响，法院在商事法和贸易法中的地位不再那么重要。在多数情况下，商事交易、商事关系和商事纠纷中需要的法律咨询不再通过法院程序进行。法律实践的这种变化还导致出现了一种主要参与咨询的新型律师，而不是传统的律师/辩护者，其主要作用是在法院充当代理人。在一些国家，律师并未"垄断"法律咨询业务，其他从业者如会计师、银行家、地产代理等可就各自专业所涵盖的经济活动提供法律意见。

此处试举几例。英国法律中清楚地表述了"咨询"（advice）和"代理"（representation）之间的区别。英国律师主要分为"事务律师"（solicitor）和"出庭律师"（barrister）两大类。近些年，两类律师的区别不再像过去那么严格，英格兰和威尔士的一些下级法院开始允许事务律师出庭。① 在法国，直到20世纪末才有"律师"（avocet）的统一称谓。因此，一个律师能够在法庭上同时提供法律和财政的咨询和代理意见。虽然日本法律界没有

---

① 根据英国事务律师协会出版的《律师指南》，事务律师的主要法律业务有：为委托人提供有关诉讼或者非诉讼事务的法律咨询，制作法律文书，办理不动产的转移等。在刑事领域，事务律师既可以接受犯罪嫌疑人、被告人的委托，或者接受法院的指定，担任辩护人，也可以接受皇家检察机构的聘任，担任专职监察官。他们作为辩护人提供的法律帮助有：会见被逮捕或羁押的犯罪嫌疑人；为嫌疑人、被告人申请假释；制作诉讼文书，包括答辩书、证人证言笔录等。事务律师担任刑事辩护人，只能在治安法院出席法庭审判，为被告人提供辩护，而不能出席刑事法院以及更高审级法院的审判，担任辩护人。成为出庭律师必须具备以下条件：（1）成为英国四大律师公会的成员，这四大律师公会为林肯律师公会、格雷律师公会、中殿律师公会和内殿律师公会；（2）有大学学历，并通过专门举行的资格考试；（3）在指定的律师事务所实习一年以上。出庭律师从业15年以上，经本人申请和大法官推荐，可以由英国女王授予"皇家大律师"的称号。具体信息可见：The Bar Council, http://www.barcouncil.org.uk/using-a-barrister/，访问日期：2018年7月29日。

法律服务业开放的规则研究

正式区别咨询和代理职能，但是有权出庭的"律师"（bengoshi）较少。此外，大多数咨询功能由公司内部律师（in-house lawyers）执行，但是他们不具有真正的律师资格，不能出现在法庭上。在一些国家，基于律师在国内法律制度中的公共角色，国籍是其提供代理服务的一项要求。①

大多数国家都有专业/行业组织，还有的国家内部存在多个专业组织，成员如律师、法务、公证员等。专业组织的资格通常具有强制性，不过也存在自愿加入的情况。在一些国家，行业组织具有监管职能。在另一些国家，行业组织由法院主导监管，如针对出庭律师的监管。②

服务贸易领域的市场准入，是指各缔约方/成员方通过实施各种法律法规，对其他缔约方/成员方的服务和服务提供者参与本国/地区服务市场，进行宏观掌握和控制的制度。市场准入是法律服务业开放和自由化的第一个障碍，而国籍限制是法律服务市场准入的主要限制之一，这项限制的影响可能会超过其他限制。GATS第16条"市场准入"对服务业限制作了总括规定。其中，第1款规定："对于通过第1条确认的服务提供方式实现的市场准入，每一成员方对任何其他成员方的服务和服务提供者给予的待遇，不得低于其在具体承诺减让表中同意和列明的条款、限制和条件。"③ 第2款规定："在作出市场准入承诺的部门，除非在其减让表中另有列明，否则一成员方不得在其一地区或在其全

---

① See World Trade Organization, Legal Service: Background Note by the Secretariat, S/C/W/43, July 6, 1998, para. 12.
② Ibid., para. 14.
③ 如一成员方就通过第1条第2款（a）项所指的方式提供服务作出市场准入承诺，且资本的跨境流动是该服务本身必需的部分，则该成员由此已承诺允许此种资本跨境流动。如一成员方就通过第1条第2款（c）项所指的方式提供服务作出市场准入承诺，则该成员由此已承诺允许有关的资本转移进入其领土内。

第二章
全球化时代之国际法律服务业开放

部领土内维持或采取按如下定义的措施：(a) 无论以数量配额、垄断、专营服务提供者的形式，还是以经济需求测试要求的形式，限制服务提供者的数量；(b) 以数量配额或经济需求测试要求的形式，限制服务交易或资产总值；(c) 以数量配额或经济需求测试要求的形式，限制服务业务总数或以指定数量单位表示的服务产出总量；① (d) 以数量配额或经济需求测试要求的形式，限制特定服务部门或服务提供者可雇用的、提供具体服务所必需且直接有关的自然人总数；(e) 限制或要求服务提供者通过特定类型法律实体或合营企业提供服务的措施；以及 (f) 以限制外国股权最高百分比或限制单个或总体外国投资总额的方式限制外国资本的参与。"

根据 WTO 秘书处 1998 年公布的数据，多达 11 个 OECD 成员保持国籍限制，尽管这种限制通常只影响法律服务业的某些部门。② 国籍限制经常出现在公证活动和代理服务（法律的所有领域）中，不常出现在国内法律服务（包括咨询服务和代理服务）中。因为一些国家认为律师或者公证员从事的活动具有公共职能，这些人在当地被认为是公职人员，所以要求具有所在国国籍。如果从事母国、第三国或者国际法律的咨询服务，则一般不进行国籍限制。然而，如果存在概括的国籍要求，那么外国服务提供者可能无法进行法律服务。

中国香港地区在 20 世纪 90 年代初期对外国律师进入本地市场也曾采取严格限制的立场。香港律师公会在 1990 年的一个建议案中设置的条件是：(1) 具有相当于香港法律学士之学位；(2) 对

---

① 第 2 款 (c) 项不涵盖一成员方限制服务提供投入的措施。
② 1996 年，OECD 共有 26 个成员。法律服务提供者国籍限制的具体信息可见 OECD, International Trade in Professional Services: Assessing Barriers and Encouraging Reform, OECD Documents, 1996.

来自大陆法系国家的律师加试普通法原理之口试；（3）原法域当局出具"良好执业声誉"之证明；（4）在担当独任执业律师或香港的律师事务所合伙人之前，应依《香港执业律师条例》在香港有条件地执业若干期限。有美国的律师认为，相较在此之前的完全无法可依的状态，这个建议案无疑是一个进步。随着英国 1993 年的立法，香港的法律服务市场已近乎完全开放。20 世纪末以来，外国律师事务所（特别是美国的律师事务所）大多将香港作为其驻华办事处的"地区总部"。①

作为区域化组织的代表，欧洲共同体成员的法律服务市场准入情况比较特殊。以德国为例，《德国联邦律师法案》第 206 条和第 207 条把进入德国法律服务市场的外国律师区分为三种：一是欧洲共同体或者欧洲经济圈内部所属各国的律师，二是所有 WTO 成员方的律师，三是前两种情况之外的其他国家的律师。外国律师依其所属国别，分别从事不同的业务。来自欧洲共同体的外国律师也可以从事德国法律业务，但是必须符合审查程序。欧洲共同体内部法律服务市场的开放有一个历史过程。德国在乌拉圭回合谈判之前的规定是：欧洲共同体国家的律师只要在德国开设了一间办公室，就可以申请成为德国律师协会成员，以其母国律师身份在德国执业，提供其母国法律和欧洲法律的咨询，但是不能提供德国法律的咨询。之后，新的从业规定是：任何欧洲共同体成员国律师在德国连续工作三年并持有证明，经审查确认后，也可以从事德国法律咨询，并具有与德国律师同样的执业范围。1995 年乌拉圭回合结束后，德国政府作出一项规定：来自 WTO 成员方的外国律师可以在德国解释其母国法律和国际法，

---

① 参见陈东：《论〈服务贸易总协定〉框架下的法律服务对外开放——兼论中国的立法取向》，载《国际经济法论丛》2002 年第 2 期，第 127 页。

但是不能从事德国法律业务,不能在德国法庭出庭。由于各国律师执业水平与德国律师不一致,这种情况的律师权限需要由德国司法部决定其是否达到了与德国律师相等的水平,但是仍不能作为德国执业律师。来自除欧洲共同体成员国和 WTO 成员方以外的其他国家的律师只可解释其母国法律,提供其母国法律和相关国际法的咨询。21 世纪以前和 21 世纪初,去德国申请开业的这一类外国律师还很少。中国司法部虽然在 1992 年允许中国律师到德国申请执业,享受与德国律师到中国申请执业的同等待遇,但是在很长的一段时间里,德国司法部并没有这方面的具体操作程序。①

外国律师在德国申请执业许可必须有三份证明:一是本国国籍证明,二是本国律师协会成员证明,三是参加执业责任保险的证明。例如,来自欧洲共同体/欧盟成员国的外国律师如果打算在法兰克福执业,需要递交正式的书面申请,并附上相关的证明材料:经过公证的护照、简历、获得其母国律师资格的有效证明以及在其母国律师事务所执业的一切证明材料。外国律师的执业许可证由各州基层法院或者没有基层法院城市的州法院审核颁发,与德国各州司法部没有关系,但是需要得到州律师协会确认对律师的客观需求。德国政府自 2000 年 1 月起取消执业地域限制,在某一个州登记的外国律师可以在德国全境执业。一般来说,外国律师到德国执业首先不是以机构的名义,而只能以个人的名义申请登记,然后再以律师事务所的名义对外执业。德国各州律师协会也只接收律师个人成为会员,而不接收律师事务所成为团体会员。②

---

① 参见王江:《德国法律服务业开放的管窥和启示》,载《德国研究》2001 年第 3 期,第 54 页。
② 同上。

另一个主要的市场准入障碍是对专业人才、管理人才和技术人员流动的限制，这往往成为一个国家移民政策的组成部分。此类限制可以适用于寻求长期或者永久居所的自然人，以及短期内为商业目的出行的自然人。短期商务人士经常使用旅游签证以规避获取商务签证的限制，结果是其跨境活动未被纳入国际收支统计。对自然人流动模式（模式4）作出水平承诺的国家，如中国，经常设置严格的条件，以此控制人员流动的数量（详细内容见本书第四章）。

法律服务市场准入中最常见的限制是对法律实体类型的要求。例如，在德国，律师事务所主要有无限责任公司（包括合伙公司）、有限责任公司等形式。其中，有限责任公司是当时比较新的律师事务所组织形式。除了合伙制律师事务所外，以其他公司为组织形式的律师事务所都需进行工商登记。德国法律对德国律师和外国律师事务所分所的合作没有任何限制，既允许德国律师事务所聘用外国律师（外国律师必须在其法定范围内执业），也允许外国律师事务所驻德国分所聘用德国律师。① 在人多数情况下，WTO成员方限制服务提供者对自然人（独资企业）或者合伙企业（不包括有限责任公司）的法律形式进行选择。一些已经实行跨境交付模式的WTO成员方为起草法律文件而保持无约束力。6个WTO成员方在GATS承诺表中设置国籍/公民身份的要求。此外，还有对律师协会授予专业资格权利的限制，如要求进行服务部门经济需求测试和境外持股不得超过49%的规定。

国际上对法律服务业形式的限制比较普遍，特别是商业存在模式（模式3）。包括8个OECD成员在内的若干国家禁止内外资

---

① 参见王江：《德国法律服务业开放的管窥和启示》，载《德国研究》2001年第3期，第54页。

法律服务企业合并,另外一些国家则允许有限责任公司合并。几乎在所有的国家,这都不被认为是针对外国服务提供者的歧视性限制,因为它同样适用于国内和国外服务提供者。各国一般以公共政策为由证明这种限制是合理的,特别是确保专业人员承担相应的责任和义务。针对法律服务业进行外国股权限制并不常见,更多的时候是将投资立法中的限制适用于法律服务。由于大多数律师事务所倾向于把合伙企业作为法定形式,因此对外国合伙人数量的限制也可以像外国股权限制那样获得相同的结果。不过,根据 WTO/GATS 规则,这些限制被视为国民待遇限制,而不是市场准入限制。英国对外国律师事务所进入形式的规定很宽松,没有法律上和行业上的限制,但是要通过移民局颁发工作许可证和规定境内居留期限进行限制。英国允许外国律师事务所雇用本地律师,允许获得英格兰和威尔士执业律师资格的事务律师与外国律师共同组成合伙制律师事务所。

在商业存在模式上,限制还表现在三个方面:第一,有关市场准入后的法律服务提供形式。成员方有的允许设立律师事务所代表处,有的承诺可以设立律师事务所分所,有的允许以公司的形式,还有的允许与所在地的律师事务所联合组成新的实体。第二,有关派驻人员资质。例如,政府或者行业组织规定职业资格、执业年限、职业道德"无污点"以及在所在地的居留期限等。第三,有关数量和地域限制。例如,外国律师事务所是否可以在成员方境内设立多个代表机构/分所,这些代表机构/分所的设立是否存在地域限制等。

国民待遇是法律服务业开放和自由化的第二个障碍,属于市场准入后障碍。GATS 第 17 条"国民待遇"对服务业限制作了总括规定。其中,第 1 款规定:"对承诺表上所列之行业,及依照表上所陈述之条件及资格,就有关影响服务供给之所有措施,成员方给予其他成员方之服务或服务提供者之待遇，不得低于其给予本国类似服务或服务提供者之待遇。"第 2 款规定："成员方可以对所有其他成员方之服务及服务提供者提供与其给予自己服务及服务提供者，或者形式上相同待遇，或者形式上有差别待遇之方式，以符合第 1 款之要求。"第 3 款规定："如该待遇改变竞争条件，致使会员自己之服务或服务提供者较其他成员方之服务或服务提供者有利，则该项形式上相同或形式上有所不同之待遇都应被视为不利之待遇。"基于 GATS 第 17 条的规定，必须结合具体情况（如咨询服务、代理活动、公证活动）判断居住要求对国内服务提供者和外国服务提供者是否提供相同的竞争条件、是否产生相同的待遇。

进行国民待遇限制所考虑的因素主要有两个：一个是境外服务提供者权利与义务的平衡，另一个是境外服务提供者与境内服务提供者权利/义务的平衡。重要的国民待遇限制包括：与当地专业人士合作关系方面的限制、雇用当地专业人士方面的限制、使用国际律师事务所和外国律师事务所名称方面的限制、居住要求和证书许可程序中的一般歧视等。

与当地专业人士合作关系方面的限制和雇用持有当地营业执照的专业人士方面的限制妨碍了外国律师（事务所）以外国法律顾问形式实践国际法和外国法，这种限制可能扩展到禁止外国法律顾问作为客户代表在东道国法庭出庭和具有当地职业资格的律师一旦被外国律师事务所雇用就失去本国律师职业资格两个方面。20 世纪末，OECD 还有 14 个成员禁止外国律师和本国律师之间的合作关系，有 7 个成员禁止外国律师事务所雇用当地律师。这些限制通常是基于监管机构拒绝承认外国律师的"律师"资格，也包括禁止与不具有律师资格的人士进行合作的一般规定。这是基于公共政策，如保护消费者，确保服务质量和专业人士的独立性。禁止跨国合作关系具有与禁止多部门合作关系相同的基础。然而，后者是一项非歧视性措施，并受 GATS 第 6 条的制约；前者由于改变国内服务提供者与国外服务提供者之间的竞争环境，将会被认为属于 GATS 第 17 条规制的范围。

使用国际律师事务所和外国律师事务所名称方面的限制使得国外法律服务提供者处于不利地位。如果对律师事务所名称的限制不影响国外法律服务提供者与国内法律服务提供者的竞争环境，那就应当被视为国内监管措施之一。在一些国家，外国律师事务所被允许使用自己的名称，只要提到合作伙伴的名称即可。20 世纪末，还有 8 个 OECD 成员在使用国际律师事务所和外国律师事务所名称方面存在限制。

居住要求具有中立性，它不是直接针对外国人提出的，对国内和国外法律服务提供者施加相同的义务。一些国家以居留权、永久居住权和住所等形式作为法律服务提供者的居住要求。居留权的要求使得那些已经在东道国居住若干年的服务提供者具备竞争优势，其中大多数服务提供者是本国居民。直到 20 世纪末，还有一些国家，包括 7 个 OECD 成员，把居留权作为获得执业许可的条件。把永久居住权作为公司设立的要求虽然限制性较小，但是也会对外国服务提供者造成额外负担。外国服务提供者被要求必须在东道国居住，对自然人而言，这可能意味着失去本国的居住权利。代理服务经常需要永久居住权，这就要求律师必须居住在法院的司法辖区内，以便客户、其他法律服务提供者和法院进行交流和访问。这也可以通过住所的要求予以实现。有 11 个 OECD 成员把居住地或者机构存在作为对法律服务提供者的要求之一。住所要求是指在国内或者服务提供者的辖区内有一个地址，这样的要求并未改变国内服务提供者相较于国外服务提供者的竞争优势，因为国内服务提供者在国内或者服务范围内自然有一个地址。对于 GATS 规则下的商业存在模式和自然人流动模式而言,居留权、永久居住权和住所要求看似中立,实则改变了国内服务提供者与国外服务提供者的竞争环境。

其他国民待遇限制包括:(1) 语言要求;(2) 仅承认本国公民在境外获得的学位;(3) 要求外国企业在其原籍国属于竞争性机构;(4) 要求外国律师积极参与业务,以便能够维持对当地律师事务所的兴趣。所有这些措施都被列为国民待遇限制,因为它们在法律上或者事实上对外国服务提供者予以歧视。与其他存在实质性承诺的服务部门相比,法律服务贸易中市场准入和国民待遇限制的数量较少。除了那些没有作出承诺的 WTO 成员方(可以拒绝市场准入和国民待遇)以外,也要观察承诺法律服务业开放的成员方所依赖的最相关的市场准入规则、开放服务部门"肯定列表"(positive list)以及提供服务模式(四种)之间的区别。

国内规制是法律服务业开放和自由化的第三个障碍。常见的国内规制是资格要求,通常是法律服务贸易的一个不可逾越的障碍,特别是对于想要实践东道国法律的专业人士而言。

与其他专业服务一样,有 26 个 WTO 成员方的 GATS 承诺表包括制定针对法律服务业的国内监管措施。这些措施大多是许可和资格要求,容易成为法律服务贸易的重要障碍。实际上,制定国内监管措施不是必要的,也可能与 WTO/GATT 中的其他条款相冲突。在法律服务贸易的国内监管措施中,东道国法律资格显得尤为重要,其影响超过母国法律资格和第三国法律资格对境外专业服务提供者的影响。从多边协定的角度看,资格要求属于 GATS 第 6 条"国内规制"的范围。因此,东道国法律资格和母国/第三国法律资格在 GATS 下被认为是国内规制的内容,不受 GATS 第 16 条"市场准入"和第 17 条"国内待遇"的规制。有些 WTO 成员方在境内要求从事涉及国际法律和母国法律咨询服务的提供者也具备国内法律资格，这些都被看作国内规制的内容，因此不受 GATS 第 16 条和第 17 条的规制。①

就 WTO 而言，专业服务工作组（Working Party on Professional Services，WPPS）在会计专业服务的认证工作上优先于法律专业服务。② 法律教育因国家而异，甚至在一个国家之内，不同地区的法学教育也不同。如现今的中国，存在"一国两制三法系四法域"的情况，内地与港澳台地区的法律制度存在较大区别。不同法学教育的差别如此之大，以至于监管机构要求已经在国外获得律师资格的专业人士重新进行考试，获取国内相应资格后再进行法律服务实践。

在大多数 WTO 成员方内部，法律职业资格要求包括获得大学相关学位（通常是 3—5 年），以及在通过考试之后进行一定时间的实践。在一些国家，要获得法律职业资格，还需在大学毕业之后再进行 1—3 年的研究生学习或者职业实习，如美国、德国。少数国家允许律师在完成法律教育后直接获得执业资格，而不需要进行考试。也有国家要求先进行法律职业实习，再参加资格考试。显然，资格要求对寻求进入成员国国内市场的外国律师构成严重障碍。作为区域化程度较高的国家联盟，欧洲共同体/欧盟在服务业领域呈现高度内部自由化和市场一体化，虽然其成员国的法律传统和法律制度不大相同，属于不同的"法律家庭"（law family），包括英美法系、大陆法系和斯堪的纳维亚法系等，但是法律服务中职业资格的限制性影响基本上都已经被消除。

以欧盟为例，三项欧洲共同体指令（directives）涉及联盟内的资格要求。这些指令不限制法律实践范围，允许接触法律的所

---

① See World Trade Organization, Legal Service: Background Note by the Secretariat, S/C/W/43, July 6, 1998, para. 66.

② Ibid., para. 46.

有领域，包括代理服务和东道国法律实践。但是，如果律师不具有欧洲公民身份，即便在欧盟或者欧洲经济区（European Economic Area）拥有律师身份，也不能援引这三项指令，而是由单个成员国管理其进入欧盟或者欧洲经济区法律服务市场。第一项指令（77/249/EEC）要求每个成员国批准另一个成员国的律师提供临时服务；允许外国律师进行法律实践时使用母国专业头衔，但是需要承担母国和东道国的相应义务；要求外国律师提供法庭服务（in-court services）时有当地律师协助。第二项指令（89/48/EEC）是有关相互承认专业资格的，即东道国成员国在认证专业人士的母国法律职业资格后，允许专业人士在当地进行充分的法律实践。该项指令要求成员国必须采取两种方法之一进行确认："能力测试"（aptitude test）或者经过一段"等待期"（waiting period），其他国家的律师才能成为东道国内完全合格的专业人士。① 第三项指令（95/5/EC）规定了一种替代前述能力测试或者等待期的方法，它允许来自欧盟成员国的外国律师在简单地证明自己已经在另一成员国注册为律师之后，立即实践东道国法律，既对实践范围没有限制，也不需要当地律师的监督。该项指令最初只允许外国律师在其本国职业头衔下实践东道国法律，在东道国进行法律实践3年后，将有机会获得东道国职业头衔。

《北美自由贸易协定》（North American Free Trade Agreement，NAFTA）中没有要求成员国之间相互承认资格的强制性条款。然而，NAFTA包括关于专业服务透明度、标准客观性和许可证制度的培训，以及要求制定双方均可接受的专业标准、专

---

① The Community system on the recognition of professional qualifications was presented by the European Communities to the Working Party on Professional Services with respect to the Accountancy profession. See Document S/WPPS/W3, Communication from the European Communities and Their Member States.

业服务许可和认证标准的工作计划（附件 1210，A 节）。NAFTA 明确规定，可以针对以下事项制定标准：教育、考试、经验、行为和道德、专业发展和重新认证、实践范围、某一领域特定知识和消费者保护。NAFTA 成员国承诺消除对专业服务提供者许可和认证程序中的公民身份或者永久居留权的限制（第 1210（3）条）。①

外国法律顾问（foreign legal consultants）在实践法律时会寻找合适自己的法律领域进入。与实践东道国法律的资格要求相比，实践国际法律、母国法律和第三国法律的资格要求要低一些。考虑到东道国高门槛的市场准入标准、国民待遇要求和国内监管壁垒，外国法律顾问处于法律服务部门自由化的最前沿。然而，即使没有严格的资格要求，外国法律顾问仍然面临巨大的监管障碍，特别是在获得许可证方面。

外国法律顾问在跨境执业领域虽然受到多数 WTO 成员方的监管，但是在提供跨界服务时面临的障碍较少。各成员方对外国法律顾问设计了不同的制度，以下是国内规制/监管制度中的常见做法：（1）外国法律顾问通常不需要在东道国获得执业资格，只需要遵守东道国的职业行为规则。不过，一般而言，外国法律顾问只能在获得执业资格的法律领域内提供服务，包括东道国法律和第三国法律。（2）一些国家认为外国法律顾问是律师，而另一些国家则不认同。如果把外国法律顾问作为律师对待，那么外国法律顾问将获得东道国律师的权利和特殊优惠。这样的条款在国际或者区际条约中可能会被提出讨论和审查。（3）更自由的监管制度会允许外国法律顾问对东道国法律和第三国法律提供咨询

---

① 但是，NAFTA 第 1210（3）条也允许一成员方对另一成员方施加相似的专业服务限制。

意见，只要这类意见是由符合东道国或者第三国法律职业资格的专业人士出具的。由于跨境商事交易可能涉及多个法律，因此宽松的监管政策有利于不同国家的律师提供法律服务。更宽松一些的监管制度包括允许外国法律顾问在东道国仲裁庭出庭。(4) 多数国家规定外国法律顾问不能表示自己属于当地专业人士，而要使用特定的头衔，如用当地语言表示自己在母国的专业头衔，或是在某些情况下直接使用母国的专业头衔。(5) 一些国家要求外国法律顾问在当地律师协会注册或者通过职业资格考试。有些职业资格考试不同于当地针对本国公民的职业资格考试，考试内容反映了外国法律顾问和国内律师在实践范围上的差异。但是，这样的考试也容易成为服务贸易的一个障碍，如考试要求采用当地语言进行。(6) 一些国家要求外国法律顾问获得执业资格后再实践若干年，才能被东道国授予外国法律顾问的资格；如果在东道国参加过一定实践，那么年限的要求可以放宽。(7) 一些国家没有对涉外法律咨询形式和资格等作出规定，相应地，外国法律顾问容易在涉外领域提供咨询服务。(8) 一些国家规范咨询服务活动，但是没有设置外国法律顾问制度。在这种情况下，提供法律服务的主体主要是东道国律师。但是，这样严苛的（类似）制度容易受到其他成员方的抵制。①

在 WTO 正式成立时，美国已有 18 个州，加上哥伦比亚特区，不要求外国法律顾问必须通过审查才能获得许可证书。1993 年，美国律师协会（ABA）发布《外国法律顾问指南》，纽约州以最自由化的形式接受了这份指南；亚利桑那州、哥伦比亚特区、夏威夷州、新泽西州和俄亥俄州基本上也遵循这份指南的内

---

① See World Trade Organization, Legal Service: Background Note by the Secretariat, S/C/W/43, July 6, 1998, para. 48.

容。《外国法律顾问指南》包括与当地律师的合伙、雇用当地律师、法律实践范围以及以前的法律实践经验等自由规定。①

NAFTA 也有关于外国法律顾问的规则。根据附件 1210（第 12 章）B 节，每个成员国在履行其关于外国法律顾问的承诺时，应当确保允许来自其他成员国的外国法律顾问同本国律师一样进行法律实践，包括提供咨询服务。同一部分还包括关于未来自由化的条款，有权机构对于当地律师与外国法律顾问之间联合或者建立合伙关系规定的标准，以及外国法律顾问获得许可证之要求的条款。

以德国为例，WTO 成立后，外国律师在德国执业主要受两部法律的规范：没有得到批准或超范围从事业务活动的，受《德国法律咨询法》约束；执业律师有违法行为的，受《德国律师执业条例》约束。虽然外国律师违法执业、触犯德国法律受德国管辖，但是在很长的一段时间里，德国都没有一例这样的案件。究其原因，一是因为德国对经过正式注册的外国律师管理较为宽松；二是因为没有把握做德国法律业务的外国律师一般都委托德国律师实践，很少出现违法行为。在德国，无论是本国律师还是外国律师，所有律师均为律师协会会员，对其执业活动的管理权在律师协会手中。德国律师协会行使律师管理职能的主要体现是，制定行规和执业纪律，调解律师与客户或者律师与律师之间的纠纷，对律师的职业道德和执业纪律进行监督等。律师协会只能在法律赋予的职责范围内活动。如果律师违反了法律规定的强制性或者禁止性义务，律师协会就可以查处；如果问题比较严

---

① See World Trade Organization, Legal Service: Background Note by the Secretariat, S/C/W/43, July 6, 1998, para. 49.

重,就应当送交法院处理。①

在国内规制领域,争议比较大的一个问题是对"跨行业实践"(multidisciplinary practice)的处理。许多国家以执行公共政策为由禁止跨行业实践,而另外一些国家则不规制律师与非律师之间的联合。前者并不认为境外律师在国内具有"律师"资格,并以与禁止跨行业实践相同的理由禁止跨国合伙关系。政府和专业机构以保护消费者和确保服务质量为由禁止跨行业实践。跨行业实践经常被认为会危害"律师与客户之间的秘密特权"以及律师的专业独立性。②在第一种情况下,"机密信息"(confidential information)可以在合作伙伴范围内传递给没有"律师与客户之间的秘密特权"的非律师专业人员。同时,将具有不同伦理标准的专业人员聚集在一起,律师的独立性可能会受到损害。例如,会计师和顾问不受约束律师的"利益冲突"(conflicts of interest)规则约束。在德国的一些州,允许出庭律师、专利律师、税收顾问/审计和公证员之间有伙伴关系,通过一套共同的道德准则保护客户以及客户的律师和顾问。③因此,禁止或者规范跨行业实践的做法有一定理由。但是,这可能会产生更大的公共政策问题,因为缺乏监管或者规避监管可能更容易导致非合格人士进行未经授权的法律实践或者违背法律职业特有的道德标准。

服务贸易之间的经济结构不同,这也是一些国家抵制跨行业实践的原因之一。例如,会计专业的一大特点是存在大型跨国公

---

① 参见王江:《德国法律服务业开放的管窥和启示》,载《德国研究》2001年第3期,第55页。

② 所谓"律师与客户之间的秘密特权",简单来说,就是律师与客户之间的沟通,包括案情分析、诉讼策略、谈判方法、事实陈述等一切信息和言论都是保密的,任何人都不得披露;即使披露了,也不能作为法庭上定案的证据。在美国,这种披露甚至会造成法庭审理"无效"(mistrial),需重新组建法庭和陪审团的严重结果。相关的律师不但不会因此而受到褒奖,反而会遭到执业纪律的处罚。

③ See Commission of the European Communities, Panorama of EU Industry, 1997.

第二章
全球化时代之国际法律服务业开放

司，可以在世界范围内聚集超过 5000 名合作伙伴，拥有成千上万名雇员，如四大会计师事务所。①

近年来，四大会计师事务所在法律服务方面投入巨资，特别是在欧洲，雇用众多全球律师。同时，这四家会计师事务所每年的法律业务收入实现快速增长。其中，截至 2017 年，安永的律师事务所收入连续 5 年上涨 10% 以上。作为四大会计师事务所中拥有最多律师的普华永道，雇用了超过 2500 名律师，并与高伟绅律师事务所和众达律师事务所等国际一流律师事务所合作。普华永道的法律事务与会计师事务所的业务充分结合，已经在多个国家设有办事处，远远超过其他律师事务所。据《美国律师》杂志报道，2017 年，普华永道在美国启动成立一家律师事务所，这是四大会计师事务所协同推进法律服务的一个重要迹象。这家律师事务所的名称为"ILC Legal"，而不是"PwC Legal"。这家新成立的律师事务所不会提供美国法律咨询，而是协助美国客户处理国际问题，并为普华永道全球律师事务所提供市场营销服务。②

相比之下，大多数国家的法律服务由律师个体和小律师事务所提供。大型律师事务所主要来自英美法系国家，直到 20 世纪末才开始在其他一些 OECD 国家出现。在 21 世纪初，著名的国际律师事务所贝克麦坚时律师事务所在世界范围内也只拥有不超过 500 个合作伙伴，大约有 2000 多名员工。法律界对此所投予的关注是，大型会计师事务所可能利用其在会计行业的优势地位，通过"绑定"会计客户，方便其在法律服务部门从事反竞争业务。支持跨行业实践的论点包括：实现规模经济，为客户节省费用，

---

① 四大会计师事务所是指世界上著名的四个会计师事务所：普华永道（PwC）、德勤（DTT）、毕马威（KPMG）和安永（EY）。

② 参见佚名：《PwC：已是世界第六大律所，美国所下月开张》，http://www.sohu.com/a/193945508_668227，访问日期：2018 年 7 月 31 日。

客户可以通过单一公司的不同专业服务实现"一站式服务";同时,由于放松管制而增加贸易,以及出现质量更高、价格更优惠的服务,也有利于加强竞争。①

道德标准也属于国内规制范围。一般而言,成为外国法律顾问的条件之一是境外专业人士要遵守当地的道德守则,这不被视为成为当地专业人士的主要障碍。虽然国家之间存在差异,但是律师之间的行为守则具有相当程度的共同性,如利益冲突的处理、对客户忠诚和保密的规定。规则的差异点主要在于对广告的限制、律师与客户通信的保密性(特别是公司内部律师的保密性)以及风险代理收费②。

各国在法律服务道德标准之间的共同点使得欧洲共同体法律协会(CCBE)能够在20世纪末通过一部适用于17个欧洲国家(还有5个国家作为观察员)的《共同行为守则》(European Common Code of Conduct)。③ 该守则对在欧洲开展跨境活动的律师具有约束力。比较ABA、日本律师协会(Nichibenren)和CCBE的规则,没有重大差异。④ 国际律师协会(International

---

① See World Trade Organization, Legal Service: Background Note by the Secretariat, S/C/W/43, July 6, 1998, para. 53.

② 美国的律师收费有多种方式,风险代理收费就是其中的重要方式之一。在美国,风险代理收费被称为"contingency fees"。其中"contingency"意味着这种报酬是偶然的、可能的,因此是有风险的。"fee"即"酬金"。所谓"contingency fees",是指律师获取的报酬取决于所代理的案件获得法院判决给付的总额一定的百分比。换句话说,假如你聘请了律师帮你打官司,如果官司输了,律师将得不到任何报酬。但是,你仍然必须支付律师为此而支出的有关费用,即律师为办理案件而花费的"expenses"。在美国,律师的风险代理收费的比例各有不同,一般的比例是1/3。有些律师根据案件的具体进展程度,按比例增减其所分享的报酬。

③ 由于欧洲共同体/欧盟的扩张,成立于1960年的欧洲共同体法律协会现已更名为"Council of Bars and Law Societies of Europe",但是其简称"CCBE"不变。具体信息可见http://www.ccbe.eu/about/who-we-are/,访问日期:2017年12月1日。

④ See OECD, Liberalisation of Trade in Professional Services, OECD Documents, 1995.

Bar Association，IBA)① 也几乎在同一时间完成了国际道德守则的制定。专业协会还参与涉及外国律师市场准入和相互认证的双边谈判，内容包括资格要求、许可证获得要求和道德标准等。例如，ABA 与英格兰和威尔士律师协会（Law Society of England and Wales）之间存在双边协议。当然，在 WTO 成员方境内，任何此类协定都必须遵守 GATS 第 2 条"最惠国待遇"和第 7 条"相互承认"的规定。

---

① 国际上比较大的国际律师协会有两个：国际律师协会（IBA）和国际律师联合会（International Union of Lawyers，UIA）。相比较而言，IBA 更接近普通法律传统，UIA 更接近民法/拉丁语法律传统。UIA 声称是欧洲、南美洲和非洲最具代表性的国际律师协会。事实上，这两个协会都有来自全世界的成员，包括专业组织和个体律师。

第三章
逆全球化浪潮下之国际法律服务业开放

经济变化影响上层建筑，政治、社会领域的变化又会影响经济发展。最近一次全球贸易大衰退始于2008年10月，仅仅几个月的时间，全球贸易减少了约1/5。大衰退后的全球贸易复苏逐渐变慢，逆全球化而不是全球化成为当前国际经济发展的特点。[①] 受到逆全球化浪潮的影响，加上WTO自身的规则限制，包括法律服务在内的国际经贸规则谈判有从多边转向区域的倾向，与此同时，美欧主导TPP、TTIP和TiSA三大谈判。三大谈判旨在构建21世纪全球贸易的新秩序和新标准。虽然现在TPP生效程序受到美国退出的重大影响，TTIP和TiSA还处于谈判阶段，但是作为新一轮的国际经贸协定，上述协定都没有忽视法律服务业这个在WTO时代长期扮演"拖后腿"角色的服务部门，其核心文本和专业附件等都涉及法律服务业的开放和自由化问题，并在一些设定和条款内容上"不谋而合"，体现出推进开放的强烈意愿。特别是TiSA，虽然现在逆全球化运动愈演愈烈，但是从协议框架、谈判方态度、各方实力等角度，TiSA多边化已经取得一些有利条件，不排除成为全球服务贸易新规则的可能。TiSA等国际经贸新协定包含的法律服务业开放规则值得我国注意。

---

① See Douglas A. Irwin, The Truth About Trade: What Critics Get Wrong About the Global Economy, *Foreign Affairs*, 2016, 95 (1): 84.

第一节　国际经贸规则重构存在
从多边走向区域的倾向

如前所述，作为第二次世界大战以来经济发展的大趋势，经济全球化已经被证明是经济增长的主要推动力。然而，全球化进程并非一帆风顺，它对世界经济和各国经济的影响千差万别，利弊参半。事实上，20世纪末以来，特别是进入21世纪以后，反全球化的声音不绝于耳。每当举行全球经济峰会或者重大国际经济活动的时候，便是反全球化浪潮高涨和各种抗议活动此起彼伏之时。值得注意的是，以往反全球化运动似乎主要来自不发达国家、边缘国家，或者来自社会底层民众。但是，近年来，在一些经济发达的西方国家，或者在代表社会主流的中产阶层之中，反全球化、反对自由贸易和市场开放、主张保护主义等成为重要潮流。

逆全球化最直观的表现就是全球贸易和投资的萎缩。20世纪80年代中期以来，全球贸易一直保持持续高速增长的态势。其中，1991—2011年，全球贸易增速约是GDP增速的2倍。国际金融危机后，全球贸易增速急剧下降。[①] 根据WTO发布的"World Trade Statistical Review 2017"，2016年全球货物贸易增速为1.3%，是自2008年金融危机以来增长最慢的一年；2017年全球货物贸易增速不到2.5%，也远低于1980年以来全球货物贸易每年平均4.7%的增速；2016年全球GDP增长率仅为2.3%，

[①] 参见冯新舟：《经济全球化新形势与中国的战略选择》，载《经济问题》2018年第3期，第2页。

已经连续5年低于3%。这些变化是多重因素作用的结果,反映了全球贸易和经济增长中的结构性问题,直接因素是美国对外投资大幅度减少、中国经济增长从投资转向消费以及抑制全球进口的需求。① 逆全球化的另一个显著表现是贸易保护主义的抬头。"World Trade Statistical Review 2016"显示,截至2016年5月,WTO成员方自2008年以来采用的2835项贸易限制措施中,只有708项(25%)被移出。其中,WTO成员方在2015年实施贸易保护措施624项,是2009年的9倍;美国在2015年实施了超过90项贸易歧视措施,位居各成员方之首,成为限制贸易自由化最激进的国家。②

2016年6月23日,英国"脱欧"公投以"脱欧"派险胜(支持率为51.9%)而结束,这意味着欧盟一体化进程的巨大倒退。③ 同年11月,美国总统大选中,共和党候选人唐纳德·特朗普"逆袭"成功,其竞选宣言和多数总统行政命令都与自由贸易背道而驰。英美两个版本的"黑天鹅事件"(Black Swan Event)相继发生,都与全球化进程带来的影响有关,是逆全球化思潮的产物。

这些年,逆全球化风潮愈演愈烈。之所以会发生逆转,是因

---

① See World Trade Statistical Review 2017,全文可见WTO官网:https://www.wto.org/english/res_e/statis_e/wts2017_e/wts2017_e.pdf,访问日期:2017年12月31日。

② See World Trade Statistical Review 2016,全文可见WTO官网:https://www.wto.org/english/res_e/statis_e/wts2016_e/wts2016_e.pdf,访问日期:2017年12月31日。

③ "脱欧"公投后的报告调查了英国几乎全部380个辖区的投票特征与结果。在控制了区域固定效应以及其他数据特征后可以发现,生活水平、人口特征、移民(特别是新近移民的增加)、文化和社区凝聚力都对"脱欧"倾向有重要影响,并且遭受全球化冲击的深度与排外主义倾向之间有显著的联系。例如,遭受进口竞争压力最大的英格兰中部和北部地区成为支持"脱欧"的重要地区,而长期受益于全球化的伦敦则拥有极高的反对"脱欧"投票。参见佟家栋等:《"逆全球化"浪潮的源起及其走向:基于历史比较的视角》,载《中国工业经济》2017年第6期,第9页。

为全球化所导致重要的结构性变化对不同社会群体的影响不同。那些在全球化过程中导致"利益分配"不均的因素，特别是所谓的"受益群体"与"受损群体"之间的矛盾，是全球化逆转的重要推动力。① 瑞信研究院②2017年11月15日发布的《全球财富报告》显示，2016—2017年，全球百万富翁人数增加230万，已达3600万，增幅为7%，主要来自美国、欧洲国家（德国、法国、意大利、西班牙、瑞典）以及亚洲主要财富市场和发达经济体。在亚太区，澳大利亚新增202000名百万富翁，达到120万人；中国大陆新增163000名百万富翁，达到200万人；中国台湾地区新增58000名百万富翁，达到381000人。尽管2017年亚太区百万富翁人数仅增长3%，但是截至当年年中，亚太区位于财富金字塔顶部的超高净值人士（财富超过5000万美元的人士）和亿万富翁的人数分别增长18%和24%，各达到37420人和910人，是全球增长最快的地区。同一份报告还指出，自2000年以来，全球百万富翁人数增长170%。百万富翁这一群体的构成正在迅速改变。2000年，多达98%的百万富翁主要集中在高收入经济体中。自此以后，全球增加2390万名"新百万富翁"，其中270万名来自新兴经济体，占新增百万富翁人数的12%。在超高净值人士这一群体中，这种转变更加显著。2000年，新兴经济体只占该群体的6%。时至该报告发布之日，新兴经济体占超高净值人士增幅的22%（24500名成人）。单是中国，约增加17700名

---

① 参见张茉楠：《当前"逆全球化"趋势与新一轮全球化走向》，载《宏观经济管理》2017年第5期，第33页。
② 瑞士信贷（Credit Suisse AG，简称"瑞信"）是具有领导地位的全球金融服务提供商，也是瑞信集团公司的一部分。瑞信研究院是瑞信的内部智库。该研究院是在2008年金融危机后成立的，其目的是研究长期经济发展已经或应会对金融服务业本身及其他行业造成的全球影响。具体信息可见瑞信研究院：https://www.credit-suisse.com/corporate/sc/press-release/2017-global-wealth-report.html，访问日期：2018年3月11日。

成人，占全球新增超高净值人士的15％。

在一些发达经济体和成熟的工业化国家看来，发达经济体内部逐渐失去竞争优势的产业不断向国外转移，造成本国"产业空心化"趋势，使得以传统农业和传统制造业为代表的"旧经济部门"利益受损，部门内利润下滑，失业率增加。特别是对许多西方的精英而言，全球化最重要的后果是中国的崛起及其对世界的影响。①

作为经济全球化的对立面，"逆全球化"（de-globalization）又称"去全球化"，是指在经济全球化发展到一定阶段后出现的不同程度和不同形式的市场再分割现象，也包括重新赋权给地方和国家。它不仅表现为一国/地区政策对多边开放立场的反转，也表现为对区域一体化的逆转。② 有关这场逆全球化浪潮或者去全球化进程起因的认识，国内外学者的观点各不相同，有的认为是经济危机引燃民粹主义和极端主义，有的则强调文化焦虑及其背后的社会政治转型因素。③ 美国学者哈罗德·詹姆斯坚信，制度是导致全球化逆转的"罪魁祸首"。在关于上一轮全球化的研究中，他找到了显示"钟摆运动"逆转开始的重要信号：国际金融秩序的失灵会导致严重的金融危机；商品和人的跨国自由流动对各工业化国家生活水平和工作机会带来的消极影响，会激起人们对自由贸易和移民的强烈"政治反弹"。也有研究者从金融资本主义的角度进行分析，认为以美国为代表的金融扩张集中在两个具体的领域：一是快速飙升的联邦债务，二是以次级贷款为代

---

① 参见张茉楠：《当前"逆全球化"趋势与新一轮全球化走向》，载《宏观经济管理》2017年第5期，第33页。
② 参见郑春荣：《欧盟逆全球化思潮涌动的原因与表现》，载《国际展望》2017年第1期，第34页。
③ 参见景丹阳：《西方国家的逆全球化危机和"驯服"全球化》，载《国际展望》2017年第1期，第52页。

表的住房贷款抵押证券。联邦债务的居高不下与第二次世界大战后国际金融秩序的制度缺陷有直接关系。这个金融秩序隐含的流动性创造机制中的"铸币权"问题助长了美国政府对政策自主性强烈的选择偏好，并导致了美国实体经济特别是制造业的萎缩以及"产业空心化"问题。①

WTO成立以来取得的辉煌成绩不能掩盖其运行多年后面临的困境。乌拉圭回合谈判结束后，虽然谈判的步伐并未停止，但是服务贸易谈判没有取得实质性进展。根据GATS第19条——"成员方自协议生效之日起5年内开始定期连续数回合谈判，以达到渐进之更高度自由化"，2002年2月，WTO服务贸易理事会召开特别会议，正式发起新一轮全球服务贸易谈判。② 之后，服务议题与其他议题成为WTO多哈回合谈判的主要议题。21世纪初即启动的多哈回合谈判历经十余年，除了2013年勉强通过《贸易便利化协定》（The Agreement on Trade Facilitation）之外，几无建树。多哈回合谈判可分为三个阶段：第一阶段从1999年11月在美国西雅图举行的WTO第三次部长级会议（Ministerial Conference）到2001年11月在卡塔尔多哈举行的WTO第四次部长级会议达成《多哈发展议程》（Doha Development Agenda）。经过长时间的酝酿，各成员方终于决定发起以发展为核心议程的新一轮多边贸易谈判，并定于2005年1月1日结束。第二阶段从2001年11月到2006年年底。2003年9月在墨西哥坎昆举行的WTO第五次部长级会议遭受重大挫折，在未发表宣言的情况下以失败而告终。各方最终达成指导谈判的"框架协议"（包括基本内容、

---

① 参见张茉楠：《当前"逆全球化"趋势与新一轮全球化走向》，载《宏观经济管理》2017年第5期，第33页。

② WTO多哈回合谈判历程可见WTO网站：https://www.wto.org/english/tratop_e/dda_e/dda_e.htm，访问日期：2018年2月22日。

第三章
逆全球化浪潮下之国际法律服务业开放

原则和方式），即"七月套案"（July Package）。后来，多哈回合谈判错过原定的结束时间，各方同意将其推迟到 2006 年年底，同时谈判的重心已转移到在框架协议下对具体"模式"（modality）的反复磋商，主要针对具体减让幅度、范围、基期等技术细节。①第三阶段从 2006 年年底到 2011 年年底。由于坚持采用"一揽子承诺"（single undertaking）方式，这一阶段将农业和非农业市场准入等几大议题合并在一起谈判，议题之间彼此钳制，无法实现"成熟一项，达成一项"或者出现"早期收获"。加上采用"要求和响应"（request-offer）方式——允许一成员方对其他成员方以双边方式提出自由化要价清单，其他成员方必须以多边方式提出出价清单，在成员方数量越来越多的现实面前，②在技术上增加了达成一致的难度。WTO 成员方经过多轮谈判，仍然没有打破僵局，无论是新规则制定还是市场准入，都没有实质性进展。③截至 2011 年 8 月，在初步提出出价清单方面，WTO 成员方仅提出 73 份，不到成员方总数的一半（153 个）；在修改出价清单方面，更是只有 32 份，而且修改程度十分有限，多数成员方只是将实际执行水平列入承诺表中。④

不单单是受逆全球化浪潮的影响，WTO/GATS 自身规则对法律服务自由化的推动作用也很有限。从条文上看，GATS 下的法律服务业开放义务属于"低要求"。作为第二次世界大战后管

---

① 参见盛斌：《贸易、发展与WTO：多哈回合谈判的现状与前景》，载《世界经济》2006 年第 3 期，第 60 页。
② 1995 年 WTO 成立时，正式成员方有 112 个。截至 2016 年 7 月 29 日，WTO 成员方达到 164 个。具体信息可见 WTO 网站：https://www.wto.org/english/thewto_e/whatis_e/tif_e/org6_e.htm，访问日期：2018 年 2 月 22 日。
③ 参见赵仁康：《全球服务贸易自由化态势研判——以多哈回合服务贸易谈判为视角》，载《国际贸易问题》2006 年第 9 期，第 125 页；李伍荣、冯源：《〈国际服务贸易协定〉与〈服务贸易总协定〉的比较分析》，载《财贸经济》2013 年第 12 期，第 87 页。
④ 参见李伍荣、周艳：《〈服务贸易协定〉的发展路向》，载《国际经济评论》2014 年第 6 期，第 113 页。

理国际贸易的权威，无论是 GATT 还是 WTO/GATS，都没有关于法律服务业开放的具体条款或者细节性规定。在逆全球化浪潮的推动下，WTO/GATS 自身的一些原则、规则被成员方"利用"，反而限制了法律服务业的进一步开放。其一，虽然 GATS 正面清单指明了开放的服务行业，负面清单标出了各服务行业的市场准入限制和国民待遇承诺，且 GATS 第 2.1 条确立了"最惠国待遇"原则，并放在"一般义务和纪律"之下，但是第 2.2 条却允许成员方行使与前款规定不一致的措施——依据 GATS 附件 2 予以豁免。如前所述，从实际情况来看，成员方豁免/例外措施被移除出 GATS 附件的情况较少。其二，虽然 GATS 第 17 条确立了"国民待遇"原则，但是放在"特定承诺"之下，就从一般规定变成了具体承诺。其三，考虑到发展中国家在服务贸易的大多数领域与发达国家相比具有明显劣势，GATS 在服务贸易领域自由化、市场准入、进一步参与、信息提供等方面设置了许多有利于发展中国家的优惠条款。表面上，发展中国家在开放法律服务贸易领域可以充分利用这些优惠条款，把发展国际法律服务贸易与促进本国法律服务市场健康发展有机结合起来，在扩大开放的同时，不断提高法律服务的水平和质量，以增强本国法律服务业在国际法律服务市场上的竞争力。然而，发展中国家大多通过这些条款限制法律服务业开放，没有将法律服务业放入减让表，以此保护本国法律服务提供者，阻碍了全球法律服务业自由化的浪潮。

从争端解决的具体情况来看，法律服务业开放并不是 WTO 成员方的关注点。作为全球贸易体系的权威机构，WTO 争端解决机构（Dispute Settlement Body，DSB）处理的案件主要是货物贸易，成员方从未将法律服务贸易作为重要议题进行谈判或者诉诸 DSB。截至 2018 年 3 月 19 日，DSB 处理的 28 起涉及 GATS

的争端案件（自 1995 年起），无一例与法律服务贸易有关，且这 28 起案件仅占案件总数（540）的 5.2％；而在贸易救济措施方面，涉及反倾销协定的案件有 123 起，涉及反补贴协定的案件有 119 起。①

WTO"成员方主导型"的体制特点为成员方追求国家利益最大化提供了制度便利。在半个多世纪里，GATT/WTO 多边体制已极大地促进了国际贸易，推动了国际贸易法律制度的进步，为国际法治做出巨大贡献。但是，随着时代的发展、国际局势的变化，其自身固有的"成员方主导型"特点所带来的负面影响逐渐显现：区域性体制的权威性不高、底气不足，只能放任成员方各行其是；WTO 决策效率低下，严重影响了多边贸易体制发挥应有的功能，迫使成员方寻求区域性解决方案，为成员方建立和扩大区域性体制提供了"借口"和说辞。② 与此同时，双边贸易协定（Bilateral Trade Agreement，BTA）和区域贸易协定（Regional Trade Agreement，RTA）谈判正如火如荼地进行。截至 2016 年 6 月，GATT/WTO 共收到 635 份区域贸易协定通知（货物贸易协定、服务贸易协定和加入协定分别计算），423 份协定已经生效，且每个 WTO 成员方至少参与了一份区域贸易协定。生效的区域贸易协定数量稳步增长，目前正在谈判的许多区域贸易协定很有可能增强这一趋势。在这些区域贸易协定中，自由贸易协定（Free Trade Agreement，FTA）是主要的，约占九成，而关税联盟只占约一成。③ 美国更是绕过 WTO，主导一系列双边或

---

① See WTO, Disputes by Agreement, https：//www.wto.org/english/tratop_e/dispu_e/dispu_agreements_index_e.htm？id＝A20，last visited on March 19，2018.

② 参见刘敬东：《多边体制 VS 区域性体制：国际贸易法治的困境与出路》，载《国际法研究》2015 年第 5 期，第 92 页。

③ See Regional Trade Agreements, https：//www.wto.org/english/tratop_e/region_e/region_e.htm，last visited on January 14，2018.

者区域性谈判，旨在重构国际经贸规则。

虽然TTIP暂时陷入搁置状态，但是2018年7月25日，美国和欧盟同意通过谈判降低贸易壁垒、缓解贸易摩擦，并同意暂停加征新关税。从声明的内容来看，贸易谈判包括两个目标：第一个目标是缓解贸易紧张态势，主要是共同努力实现非汽车工业产品的零关税、零关税壁垒和零补贴，并在谈判期间停止实施新关税。第二个目标是改革与重塑国际贸易规则。美欧计划共同努力改革WTO，并实施公平贸易，特别关注知识产权、强制技术转让和产业补贴等问题。第一个目标可被视为短期目标，其设立将为美欧之前存在的贸易紧张态势降温。近年来，美欧之间的贸易摩擦急剧升温，美国对欧盟征收钢铝关税以及威胁对汽车及其零部件征收25%的关税是贸易摩擦的来源。双方成立了一个"高级别工作小组"，并承诺在谈判期间不再出台新的关税措施，这至少在短期内避免了美欧贸易摩擦的升级。第二个目标可被视为中长期目标，实质上反映的是美欧对于国际贸易规则重塑的需求。考虑到美欧在绝大多数领域的关税已经很低，目前基于关税议题进行的谈判主要是为了降低因贸易摩擦带来的贸易政策不确定性。从中长期的目标来看，贸易谈判的重点仍然是重塑国际贸易规则。这一举措实质上反映的是美国重新制定"高标准"的国际贸易规则，继而稳固其在全球经济中的优势地位这一战略意图。

区域性体制"遍地开花"，有WTO法律制度自身的原因，更是由WTO成员方追求国家利益最大化的本质和"成员方主导型"的制度特点所决定甚至推动的。作为WTO多边体制中的"治内法权"，具有天然"歧视性"的区域性体制，其存在和发展是政治、经济以及法律等各种因素共同作用所导致的结果，在当前及今后相当长一段时期内，有其存在的合理性和进一步发展的空间。①

第二节　TiSA 在 GATS 基础上约束缔约方对法律服务业开放的限制

自 2007 年开始，若干咨询机构和一些学者开始建议通过诸边协定的方式推动 WTO 多边贸易体制。其中，以曾任伦敦金融城（City of London）② 自由化委员会主席的约翰·库克 2011 年撰写的研究报告《多哈之后："下一代服务业"谈判》（After Doha: "Next Generation" Service Negotiation）为代表。库克提出，乌拉圭回合结束之后，在服务贸易自由化上有所进展的金融、电信等协定是以诸边方式实现的，这种谈判方式应当成为新贸易协定的推进方式。他建议诸边协定以《信息技术协定》（Information Technology Agreement）或者 GATS 第 5 条 "经济一体化" 条款的形式呈现。其他研究报告，如英国华威委员会 2007 年年底发布的《多边贸易体制向何处去?》（The Multilateral Regime: Which Way Forward?）③、澳大利亚圆桌会议 2008 年发布的《确保澳大利亚在全球服务业中的地位》（Securing Australia's Place in the

---

　① 参见杨盼盼：《如何看待美欧这一轮贸易谈判》，http://opinion.haiwainet.cn/n/2018/0727/c353596-31362855.html，访问日期：2018 年 7 月 27 日。

　② 具体信息可见伦敦金融城网站：https://www.cityoflondon.gov.uk/Pages/default.aspx，访问日期：2018 年 3 月 2 日。

　③ See The Warwick Commission, The Multilateral Regime: Which Way Forward? http://www2.warwick.ac.uk/research/warwickcommission/worldtrade/report/uw_warcomm_tradereport_07.pdf, last visited on January 5, 2018.

Global Services Economic)① 和世界银行 2012 年发布的《多哈回合中的服务业：尘埃落定？》(Service in Doha: What on the Table?)，也提出类似想法。②

2011 年 12 月，面对迟迟无果的局面，在瑞士日内瓦召开的 WTO 第八次部长级会议"另寻他法"——授权成员方选择特定领域进行谈判，通过区域协定推动全局。③ TiSA 应运而生。一开始，美国和澳大利亚发起订立服务贸易领域的独立协定，并与其他有意向的 WTO 成员方谈判，以期推动多哈回合进程。随后，欧盟加入，并与美国、澳大利亚轮流作为每轮谈判的组织者，所有愿意加入谈判的成员方都被称作"服务贸易真正好友"。"服务贸易真正好友"集团自一开始就宣称自己既不是独立于 WTO 的组织，也不是一个稳定的组织，而是对推进多哈回合下服务贸易谈判存有共识的成员方联盟。④ 除了欧盟以整体形式加入外，⑤"服务贸易真正好友"集团包括澳大利亚、加拿大、智利、中国台北、哥伦比亚、哥斯达黎加、中国香港、冰岛、以色列、日本、韩国、墨西哥、新西兰、挪威、巴拿马、巴基斯坦、秘鲁、瑞士、土耳其和美国。随着谈判的深入，"服务贸易真正好友"集团的成员数量发生变化。截至 2016 年 10 月 17 日，TiSA 已经

---

① See Australian Service Roundtable, Securing Australia's Place in the Global Services Economic, Submission to Mortimer Review of Export Policy and Programs, Canberra, July 2008.

② See Gootiiz Batshur & Mattoo Aaditya, Service in Doha: What on the Table? World Bank Policy Research Working Paper 4903, 2012.

③ WTO 原文为 "provisional or definitive agreements based on consensus earlier than the full conclusion of the single undertaking"。具体信息可见 Negotiations for a Plurilateral Agreement on Trade in Services (Brussels, February 15, 2013), http://europa.eu/rapid/press-release_MEMO-13-107_en.htm，访问日期：2018 年 1 月 16 日。

④ 具体信息可见 Negotiations for a Plurilateral Agreement on Trade in Services, http://europa.eu/rapid/press-release_MEMO-13-107_en.htm，访问日期：2018 年 1 月 16 日。

⑤ 欧盟第 28 个成员国克罗地亚正式加入的时间（2013 年）晚于 TiSA 开始谈判的时间。具体信息可见 Member Countries of the EU（Year of Entry), http://europa.eu/european-union/about-eu/countries_en，访问日期：2018 年 1 月 16 日。

完成 21 轮谈判，尚在参加谈判的 23 个成员既包括发达国家或地区，也包括发展中国家或地区。① 其中，高收入成员有 14 个：澳大利亚、加拿大、中国台北、中国香港、冰岛、以色列、日本、韩国、列支敦士登、新西兰、挪威、瑞士、美国和欧盟。中高收入成员有 8 个：智利、哥伦比亚、哥斯达黎加、毛里求斯、墨西哥、巴拿马、秘鲁和土耳其。中低收入成员有 1 个：巴基斯坦。新加坡曾经加入 TiSA 谈判，后又退出。②

TiSA 现有的 23 个谈判方都是 WTO 成员方，高收入国家或地区占多数，服务贸易总量约占全球总量的七成，"金砖国家"③不在谈判国家之列。类似《反假冒贸易协定》（Anti-Counterfeiting Trade Agreement），④ TiSA、TPP 和 TTIP 都强调谈判和制定过程的保密性——不公开进行谈判，文件只保存于谈判方处。欧盟是基于 28 个成员国的授权，由欧盟委员会（European Commission）作为代表参与 TiSA 谈判。出于透明度的要求，在满足谈判保密性要求的前提下，欧盟自 2015 年 3 月起，定期发布谈判进展报告，同时与其他 WTO 成员方进行一定的信息交流。⑤

---

① 具体信息可见欧盟网站：http://ec.europa.eu/trade/policy/in-focus/tisa/，访问日期：2018 年 3 月 20 日。
② 参见段子忠、林海：《服务贸易协定（TiSA）谈判追踪》，载《WTO 经济导刊》2016 年第 6 期，第 53—55 页。
③ 2001 年，美国高盛公司首席经济师吉姆·奥尼尔首次提出"金砖四国"概念，特指新兴市场投资代表。"金砖四国"（BRIC）使用巴西（Brazil）、俄罗斯（Russia）、印度（India）和中国（China）的英文首字母。由于该词与英语中的"砖"（brick）类似，因此被称为"金砖四国"。2008—2009 年，相关国家举行系列会谈和建立峰会机制，将其拓展为国际政治实体。2010 年南非（South Africa）加入后，变为"BRICS"，改称"金砖国家"。金砖国家的标志是五国国旗的代表颜色做条状围成的圆形，象征着它们的合作、团结。
④ 2010 年 11 月 15 日，《反假冒贸易协定》缔约方在日本东京宣布，在解决现有问题后，协定正式文本已经成形，缔约方将公布协定的最终版本。在获得通过后，协定将被提交给各缔约方的相关机构，制定国内相关立法。具体信息可见佚名：《〈反假冒贸易协定〉最终成形》，http://fta.mofcom.gov.cn/article/ftazixun/201011/4074_1.html，访问日期：2018 年 6 月 18 日。
⑤ TiSA 谈判的会议纪要可见 News on TiSA，http://ec.europa.eu/trade/policy/in-focus/tisa/，访问日期：2018 年 2 月 24 日。

目前，TiSA 谈判的文本尚未全部公开。综合欧盟 2013 年发布的议案（proposal）、① 2014 年提交的修改议案以及陆续公布的谈判纪要，② 加上维基解密（WikiLeaks）公开的 TiSA 核心文本草案（2016 年 6 月 21 日），③ TiSA 框架主要包括六个部分：序言、第 1 章 "一般条款"（general provisions）、第 2 章 "具体承诺"（scheduling commitments，与第 I-5 条 "附加承诺" 呼应，包括 "市场准入承诺安排" "国民待遇承诺安排" "同时不符合市场准入和国民待遇的措施" 以及 "附加承诺安排"）、第 3 章 "新的和增强的纪律"（new and enhanced disciplines）、第 4 章 "制度条款"（institutional provisions）以及 "附件"（annexes）组成。

从渊源和文本上，都可以看到 TiSA 与 GATS 之间存在 "继承" 的法律关系。同时，TiSA 与 GATS 之间还存在 "超越" 的关系。各方在 TiSA 谈判伊始就确立了目标——要在 GATS 多边化、最优区域化承诺的基础上实现 "高水平"。同时，不同于 GATS 谋求服务贸易自由化与国内政策目标平衡的做法，④ 为实现服务贸易自由化，TiSA 对国内规制权进行了诸多限制，进一步推动服务贸易自由化。即便是在长期扮演 "拖 GATS 后腿" 角色的法律服务业领域，TiSA 也从多个方面建立新规则和高标准，推动法律服务业开放。

---

① 欧盟 2013 年发布的议案全文可见欧盟网站：http://trade.ec.europa.eu/doclib/docs/2014/july/tradoc_152687.pdf，访问日期：2018 年 2 月 24 日。
② 欧盟 2014 年提交的修改议案全文可见欧盟网站：http://trade.ec.europa.eu/doclib/docs/2014/july/tradoc_152687.pdf，访问日期：2018 年 2 月 24 日。
③ 具体信息可见维基解密网站：http://wikileaks.org/tisa/，访问日期：2017 年 12 月 19 日。
④ 从 GATS 序言可以看出，GATS 一方面推进世界服务贸易自由化进程，另一方面尊重各国国内的政策目标，在这两者之间谋求平衡，并在互利和权利义务平衡的原则下分别就各服务行业进行谈判。参见曹建明、贺小勇：《世界贸易组织》（第三版），法律出版社 2011 年版，第 253 页。

表 3-1 TiSA 正文各部分条款名称

第 1 章 "一般条款"	I-1 "范围"、I-2 "定义、最惠国待遇、经济一体化"、I-3 "市场准入"、I-4 "国民待遇"、I-5 "附加承诺、透明度、机密信息公开、国内规制"、I-6 "相互承认"、I-7 "支付和转移"、I-8 "保障国际收支平衡的限制、独占及排他性服务提供者"、I-9 "一般例外"、I-10 "安全例外、附件、利益之拒绝、政府采购"。
第 2 章 "具体承诺"	II-1 "市场准入承诺安排"、II-2 "国民待遇承诺安排"、II-3 "同时不符合市场准入和国民待遇的措施"、II-4 "附加承诺安排"。
第 3 章 "新的和增强的纪律"（暂未公开，美国考虑《怀唐伊条约》（Treaty of Waitangi）的内容）	1. 如果这些措施不被用作对其他缔约方自然人或者法人任意或者无理歧视手段，或作为对服务贸易的变相限制，本协定（第三部分）中的任何规定均不得妨碍新西兰就本协定（第 3 章）所涵盖的事项，包括履行《怀唐伊条约》规定的义务，采取必要措施给予毛利人更优惠的待遇。 2. 缔约方同意对《怀唐伊条约》的解释，包括根据该条约产生的权利和义务的性质，不受本协定争端解决条款的约束。否则，争端解决条款应适用于本条。只有当涉及第 1 款的措施影响本协定赋予的权利时，一缔约方才可要求根据设立仲裁法庭条款设立仲裁法庭。
第 4 章 "制度条款"（暂未公开）	Section 1 "争议解决"、Section 2 "本协定的未来参与"、Section 3 "多边化"、Section 4 "制度条款（包括审议/修改减让表）"。

表 3-2 GATS 文本与 TiSA 文本比较

GATS（"缔约方"采用"Member"）		TiSA（"缔约方"采用"Party"）
第一部分 范围和定义	第 1 条 "范围和定义"	TiSA 将 GATS 第 1 条作为第 I-1 条 "范围"的内容。
第二部分 一般义务和纪律	第 2 条 "最惠国待遇"	TiSA 采用 GATS 第 2 条第 1 款和第 3 款，部分缔约方对保留第 2 款 "豁免"持有异议。
	第 3 条 "透明度"	TiSA 将 "透明度"条款和 "机密信息的披露"放在第 I-5 条 "附加承诺"之后，内容与 GATS 第 3 条相比有较多修改。
	第 3 条之二 "机密信息的披露"	
	第 4 条 "发展中国家的更多参与"	TiSA 无类似规定。
	第 5 条 "经济一体化"	TiSA 将 "经济一体化"条款列在 "最惠国待遇"条款之后，部分缔约方对 "经济一体化"条款的内容及存在持有异议。

(续表)

GATS("缔约方"采用"Member")		TiSA("缔约方"采用"Party")
第二部分 一般义务和纪律	第5条之二"劳动力市场一体化协定"	TiSA无类似规定。
	第6条"国内规制"	TiSA全面修改GATS第6条的内容,如赋予缔约方基于国内公共政策而制定新规则的权利。
	第7条"相互承认"	TiSA将GATS第7条作为I-6"相互承认"的内容。
	第8条"独占及排他性服务提供者"	TiSA将GATS第8条第1款、第2款和第5款作为"独占及排他性服务提供者"的内容。由于TiSA未设立服务贸易理事会,因此TiSA删除GATS第8条第3款和第4款的内容。
	第9条"商业惯例"	TiSA无类似规定。
	第10条"紧急保障措施"	TiSA无类似规定。
	第11条"支付和转移"	TiSA将GATS第11条作为I-7"支付和转移"的内容。
	第12条"保障国际收支的限制"	TiSA将GATS第12条作为I-8"保障国际收支平衡的限制"的内容。
	第13条"政府采购"	TiSA将GATS第13条第1款作为"政府采购"的内容。GATS第13条第2款要求成员方在世界贸易组织协议生效后二年内,就政府采购服务事宜进行多边咨商谈判。
	第14条"一般例外"	TiSA将GATS第14条作为I-9"一般例外"的内容。
	第14条之二"安全例外"	TiSA将GATS第14条之二作为I-10"安全例外"的内容。
	第15条"补贴"	TiSA无类似规定。

(续表)

GATS("缔约方"采用"Member")		TiSA("缔约方"采用"Party")
第三部分 具体承诺	第16条"市场准入"	TiSA将GATS第16条作为I-3"市场准入"的内容。
	第17条"国民待遇"	TiSA将GATS第17条作为I-4"国民待遇"的内容。
	第18条"附加承诺"	TiSA将GATS第18条作为I-5"附加承诺"的内容。
第四部分 逐步自由化	第19条"具体承诺的谈判"	TiSA将这部分内容并入第2章"具体承诺"。
	第20条"具体承诺减让表"	
	第21条"减让表的修改"	
第五部分 机构条款	第22条"磋商"	TiSA谈判包含此部分，主要分为四个板块：Section 1"争议解决"，Section 2"本协定的未来参与"，Section 3"多边化"，Section 4"制度条款（包括审议/修改减让表）"。
	第23条"争端解决与执行"	
	第24条"服务贸易理事会"	
	第25条"技术合作"	
	第26条"与其他国际组织的关系"	
第六部分 最后条款	第27条"利益之拒绝"	TiSA将GATS第27条作为"利益之拒绝"的内容。
	第28条"定义"	TiSA将GATS第28条作为I-2"定义"的内容。
	第29条"附件"	TiSA要求等待第四部分"新的和增强的纪律"文本确定后再进行商讨。

与GATS的分类相同，法律服务（CPC 861）属于TiSA"商

务服务"下的"专业服务"。如前所述,由于多数 WTO 成员方对法律服务业开放持保守态度,WTO/GATS 未对法律服务业开放制定具体的强制性规定或者示范性文本,仅仅是提供法律服务业开放的基本原则和分类。TiSA 对法律服务业开放的推动体现在多个方面,包括"核心文本"(core text)、"专业服务附件"(annex on professional service)和"自然人流动模式附件"(annex on movement of natural persons)。

TiSA 从整体上推动法律服务业进一步开放。TiSA 承诺表沿袭 GATS 样式,基本内容包括"服务部门""市场准入""国民待遇"和"附加承诺"等栏位,并采用"混合列表"(hybrid list)方式,但是两者存在一些区别。① TiSA 在市场准入上采用正面清单,这对于服务业相对落后的国家来说较为灵活。同时,考虑到与 GATS 的相容性问题,正面清单较容易与 GATS 承诺表合并解读。然而,在国民待遇上,TiSA 采用负面清单。在这种列表方式下,除被列出的保留限制外,所有服务与服务提供方式都会被承诺提供国民待遇,并且这些保留限制必须在一定承诺时期内逐渐减少。TiSA 采用混合列表方式可以扬长避短,增加其操作的灵活性和可控性,在实现更高水平自由化的同时,又可以吸引更多的新兴国家与发展中国家积极参与。值得关注的是,虽然 GATS 通常也被认为采用混合列表方式,但是它在"市场准入"和"国民待遇"两个栏位下列出条款、条件、限制和资格,既不是典型的肯定式,也不是典型的否定式。②

理论上,只要正面清单足够长,或者负面清单足够短,两者

---

① TiSA 减让表的具体形式和排布可以参考欧盟 2016 年 5 月公布的修改议案,具体可见欧盟网站:http://trade.ec.europa.eu/doclib/docs/2016/may/tradoc_154590.pdf,访问日期:2017 年 12 月 8 日。

② 参见李伍荣、周艳:《〈服务贸易协定〉的发展路向》,载《国际经济评论》2014 年第 6 期,第 116 页。

就能够殊途同归，达到相同的高水平自由化。但是，负面清单（对 TiSA 而言，特指国民待遇）的优势是明显的：第一，它与 WTO 精神更为趋近。众所周知，WTO 力推非歧视原则，最惠国待遇和国民待遇是其两大支柱。GATS 第 2.1 条确立了最惠国待遇原则，放在第二部分"一般义务和纪律"之下。然而，第 2.2 条却允许成员方行使与前款不一致的措施——依据 GATS 附件 2 作出豁免。如前所述，从实际情况来看，豁免/例外措施被移出 GATS 附件的情况较少。虽然 GATS 第 17 条确立了国民待遇原则，但是放在文本的第三部分而不是第二部分之下，国民待遇从一般规定变成具体承诺。这是对 WTO 原则的侵蚀。在 TiSA 框架下，国民待遇尽管是具体承诺，但是由于采用负面清单方式，如果其清单足够短，那么它在程度上就更接近国民待遇原则。第二，TiSA 比 GATS 能更好地保证公平竞争。公平竞争既是市场经济的要义，也是 WTO 的基本原则。美国贸易谈判代表提出，确保公平竞争是推动 TiSA 的目的之一，也是美国应该积极"出口"的价值观。对国民待遇采用负面清单，意味着除少数保留外，国内外相同服务和服务提供者可在公开、公平、公正的市场环境下，基于质量、能力而非国籍竞争，防止市场扭曲。第三，负面清单更有利于给予缔约方作出更高自由化承诺的激励。在正面清单中，缔约方会倾向于使清单尽量短，这样它就拥有较高的政策自由度，当国内需要时，就可以在实际执行层面实行比减让表中更高的自由化，既不违背对外承诺，又满足了内部需要。在负面清单中，缔约方也会倾向于使清单简短些，因为冗长的清单需要耗费更多的资源、精力和时间，也给外界一种约束过多的认知,而精短的负面清单意味着较高水平的自由化。①

TiSA 的核心文本存在禁止逆转机制,包括棘轮条款和冻结条款。这并非 TiSA 首创,采用负面清单模式的《北美自由贸易协定》(1994 年 1 月 1 日生效)是使用这两类条款的代表性协定。② 国际经济法中的"棘轮条款"(ratchet clause),是指当一个国家通过自主方式实现服务贸易自由化后,不得回退,效力永久,纳入贸易协定并受其约束。③ 棘轮条款/机制具有自动修正承诺表的功能。GATS 第 21 条"减让表的修改"被有些学者视为棘轮条款。该条第 1 款(a)项允许成员方"在减让表中任何承诺生效之日起 3 年期满后的任何时间修改或撤销该承诺"。WTO/GATS 采用棘轮条款,是为了减轻成员方尤其是发展中国家成员方在 GATS 中作出进一步承诺的担忧。同时,成员方单边修改的国民待遇原则将通过最惠国待遇延伸到其他成员方。因此,

---

① 参见李伍荣、周艳:《〈服务贸易协定〉的发展路向》,载《国际经济评论》2014 年第 6 期,第 116 页。

② 美国的负面清单最早始于第二次世界大战后与他国签订的友好通商航海条约。友好通商航海条约包含负面清单原则的萌芽,确定给予外资国民待遇,只是对于某些行业要有所限制。负面清单的真正成形是在美国 20 世纪 80 年代以后与若干国家签订的双边投资条约中,如 1982 年签订的《美国—埃及双边投资条约》。这些双边投资条约以附件的形式专门把例外行业列举出来,形成了负面清单模式;而在友好通商航海条约中,关于负面清单的表述仍是以正文形式出现在条约的某一条款中。对美国双边投资条约缔结实践产生最大影响的是 1992 年签订、1994 年生效的《北美自由贸易协定》(NAFTA)。不过,即使是在这份被视为负面清单模式最典型代表的协定中,也没有出现"负面清单"的表述形式。负面清单所指向的内容在这些协定中通常是以"不符措施"(non-conforming measures)的形式出现的。美国后来的双边投资协定(BIT)延续 NAFTA 的结构,但是在条约中,无论是正文还是附件,都没有直接使用"负面清单",用的是"不符措施"。将这些不符措施汇总之后的形式在习惯上被称为"负面清单"。在 NAFTA 中,出现两类负面清单,分别是措施列表和行业列表,前者列举现存不符措施,后者则列举保留将来采取不符措施权利的行业。

③ 公司法中的棘轮条款主要出现在企业经营不好,不得不以更便宜的价格出售股权或者以更低作价进行融资的情况下。由于前期投资可能贬值,因此投资者会要求附加棘轮条款,以保护自己的利益。

GATS 棘轮条款的禁止逆转效力较弱。第 21 条第 2 款（a）项允许"在 GATS 项下的利益可能受到根据第 1 款（b）项通知的拟议修改或撤销影响的任何成员方请求下，修改成员方应进行谈判，以期就任何必要的补偿性调整达成协议。在此类谈判和协定中，有关成员方应努力维持互利承诺的总体水平，使其不低于在此类谈判之前具体承诺减让表中规定的对贸易的有利水平"。TiSA 仅在国民待遇领域沿用棘轮机制，目的是鼓励缔约方作出相应的国民待遇承诺，而单边国民待遇承诺也将通过棘轮机制进一步延伸。[①]

棘轮条款和冻结条款都能有效促进缔约方形成更高水平的开放，推动更高程度的服务贸易自由化。国际经济法中的"冻结条款"（standstill clause），是指国家对外国服务及其提供者保持现有待遇，承诺不会实施新的限制措施或者对现有条件制造贸易障碍/壁垒。它约束了现有的开放水平。[②] GATS 中也存在隐形冻结义务。例如，第 5 条"经济一体化"：如果服务贸易自由化协定满足"取消现有歧视性措施和/或禁止新的或更多的歧视性措施"的条件，WTO/GATS 就不会阻止成员方参加或者达成此类协定。这意味着 WTO 成员方在 GATS 及其承诺生效后不能因为缔结经济一体化条款而在其他承诺中增加新的或者更多的歧视性措施，这实质上是对成员方提出冻结义务。[③] TiSA 第 2 章"具体承诺"第 II-1 条"市场准入承诺安排"和第 II-2 条"国民待遇承诺安排"中都出现了冻结条款：一旦 TiSA 生效，缔约方在承诺表中对外国服务或者服务提供者列出的条件或者资格，将不会比成员方签

[①] 参见陈立虎、刘芳：《服务贸易协定（TiSA）对 WTO 法律规则的超越》，载《上海对外经贸大学学报》2015 年第 6 期，第 9 页。

[②] 公司法中的冻结条款主要是为了保证在一定期限内不再买进目标公司的股票。

[③] 参见李伍荣、周艳：《服务贸易协定（TiSA）市场开放承诺的机制创新》，载《国际贸易》2015 年第 3 期，第 55 页。

署/加入 TiSA 之日更具限制性。①

除了承诺表设计和禁逆转机制，TiSA 的核心文本还从其他方面推动服务业自由化的整体水平。一是未重申 GATS 第 4 条即给予发展中国家更多优惠。一旦 TiSA 生效，即便是最不发达国家，也受到与发达国家一样的约束，履行同等义务。二是透明度条款。TiSA 除了要求"各缔约方应确保及时公布或者以其他方式提供其关于 TiSA 所涉任何事项的一般适用的法律法规、程序和行政裁决，以使利害关系人和缔约方能够熟悉"，还附上了美国文本的建议——确保包括跨国公司在内的商业利益，当地商业或者其他国家公民的权利也有机会进入和影响政府有关上述主体利益的决策。

TiSA 在 GATS 条文的基础上，对包括法律服务在内的不同专业服务作出更为细致的"顶层设计"，内容多数超过已知的自由贸易协定标准或者双边投资协定标准，特别是第一部分"承诺表"的内容，在谈判方内部引发激烈讨论。

GATS 第 20 条"具体承诺减让表"要求各成员方"就已提出承诺之各行业，承诺表内应列明：（1）市场开放之内容、限制及条件；（2）国民待遇之条件及资格；（3）关于额外承诺之实行；（4）有实施承诺之时间表者，其时间表；以及（5）承诺生效日期。"当 WTO 缔约方的措施与 GATS 第 16 条"市场准入"和第 17 条"国民待遇"的规定均不一致时，应当"载明于第 16 条相关字段内，该记载亦视为第 17 条所定之条件或资格"。同时，WTO 成员方的"特定承诺表应附于为本协议之附件，并构成本协议之一部分"。

---

① 参见陈立虎、刘芳：《服务贸易协定（TiSA）对 WTO 法律规则的超越》，载《上海对外经贸大学学报》2015 年第 6 期，第 9 页。

表 3-3 TiSA 专业服务附件文本第一部分"承诺表"以及
缔约方第 14 轮谈判的讨论情况①

条款	文本内容	缔约方观点
1. 范围和定义	专业服务包括法律服务；法律服务分成母国法律服务、东道国法律服务、外国法律服务和国际法律服务。	墨西哥反对将法律服务作为专业服务开放的内容之一；澳大利亚和日本提议的范围包括母国法律服务、东道国法律服务以及第三国和国际法律服务；瑞士反对法律服务包括母国法律服务和东道国法律服务。
2. 市场准入保障	缔约方任何不符合专业服务领域的市场准入的条款、限制和条件从协定生效之日起停止实施或者被新措施替代。	该条来自澳大利亚的提议；瑞士、欧盟和韩国反对。
3. 跨境提供	（第 1 段）不考虑本条第 2 段，TiSA 要求缔约方对跨境交付模式和境外消费模式不加任何限制。 （第 2 段）根据具体承诺减让表，缔约方不得采取或者维持对专业服务的跨境提供模式的市场准入或者国民待遇限制。	第 1 段来自澳大利亚的提议；墨西哥表示考虑；以色列、日本和韩国反对。 第 2 段来自瑞士、列支敦士登和韩国的提议；澳大利亚反对。
4. 当地存在	禁止缔约方要求其他缔约方服务提供者设立或者维持代表处或任何形式的商业存在，或把本国居民或者定居作为提供专业服务的跨境支付模式的条件。	该条来自澳大利亚和哥伦比亚的提议，模式包括跨境交付、境外消费和自然人流动；韩国支持"把定居作为提供专业服务的跨境支付模式的条件"。

---

① 本承诺表只列出涉及法律服务的内容。TiSA 第 14 轮谈判于 2015 年 10 月 6—13 日进行，相关信息可见维基解密网站：http://www.wikileaks.org，访问日期：2018 年 2 月 24 日。

（续表）

条款	文本内容	缔约方观点
5. 外国资本限制	禁止缔约方对通过商业存在模式提供专业服务的实体进行限制，限制外国资本参与的最大比例和设定单个或者总体外资持股比例。	该条来自澳大利亚、哥伦比亚、冰岛、挪威和美国的提议；[1] 以色列表示考虑。
6. 跨国合作或参与管理的限制	禁止缔约方限制合作伙伴、高级管理人员或者其他重要人士的国籍，以此约束以商业存在模式提供专业服务的实体。	该条来自冰岛、挪威和美国的提议。[2]
7. 合作企业要求	禁止缔约方把合作企业作为提供专业服务的一项条件。	该条来自澳大利亚、哥伦比亚、以色列、冰岛、挪威和美国的提议；中国香港表示考虑；澳大利亚提议增加联合行动；瑞士和韩国反对。[3]
8. 经济需求测试	禁止缔约方采取或者维持歧视性经济需求测试，包括劳动力市场测试，作为提供专业服务的一项要求。	该条来自澳大利亚、瑞士和哥伦比亚的提议；挪威和美国表示考虑；瑞士提议在缔约方的具体承诺减让表中分类进行描述，澳大利亚和哥伦比亚反对。[4]
9. 商业命名	在符合法律法规的情况下，各缔约方同意服务提供者在境内采用自己在其他缔约方境内惯常使用的名字，否则保证对商业命名的要求不会过于严厉。	该条来自澳大利亚、瑞士、欧盟、墨西哥和挪威的提议；秘鲁反对"否则"条款；日本提议在"否则"前面加入"或者"。

---

[1] 美国还提议：本款任何规定不得解释为阻止缔约方采取非歧视性措施，向通过自然人提供专业服务的企业设定资本参与限制。

[2] 美国还提议：本款任何规定不得解释为阻止缔约方采取非歧视性措施，向通过自然人提供专业服务的企业设定合作或者管理限制。

[3] 澳大利亚解释："联合行动"是指外国服务提供者通过本地实体或者与本地实体合作提供服务。哥伦比亚对此表示考虑。美国还提议：本款任何规定不得解释为阻止缔约方当局要求服务提供者具有专业资格，即使这种专业资格只能由另一缔约方授予。

[4] 澳大利亚还提议：本款任何规定不得解释为阻止缔约方采用同样适用于来自其他任一缔约方服务提供者的符合国民待遇的经济需求测试。

(续表)

条款	文本内容	缔约方观点
10. 律师飞进飞出	a. 如果同意其他缔约方以跨境支付的方式提供外国法律服务，缔约方应当同意以"飞进飞出"为基础的进入和临时停留，不得要求服务提供者设立或者维持代表处或任何形式的商业存在，或把有本国居民或者定居作为当地执业或者登记的同意或者资质条件。 b. 如果同意其他缔约方以跨境支付的方式提供国际法律服务，缔约方应当同意以"飞进飞出"为基础的进入和临时停留，不得要求服务提供者设立或者维持代表处或任何形式的商业存在，或把有本国居民或者定居作为当地执业或者登记的同意或者资质条件。 c. 停留的时间在以12个月为周期的总长度里面不能超过90天。	该条来自澳大利亚的提议；日本反对。 澳大利亚补充：有关于"飞进飞出"或者临时执业的方法，不管有无通过明确的法规，都视为允许外国律师临时提供外国法律服务以及国际法律服务，而不需要在缔约国登记。

TiSA专业服务附件文本第二部分主要包括两个条款（第11条和第12条），在缔约方内部引发的争议较小。其中，第11条"鼓励识别"（encouraging recognition）（a）项要求："每一缔约方应与其领土上的有关机构协商，设法确定两个或者两个以上缔约方相互间有兴趣就专业资格承认问题进行对话的专业服务部门或者分部门，许可和/或注册。"（b）项要求："每一缔约方应鼓励其有关机构与其他缔约方的有关机构建立对话，以确认专业平等，并促进许可和/或登记程序。"（c）项要求："每一缔约方应鼓励其有关机构在制定关于承认专业平等、许可证和登记的协定时考虑到与专业服务有关的现有协定。"（d）项要求："每一缔约方均可鼓励其有关机构考虑采取步骤，根据外国供应商的母国许可

证或者公认的专业机构成员资格，实施临时或者有限度的许可制度，如项目具体许可或者注册（不需要进一步检查）。这种临时或者有限度的许可制度不应阻止外国供应商在满足必要的当地许可要求后获得当地许可证。"

第 12 条"专业服务工作组"（working party on professional services）（a）项要求："缔约方应努力促进专业服务贸易，包括设立由各缔约方代表组成的专业服务工作队。"（b）项要求："工作组的每一缔约方应酌情联络，以支持其相关专业机构和监管机构根据第 I-6 条'相互承认'和其第 9 段'鼓励承认'寻求承认。这种支持可包括但不限于提供相关联络点，便于举行会议，提供关于各缔约方各自领土内专业服务监管的信息。"（c）项要求："工作组应每年或者经缔约方商定，举行会议，讨论实现第 I-6 条'相互承认'和其第 9 段目标的进展情况。每次会议至少要有两个缔约方参加。进行工作组会议不必要求所有缔约方代表参加。"（d）项明确规定："工作组的决定只对参加作出决定的会议的缔约方具有效力，除非：（i）由所有缔约方商定；或者（ii）未参加会议的缔约方请求被该决定覆盖，并且该决定原先覆盖的所有缔约方同意。"

对于 TiSA 专业服务附件第二部分，哥斯达黎加表示正在对第 11 条和第 12 条进行磋商。巴基斯坦基于专业服务的范围，认为要考虑自身在第 11 条和第 12 条下的处境。土耳其提议在每个 TiSA 缔约方工作中指定查询点的语言，提供其他缔约方服务提供者关于许可和资格要求领域的请求的信息、有关标准的主管当局、获得或者续订任何许可证的程序或专业服务的资格要求。

如前所述，在 GATT/WTO 时代，由于涉及敏感的移民政策和劳工政策，自然人流动模式的自由化一直受到高度限制，贸易限制指数远远高于跨境交付模式和商业存在模式（见本书第二章)。GATS自然人流动模式附件的内容较少，仅有4款。第1款："本附件在服务提供方面，适用于影响作为一成员方服务提供者的自然人的措施，及影响一成员方服务提供者雇用的一成员方的自然人的措施。"第2款："本协定不得适用于影响寻求进入一成员方就业市场的自然人的措施，也不得适用于在永久基础上有关公民身份、居住或就业的措施。"第3款："依照本协定第三部分和第四部分的规定，各成员方可就在本协定项下提供服务的所有类别的自然人流动所适用的具体承诺进行谈判。应允许具体承诺所涵盖的自然人依照该具体承诺的条件提供服务。"第4款："本协定不得阻止一成员方实施对自然人进入其领土或者在其领土内暂时居留进行管理的措施，包括为保护其边境完整和保证自然人有序跨境流动所必需的措施，只要此类措施的实施不致使任何成员方根据一具体承诺的条件所获得的利益丧失或减损。"① 上述4个条款也被TiSA文本"继承"和"超越"。

　　TiSA特别强调，不应该排除任何一种服务提供方式，尤其是自然人流动模式。尽管这仍然是一个敏感的领域，承诺相对有限，但是相比于GATS框架下的承诺，还是有不小的进展。根据维基解密提供的资料，欧盟TiSA谈判组于2016年6月向欧盟委员会提交自然人流动模式附件。② 该附件共分为10条，"进入和暂时停留"（entry and temporary stay）制度是该附件的重点。目前，该附件部分条款在缔约国内部仍然存在争议。

　　TiSA专业服务附件的主要特点：一是确定和扩大"自然人"的类别。TiSA中的"自然人"专指临时移动到境外提供服务或

---

① 对某些成员方的自然人要求签证而对其他成员方的自然人不作要求的事实，不得被视为使根据一具体承诺获得的利益丧失或减损。
② 具体信息可见维基解密网站：http://wikileaks.org/tisa/，访问日期：2017年12月1日。

进行相关活动的人士。TiSA 提出了一个非穷尽性"软清单"（soft list），包括商业访问人员、公司内部调任人员、合约服务提供者、独立专家、咨询人员。TiSA 建议，不仅要继续关注技术熟练人员的流动，同时也要关注技术半熟练人员的流动。只要技术半熟练人员遵守约束承诺，即保证暂时流动自然人能如期回国；同时，对于约束承诺的细则，须在 TiSA 或者自然人流动条款中详细列出。二是提高签证申领要求和程序的透明度。自然人流动涉及签证申领要求、程序和可能的工作许可，但是由于相关法律法规信息的缺乏，导致人员流动的高成本和盲目性。TiSA 承诺，签证和工作许可申领的条件和方式、可能需要的时间、在东道国可以居留的时间以及如何延期等信息要实现公开可获得。三是体现欧盟和美国青睐中高水平的专业人士入境的意愿。欧美推动的自然人流动模式，其关注点一直是中高水平的专业人士入境工作、移民等，对于发展中国家期待的低技能人员流动采取较高的监管和入境限制。2013 年美国参议院高票通过的《加强边境安全、提升经济机会和移民现代化法案》（The Border Security, Economic Opportunity, and Immigration Modernization Act）再次体现了欧美的这一做法。根据美国国土安全部（Department of Homeland Security，DHS）的统计，全美每年颁发的签证约 75％属于亲属移民签证。美国政府将逐步转向专业人士签证，减少亲属移民签证，把职业签证的比例提高到一半（10 年内）。职业移民将采用积分制，考量因素包括教育程度、就业、在美国生活的时间等。①

---

① 虽然该法案在众议院一直没有获得通过，但是它所推行的"留住高技术人才"的做法已经被奥巴马总统在任期上部分实现。该法案的相关信息可见美国国土安全部网站：https://www.dhs.gov/news/2013/04/23/written-testimony-dhs-secretary-janet-napolitano-senate-committee-judiciary-hearing，访问日期：2017 年 12 月 1 日。

以下是 TiSA 自然人流动模式附件的具体内容以及缔约方的反应：

第 1 条 "一般义务"（general provisions）。第 1 款与 GATS 自然人流动模式附件第 1 款相同，要求："本附件在服务提供方面，适用于影响作为一缔约方服务提供者的自然人的措施，及影响一缔约方服务提供者雇用的一成员方的自然人的措施。"第 2 款也与 GATS 自然人流动模式附件第 2 款相同，要求："TiSA 不得适用于影响寻求进入一缔约方就业市场的自然人的措施，也不得适用于在永久基础上有关公民身份、居住或就业的措施。"第 3 款与 GATS 自然人流动模式附件第 4 款相同，要求："TiSA 不得阻止一缔约方实施对自然人进入其领土或者在其领土内暂时居留进行管理的措施，包括为保护其边境完整和保证自然人有序跨境流动所必需的措施，只要此类措施的实施不致使任何缔约方根据一具体承诺的条件所获得的利益丧失或减损。"第 1 条 "一般义务"存在争议的主要是第 1 款，该款虽然得到加拿大、哥斯达黎加、欧盟、挪威、巴拿马、以色列、冰岛、中国台湾和列支敦士登 9 个缔约方的支持，但是遭到澳大利亚、日本、土耳其、巴基斯坦、毛里求斯和秘鲁 6 个缔约方反对，它们要求加上"按照各谈判方具体承诺表"，作为限定条件。

第 2 条 "透明度"（transparency）。第 1 款要求："每一缔约方应公布有关进入和暂时停留制度要求和程序的信息，包括相关表格和文件，以及使其他缔约方感兴趣的人士熟悉适用的要求和程序。"第 2 款要求："第 1 款的信息应包括：（a）入境和暂时停留的签证、许可证或者任何类似的签证授权类别；（b）所需的文件和要满足的条件；（c）提交申请和选择在哪里提交的方法，比如领事馆或者在线方式；（d）申请费以及指示性处理时间；（e）（a）项所述的每类授权下的最长停留期限；（f）任何可用的延期或者续期的条件;(g)关于随行家属的规则;(h)可用的审查和/或上诉程序;(i)与自然人入境和暂时停留有关的一般适用法律。"第3款要求:"为了更大的确定性,缔约方授予另一方自然人入境和暂时停留的唯一事实,不得解释为豁免该人士符合任何适用的许可证或者其他要求,包括执行专业的任何强制性行为守则。此类要求不得与缔约方根据TiSA承担的义务相抵触。"第3款引发的争议较小,主要是欧盟要求加上"按照各谈判方具体承诺表",作为第1款的限定条件;同时,欧盟还要求将第2条整体作为第5条的最后一部分。

第3条"有关进入和暂时停留制度的具体承诺"(scheduling of commitments on entry and temporary stay of natural persons)。第1款要求:"按照TiSA第1章和第2章作出承诺时,缔约方应在其承诺表中列明允许和限制另一缔约方自然人进入和暂时停留的内容,包括该缔约方指明的每一类自然人的停留期限和延长停留期限的任何可能性。"第2款要求:"按照第1款进行的具体承诺所涵盖的服务提供商应被缔约方允许按照承诺的条款提供服务。"各方对本条暂无争议。

第4条"特殊承诺"(specific commitments)。该条由加拿大、哥伦比亚、欧盟、毛里求斯和挪威5个缔约方提出,在缔约方内部争议较大,智利、冰岛、墨西哥和巴基斯坦4个缔约方尚在考虑之中。就具体条款而言,第1款明确规定:"提供第I-1.2(d)条所界定的服务模式(模式4),每一缔约方的承诺表至少应包括第I-3条(市场准入)和第I-4条(国民待遇)下的企业内部调动人员和商业访问者。"此款由加拿大、智利、哥伦比亚、欧盟、冰岛、日本、毛里求斯和挪威8个缔约方提出,哥斯达黎加、韩国、列支敦士登、墨西哥和巴基斯坦5个缔约方表示考虑。

第2款(a)项要求:"缔约方至少应包括按照第I-1.2(c)

条描述的服务模式（模式3）而提供服务的每个产业，对申请进入和暂时停留的公司内部调动人员，不需要进行经济需求测试，允许至少1年或者足够的时间覆盖合同，以较少者为准。"此款由加拿大、智利、哥伦比亚、欧盟、日本、墨西哥和挪威7个缔约方提出，列支敦士登和巴基斯坦2个缔约方表示考虑。

第2款（b）项要求："至少应包括按照第I-1.2（c）条描述的服务模式（模式1、2、3）而提供服务的每个产业，对申请进入和暂时停留的商业访客，不需要进行经济需求测试，允许每年最多90天或者足够的时间以满足访问目的，以较少者为准。"此款由加拿大、哥伦比亚、欧盟、墨西哥和挪威5个缔约方提出，智利、日本和巴基斯坦3个缔约方表示考虑。

第2款（c）项要求："缔约方尽力满足合约服务提供者和/或独立的专业人士的申请，不需要进行经济需求测试，允许在12个月内累积不超过3个月或者合同期限内进入或者暂时停留，以较少者为准。"此款由加拿大、智利、哥伦比亚、欧盟、日本、墨西哥和挪威等7个缔约方提出，巴基斯坦表示考虑。

第5条"进入和暂时停留制度的相关要求和程序"（entry and temporary stay related requirements and procedures）。维基解密公布的是欧盟提交的版本，暂无争议。该条要求："在主管当局酌情决定的情况下，要求（申请人）为商业目的申请批准进入和暂时停留提供的短期访客文件应与收集目的相符。"第1款要求："每一缔约方应确保主管当局为处理进入和暂时停留申请而收取的费用不会不当地损害或者延迟TiSA下的服务贸易。"第2款要求："缔约方对进入和暂时停留的申请应尽快处理。"第3款要求："一缔约方主管当局应努力提供资料，以便响应申请人关于申请状况的任何合理要求，不得无故拖延。"第4款要求："如果一缔约方主管当局要求申请人提供补充资料以处理申请，他们应不加拖延地通知申请人。"第5款要求:"每一缔约方的主管当局应在作出决定后立即将结果通知申请人;如果申请获得批准,各缔约方主管当局应将其逗留期与其他相关条款和条件通知申请人;如果申请被拒绝,一缔约方主管当局应根据请求或者主动向申请人提供关于任何现有审查和/或上诉程序的资料。"第6款明确规定:"缔约方认识到多重入境签证对便利TiSA所涵盖的自然人流动的重要性,并且在缔约方国内法允许的情况下,缔约方将努力酌情签发多次入境签证。"第7款要求:"缔约方应努力接受和处理电子格式的申请。"

欧盟在第5条后加入"返回和再入境合作"的内容。第1款明确规定:"缔约方承认根据TiSA第1条的规定,加强人员流动需要在自然人违反其进入和停留规则的情况下,在返回和再入境方面进行充分合作,同时也要符合习惯国际法及自身义务。"第2款明确规定:"为此,如果一缔约方已经缔结或者将缔结关于本国国民与另一缔约方返回和再入境方面的双边协定,该缔约方认为其双边协定不是由该双边协定的另一方执行,可以暂停适用本议定书第1条关于后者服务提供者的规定。"第3款明确规定:"为此,如果一缔约方在另一缔约方的请求下拒绝在长时间内谈判有关再入境的协议,或者这种谈判没有在合理的时间内完成,则提出请求的缔约方在这方面可以暂停适用本附件第1条关于后者服务提供者的规定。"

此外,欧盟提出的"劳动争议"(labor dispute)条款遭到瑞士反对,巴拿马表示考虑。欧盟认为:"根据本国法律和条例,如果另一缔约方的自然人进入和暂时停留产生不利影响,一缔约方可以在不歧视的基础上减损其承诺表中所列的入境和暂时停留的承诺。"不利影响考虑的标准有两个:一是"解决在就业地点或者目的地正在进行的集体劳资纠纷",二是"雇用任何参与上述争议的人士"。①

第三节　TPP 文本以其他方式约束缔约方对法律服务业开放的限制

2015 年 10 月，美国等 12 个国家发表联合声明，宣布历时 5 年多的 TPP 谈判结束。2016 年 2 月 4 日，12 个缔约国代表在新西兰奥克兰正式签署协定。② 现在，TPP 已经公开最终文本，并进入各缔约国国内程序阶段。作为高水平的国际经贸协定，TPP 中的许多内容对法律服务业开放具有促进作用，与 TiSA 的内容存在一定的相似性。TPP 协议共有 30 章，涉及货物贸易、服务贸易、知识产权和争端解决等内容，部分章节之后还附有时间安排和附件。此外，"国有企业和指定垄断"一章的附件包含国别（因国而异的）例外清单。③

TPP 在文本结构上与 GATS、TiSA 存在明显的不同之处，而与 NAFTA 及美国主导的多数自由贸易协定，如《美韩自由贸易协定》（Free Trade Agreement Between the United States of America and the Republic of Korea）具有较大的相似性。例如，TPP 正式文本中没有明确体现 GATS 第 1 条涵盖的四种服务贸易模式，第十章"跨境服务贸易"及前两个附件（专业服务与快递

---

① 具体信息可见维基解密网站：http://WiKiLeaks.org/tisa/Annex on Movement of Natural Persons/06-2016/，访问日期：2018 年 3 月 1 日。

② TPP 最初由智利、新西兰、新加坡和文莱 4 国发起，美国 2008 年宣布加入，后发展成包括前述 5 个国家以及澳大利亚、秘鲁、加拿大、马来西亚、墨西哥、日本和越南共 12 个国家的谈判集团。12 国的经济总量约占全球经济总量的 40%。

③ 本节关于 TPP 的文本内容主要引自中国商务部国际经济贸易研究院翻译的《跨太平洋伙伴关系协定》：http://www.caitec.org.cn/ns/sy-gzdt-xshd/json/3839.html，访问日期：2018 年 3 月 1 日。

服务）涵盖服务贸易的模式1（跨境交付）和模式2（境外消费）。商业存在主要通过投资实现，因此可以把第九章"投资"视为模式3的载体之一。同时，对于"投资"的定义，TPP比TRIMS宽泛，既包含直接投资，又包含与证券、知识产权、合同投资等相关的投资，大大提升了缔约国间相互投资服务业的自由化程度。同时，TPP对模式4（自然人流动）给予特别关注，不仅通过第十二章"商务人员临时入境"进行规制，又在第十章"跨境服务贸易"对专业技术人员的教育背景、资格认定等问题进行承诺规范，对自然人流动的基础条件、期限、国家间合作的规定更为具体，且体现了"高门槛"标准。与法律服务业开放相关的主要是第一章"初始条款和总定义"、第九章"投资"、第十章"跨境服务贸易"、第十一章"金融服务"、第十二章"商务人员临时入境"、第十六章"竞争政策"、第二十一章"合作和能力建设"、第二十二章"竞争力和商务便利化"、第二十三章"发展"、第二十五章"监管一致性"、第二十六章"透明度和反腐败"、第二十七章"管理和机制条款"、第二十八章"争端解决"、第二十九章"例外"和第三十章"最终条款"等。相较而言，与法律服务业联系最密切的是第十章"跨境服务贸易"。

跨境服务贸易是服务贸易的重要组成部分，一些双边和区域FTA协议以及GATS主要通过服务贸易的一般条款进行规制，并未单独成章。TPP以专章的形式对跨境服务贸易进行规制。第十章共有13个条款和3个附件，内容涉及国民待遇、最惠国待遇、市场准入、当地存在、不符措施、相互承认、国内规制等，整体突出专业服务贸易自由化。

TPP第10.3条"国民待遇"第1款要求："各缔约方应给予另一缔约方的服务和服务提供者不低于其在相似情况下给予本国服务和服务提供者的待遇。"第2款规定："为进一步明确，缔约方根据第 1 款所给予的待遇，就地区政府而言，该待遇不得低于该地区政府在相似情况下对其作为一部分的缔约方的服务提供者给予的最优惠待遇。"这两款规定与 TiSA 核心文本"国民待遇"的内容基本一致。

TPP 第 10.4 条"最惠国待遇"要求："各缔约方给予另一缔约方的服务和服务提供者的待遇不得低于其在相似情况下给予其他任何缔约方或非缔约方的服务和服务提供者的待遇。"这条规定与 TiSA 核心文本"最惠国待遇"的内容基本一致。

TPP 第 10.5 条"市场准入"要求："任何缔约方不得在其一地区或在其全部领土内采取或维持如下措施：（a）施加如下限制：（i）无论以数量配额、垄断、专营服务提供者的形式，还是以经济需求测试要求的形式，限制服务提供者的数量；（ii）以数量配额或经济需求测试要求的形式限制服务交易或资产总值；（iii）以配额或经济需求测试要求的形式，限制服务业总数或以指定数量单位表示的服务产出总量；① 或（iv）以数量配额或经济需求测试要求的形式，限制特定服务部门或服务提供者可雇用的、提供具体服务所必需且直接有关的自然人总数；或（b）限制或要求服务提供者应通过特定类型法律实体或合营企业提供服务。"两相比较，TiSA 对专业服务的市场准入要求高于 TPP。

TPP 第 10.6 条"当地存在"要求："任何缔约方不得要求另一缔约方的服务提供者在其领土内设立或维持办事处或任何形式的企业或成为居民，作为跨境提供服务的条件。"此条规定与 TiSA 专业服务附件的内容基本一致。

TPP 第 10.7 条"不符措施"第 1 款明确规定："第 10.3 条（国民待遇）、第 10.4 条（最惠国待遇）、第 10.5 条（市场准入）

---

① （a）项（iii）目不涵盖一缔约方限制服务提供投入的措施。

和第 10.6 条（当地存在）不得适用于：（a）一缔约方在下列级别维持的任何现有不符措施：（i）中央政府，该缔约方在其附件 1 不符措施清单中列明；（ii）地区政府，该缔约方在其附件 1 不符措施清单中列明；或（iii）地方政府；（b）（a）项所指的任何不符措施的延续或及时更新；或（c）（a）项所指的任何不符措施的修正，与修正前相比，该修正未降低该措施与第 10.3 条（国民待遇）、第 10.4 条（最惠国待遇）、第 10.5 条（市场准入）、第 10.6 条（当地存在）的相符程度。"① 第 2 款明确规定："第 10.3 条（国民待遇）、第 10.4 条（最惠国待遇）、第 10.5 条（市场准入）和第 10.6 条（当地存在）不得适用于缔约方对附件 2 不符措施清单列明的部门、分部门或活动所采取或维持的措施。"第 3 款明确规定："如缔约方认为另一缔约方的地区政府采取的第 1 款（a）项（ii）目所指的不符措施，对前一缔约方的跨境服务提供构成实质障碍，该缔约方可要求对此措施进行磋商。缔约方应进行磋商以交换关于措施实施的信息，并考虑采取下一步行动是否必要和适当。"② 两相比较，TiSA 文本采用禁止逆转机制，其要求高于 TPP 条款的类似内容。

TPP 第 10.8 条"国内规制"第 1 款要求："每一缔约方应保证所有影响服务贸易的普遍适用的措施以合理、客观和公正的方式实施。"第 2 款要求："为保证有关资格要求和程序、技术标准和许可要求的措施不致构成不必要的服务贸易壁垒，同时承认管理的权利，及为实现政策目的而在服务提供方面制定新法规的权利，每一缔约方应努力保证其采取或维持的此类措施：（a）依据客观和透明的标准，如提供服务的能力和资格；及（b）如为许

---

① 对于越南，适用附件第 10-C。
② 为进一步明确，一缔约方可要求与另一缔约方对中央政府采取的第 1 款（a）项（i）目所指的不符措施进行磋商。

可程序，则此类程序本身不成为对服务提供的限制。"第3款明确规定："在确定缔约方是否符合第2款下的义务时，应考虑该缔约方所实施的有关国际组织的国际标准。"① 第4款明确规定："如一缔约方要求对提供服务进行批准，则应保证其主管机关：(a) 当申请人根据其法律和法规提交完整申请后，在合理期限内通知申请人关于该申请的决定；(b) 在可行的范围内，就申请的办理进度设立时间表；(c) 如某一申请被拒绝，在可行的范围内，酌情直接或应申请人要求通知申请人拒绝的理由；(d) 应申请人要求，提供有关申请情况的信息，不得有不当延迟；(e) 在可行的范围内，为申请人提供更正错误和补充遗漏的机会，并努力就其所要求补充的信息提供指导；以及 (f) 如认为适当，接受符合缔约方法律规定的经与文件原本核实的副本，以代替文件正本。"第5款要求："每一缔约方应保证其任何主管机关收取的任何批准费用是合理和透明的，并且其本身不会对相关服务的提供构成限制。"② 第6款明确规定："如许可或资格要求包括通过考试，每一缔约方应保证：(a) 考试应安排在合理的间隔期限；及 (b) 提供合理期限，使利害关系人能够提交申请。"第7款要求："每一缔约方应保证国内有对另一缔约方专业人员的能力进行评估的程序。"第8款明确规定："由于缔约方在附件1的不符措施清单中列明了某项措施，第1款至第7款不得适用于该措施中不受第10.3条（国民待遇）或第10.5条（市场准入）义务约束的内容；由于缔约方在附件2的不符措施清单中列明了某项措施，第1款至第7款也不得适用于不受第10.3条（国民待遇）或第10.5条

---

① "有关国际组织"是指成员资格对本协定的所有缔约方的相关机构开放的国际组织。

② 就本款而言，批准费用不包括使用自然资源的费用、支付拍卖费用、支付招标费用或以其他非歧视方式授予特许权的费用，也不包括提供普遍服务的法定出资。

（市场准入）义务约束的措施。"第9款明确规定："如与GATS第6条第4款相关的谈判结果生效，或缔约方在其他多边场合参加的类似谈判的结果生效，缔约方应共同对此类结果进行审议，使此类结果在本协定项下酌情生效。"这条规定与TiSA核心文本"国内规制"的内容存在相似性，但是TiSA缔约方对此还处于讨论之中，未形成最终文本。

TPP第10.9条"承认"第1款要求："为使服务提供者获得授权、许可或证明的标准或准则得以全部或部分实施，在遵守第4款要求的前提下，一缔约方可承认在另一缔约方领土内或非缔约方领土内获得的教育或经历、满足的要求、授予的许可或证明。此类可通过协调或其他方式实现的承认，可依据缔约方或有关非缔约方的协定或安排，也可自动给予。"第2款要求："当一缔约方自动承认，或通过协定或安排承认，在另一缔约方领土内或一非缔约方领土内已获得的教育或经历、满足的要求、授予的许可或证明时，第10.4条（最惠国待遇）不得解释为要求该缔约方将此类承认给予在另一缔约方领土内获得的教育或经历、满足的要求、授予的许可或证明。"第3款明确规定："属第1款所指类型的协定或安排的缔约方的缔约方，无论此类协定或安排已经存在还是在未来订立，均应在另一缔约方请求下为该缔约方提供充分机会，通过谈判加入此类协定或安排，或与其谈判类似的协定或安排。如一缔约方自动给予承认，则应向另一缔约方提供充分机会，以证明在另一缔约方领土内获得的教育、经历、许可或证明以及满足的要求应得到承认。"第4款明确规定："在适用服务提供者获得授权、许可或证明的标准或准则时，一缔约方给予承认的方式不得构成在缔约方之间或缔约方和非缔约方之间实施歧视的手段，或构成对服务贸易的变相限制。"第5款明确规定："如附件10-A（专业服务）所规定，缔约方应努力为专业服务贸易提供便利,包括通过设立专业服务工作组的方式。"该条规定与 TiSA 第 I-6 条"相互承认"的内容存在高度相似性。

TPP 第 10.10 条"拒绝给予利益"第 1 款明确规定:"一缔约方可拒绝将本章的利益给予另一缔约方的服务提供者,如该服务提供者是由非缔约方的人拥有或控制的企业,且拒绝给予利益的缔约方对该非缔约方或该非缔约方的人采取或维持禁止与该企业进行交易的措施,或如给予该企业本章下的利益,将会违反或规避上述措施。"第 2 款明确规定:"一缔约方可拒绝将本章的利益给予另一缔约方的服务提供者,如服务提供者是由非缔约方的人或拒绝给予利益缔约方的人拥有或控制的企业,且该人在拒绝给予利益缔约方以外的任何缔约方领土内均无实质性商业活动。"两相比较,该条规定的要求高于 TiSA "利益之拒绝"。

TPP 第 10.11 条"透明度"第 1 款要求:"每一缔约方应维持或设立适当的机制以应对利害关系人就其与本章相关法规提出的询问。"第 2 款明确规定:"如一缔约方未能根据第 26.2 条第 2 款(公布)就与本章相关法规提供事先通知和评论的机会,则其应在可行的范围内,以书面或其他方式通知利害关系人不提供的理由。"第 3 款明确规定:"在可行的范围内,每一缔约方应允许在最终法规公布和生效日期之间给予一段合理期限。"该条规定被美国作为 TiSA "透明度"的内容供各缔约方讨论,尚未形成最终文本。

TPP 第 10.12 条"支付与转移"第 1 款要求:"每一缔约方应允许所有与跨境服务提供有关的转移和支付自由、无延迟地进出其领土。"① 第 2 款要求:"每一缔约方应允许与跨境服务提供

---

① 维持或设立适当机制的义务的履行可能需要考虑到小型行政机构的资源和预算限制。

有关的转移和支付,使用可自由使用的货币,并按照转移时市场上的主要汇率进行。"第3款明确规定:"尽管有第1款和第2款的规定,但是一缔约方可通过公证、非歧视和善意适用其法律①的方式,阻止或延迟转移或支付,适用法律应与下列方面有关:(a)破产、无偿债能力或保护债权人权利;(b)证券、期货、期权或衍生品的发行、买卖或交易;(c)如有必要,为协助执法或金融监管机关,提供财务报告或账簿转移记录;(d)刑事犯罪;或(e)保证遵守司法或行政程序中作出的命令或判决。"该条规定与TiSA第I-7条"支付和转移"的内容存在高度相似性。

与TPP第十章对应的是附件10-A"专业服务",其"总则"涵盖附件第1款至第4款。第1款明确规定:"如两个或两个以上缔约方有意就与承认专业资质、许可或注册有关的问题开展对话,则每一缔约方应与其领土内相关机构进行协商,以确认专业服务。"第2款要求:"每一缔约方应鼓励其相关机构与其他缔约方的相关机构开展对话,以期承认专业资质并为许可或注册程序提供便利。"第3款要求:"每一缔约方应鼓励其相关机构在商谈有关承认专业资质、许可和注册的协定时,考虑与专业服务相关的协定。"第4款明确规定:"一缔约方如有可能,可考虑基于外国提供者在其母国获得的许可或得到承认的专业机构会员身份,采取步骤实施临时或针对具体项目的许可或注册机制,无须进行进一步书面考试。一旦该提供者符合当地适用的许可条件,上述临时或有限许可机制不得以阻止外国提供者获得本国许可的方式实行。"该条规定与TiSA附件"专业服务"第一部分的内容存在高度相似性。

---

① 为进一步明确,本条不排除公平、非歧视和善意适用缔约方有关社会保障、公共退休计划或强制存款项目的法律。

第三章
逆全球化浪潮下之国际法律服务业开放

TPP第十章"跨境服务贸易"附件10-A之"法律服务"设计了内容相近的法律服务业新标准，要求"缔约方在管理或寻求管理外国律师和跨国法律服务"时，考虑以下几种法律服务内容或方式：第一，外国律师可基于在其母国司法管辖区内执业外国法律的权利，在本国执业该外国法。第二，外国律师可准备和出席商业仲裁、调解和斡旋程序。第三，当地有关伦理、行为和纪律的标准以不苛于对本国（东道国）律师施加要求的方式适用于外国律师。第四，对外国律师规定最低居住要求的替代要求，如要求外国律师向客户披露其外国律师身份，或维持专业人员赔偿保险，或向客户披露其不具有该保险。第五，接受下列提供跨国法律服务的模式：（1）以临时的"飞进飞出"为基础；（2）通过使用网络或电信技术；（3）通过设立商业存在；以及（4）结合"飞进飞出"和（2）和（3）规定的一种或两种模式。第六，外国律师和本国（东道国）律师可在提供完全整合的跨国法律服务中一同工作。第七，外国律师事务所可选择使用其律所名称。

与TiSA相似，TPP附件10-A也专门设计了关于"专业服务工作组"的文本，包括第11款至第15款，两者的内容存在高度相似性。第11款明确规定："缔约方特此设立专业服务工作组（简称'工作组'），由每一缔约方的代表组成，为第1款至第4款规定的活动提供便利。"第12款要求："工作组应酌情相互联系，以支持缔约方有关专业和监管机构开展第1款至第4款规定的活动。此种支持可包括提供联络点，为会议提供便利，以及提供缔约方领土内监管专业服务的有关信息。"第13款要求："工作组应每年召开会议，或根据缔约方约定的时间召开会议，讨论实现第1款至第4款目标的进展。为召开会议，至少须有两个缔约方参会。召开工作组会议不需要所有缔约方的代表参加。"第14款要求："工作组应在本协定生效之日起两年内向自贸协定委员会汇报其进展和未来工作方向。"第15款明确规定:"工作组的决定应仅对参加作出该决定的会议的缔约方生效,除非:(a)经所有缔约方同意;或(b)未参加会议的一缔约方要求适用该决定,且经所有原本适用该决定的缔约方同意。"

TPP第一章"初始条款和总定义"确认TPP可与缔约方间的其他国际贸易协定并存,包括WTO协定、双边和区域协定等。本章还对协定各章通用的概念进行了定义。

TPP第九章"投资"要求缔约方拟定的规则以非歧视投资政策与保护为法律保护的基本规则,同时保障各缔约方政府实现合法公共政策目标的能力。TPP包含其他相关投资协定提供的基本保护内容,包括国民待遇、最惠国待遇、符合习惯国际法原则的最低待遇标准,禁止非公共目的、无正当程序、无补偿的征收,禁止当地成分、技术本地化要求等业绩要求,任命高管不受国籍限制,保证与投资相关的资金自由转移;同时允许各缔约方政府保留管理脆弱资金流动的灵活性,包括在国际收支危机、威胁或经济危机背景下,通过非歧视的临时保障措施(如资本控制)限制与投资相关的资金转移,维护金融体系完整性、稳定性等。

同时,TPP第九章要求各方采用"负面清单",意味着除不符措施外,市场将对外资全面开放。不符措施包括两个附件:一是确保现有措施不再加严,且未来自由化措施应是具有约束力的;二是保留在未来完全自由裁量权的政策措施。

第九章还为投资争端提供了中立、透明的国际仲裁机制,同时通过有力的措施防止这一机制被滥用,确保政府出于健康、安全和环境保护目的进行立法之权。程序性的保护措施包括:透明的仲裁程序、法庭之友意见书、非争端方意见书、无理滥诉快速审理和可要求赔偿的律师费、临时裁决的审议程序、TPP缔约方间有约束力的共同解释、提出诉求的时效以及禁止起诉方启动平行诉讼程序等。

　　TPP第十一章"金融服务"为各缔约方提供了重要的跨境及投资市场准入机会，同时也确保了各缔约方监管本国金融市场和金融机构，以及在危机时期采取紧急措施的能力。本章包含其他贸易协定中涵盖的核心义务，包括：国民待遇、最惠国待遇、市场准入，以及包括最低标准待遇在内的投资章节条款。本章规定，TPP缔约方金融服务提供商无须在另一缔约方设立运营机构即可向其境内提供服务，除非出于适当管理和监督的需要，该服务提供商须在另一缔约方注册或者得到授权。只要一缔约方的国内企业被允许提供某项新服务，其他缔约方的服务提供商可以向该缔约方境内提供该服务。TPP缔约方以"负面清单"的形式接受上述义务。这意味着，TPP缔约方市场向其他缔约方服务提供者完全开放，但是不包括协定两个附件中任一规定的例外（不符措施）：（1）现有措施，一方接受该类措施在未来不再加严的义务，并锁定未来任何自由化措施；（2）一方在未来保留完全自由裁量权的部门和政策。TPP制定的规则正式承认监管程序对加速推进有资质的服务提供者提供的保险服务，以及为实现该目的而实施的程序的重要性。此外，TPP协定还包含证券管理、电子支付卡服务以及信息传输与数据处理服务等领域的具体承诺。

　　第十一章还规定，部分特定条款可通过中立和透明的仲裁解决纠纷。这些条款包括与最低待遇标准有关的投资争端解决条款，要求仲裁员具备金融服务专业知识的条款，以及本章中为便利投资争端解决过程中对审慎例外和其他例外适用的解读与建立的国家间磋商机制。部分例外条款允许TPP缔约方金融监管者保留广泛的自由裁量权，包括在追求货币政策或者其他政策方面保留审慎例外和非歧视例外措施，以采取措施促进本国金融体系的稳定和完整。

TPP第十二章"商务人员临时入境"鼓励TPP缔约方主管机构提供与临时入境申请相关的信息，确保申请费用合理，尽快作出决定并通知申请人。TPP缔约方同意确保公众可获知临时入境的要求等信息，包括及时发布或在条件允许时在网上公布有关信息，并提供解释性材料。TPP缔约方同意继续就签证受理等临时入境问题开展合作。几乎所有缔约方都在附件中针对商务人员入境作出了承诺。

TPP第十六章"竞争政策"要求缔约方确保在区域内公平竞争方面有共同利益，要求各缔约方建立相应的法律制度，禁止损害消费者利益的限制竞争行为和商业欺诈行为。同时，TPP要求各方同意实施或维持禁止限制竞争行为的法律，致力于在各自国内将该法律适用于所有商业行为。为确保上述法律有效实施，各缔约方同意成立或保留国家竞争法律执行部门，采取或维持法律法规，禁止给消费者利益带来损害或潜在损害的商业欺诈行为。各方同意，在适当情况下，就互利的竞争活动开展合作。12个缔约方同意在程序正当性、程序公正性方面承担义务，允许针对违反一方竞争法导致的损害采取私人行动。此外，TPP缔约方同意在竞争政策和竞争执法领域开展合作，包括通知、磋商和信息交换等。本章不适用于争端解决机制，但是各缔约方可就与本章有关的关切进行磋商。

TPP第二十一章"合作和能力建设"认为，缔约方经济发展各异。各方认识到欠发达缔约方在实施协定和利用协定所创造的机会方面面临挑战。为应对这些挑战，缔约方设立了合作和能力建设委员会，以寻找和评估可开展合作和能力建设的领域。具体行动将以协商一致为基础，并取决于资源的可获得性。该委员会将就合作和能力建设的相关需求促进信息沟通。

TPP第二十二章"竞争力和商务便利化"提出，本章旨在协助提升TPP缔约方以及亚太地区整体的竞争力。缔约方将建立一系列正式机制,通过政府间对话,以及政府、企业和民间团体的对话,评估TPP对参与各方竞争力的影响,以评估进展情况,把握新机遇,应对新挑战,特别着眼于日益深化的区域供应链。竞争力和商务便利化委员会作为其中之一,将定期举行会议评估TPP对区域和国家竞争力的影响,以及对区域经济一体化的影响。该委员会将听取各利益攸关方对于TPP如何进一步提升其竞争力的意见和建议,包括促进中小微型企业参与区域供应链等。本章同时确立了一套该委员会评估供应链表现的基础框架,包括促进中小企业参与供应链的方式、对利益攸关方和专家意见的审议等。

TPP第二十三章"发展"希望确保TPP成为贸易和经济一体化的高标准范本,特别是确保所有TPP缔约方都可充分获益,能够完全履行承诺,并成为拥有强大市场的更为繁荣的社会。本章涉及三个特定领域:一是基础深厚的经济增长,包括可持续发展、减少贫困、促进小企业发展;二是妇女与经济增长,包括帮助妇女提高能力和技能,进入市场,获得技术和财政支持,构建妇女的领导力网络,找到与工作场所灵活性相关的最佳实践;三是教育、科技、研究和创新。缔约方设立了发展委员会,该委员会将定期召开会议,以促进各方在这些领域的自愿合作。

TPP第二十五章"监管一致性"旨在推动缔约方建立有效的跨部门磋商和协作机制,以促进监管一致性,从而确保TPP市场上的商业主体享有开放、公平、可预期的监管环境。本章鼓励缔约方推行被广泛采纳的良好监管实践,如针对正在制定的监管措施的影响进行评估,就监管方案选择依据及监管性质进行沟通等。本章还要求缔约方确保法律法规清晰、简洁,确保公众能够获取新出台监管措施的信息,如可能通过网络在线发布,确保定期审议现行监管措施,确定其仍是达成预期目标的最佳途径。除此之外,本章还鼓励缔约方就计划采取的所有监管措施发布年度公开通报。为实现上述目标,缔约方设立了一个专门委员会,该委员会将为 TPP 缔约方、企业和民间团体提供机会通报实施情况,分享最佳实践经验,并考虑潜在合作领域。本章并不影响 TPP 缔约方出于公共健康、安全和其他公共利益考虑进行监管的权利。

TPP 第二十六章"透明度和反腐败"旨在推动实现所有缔约方共同的目标,即加强良好治理,应对贿赂和腐败对经济体造成的腐蚀性影响。各缔约方需保证其与 TPP 覆盖事项相关的法律、法规、行政裁定均公开可得,且在可能的范围内,就可能影响缔约方之间贸易或投资的法规进行通报并允许评论。各缔约方同意确保 TPP 利益攸关方在相关行政审查中的正当程序权利,包括通过中立的司法或行政法庭或程序及时审议。各缔约方同意通过或者保持相关法律,对公职人员提供不当优势或以此相诱惑,以及其他影响国际贸易或投资的腐败行为追究刑事责任。各缔约方承诺将有效执行各自的反腐败法律法规。此外,各缔约方同意将努力通过或维持公职人员行为准则或标准,并采取措施发现并管理利益冲突,加强对公职人员的培训,采取行动阻止送礼行为,为检举腐败提供便利,对涉腐公职人员进行惩戒。在本章的附件中,TPP 缔约方同意提高与药品或医疗器械目录和报销相关的透明度和程序公平性。值得注意的是,本附件中的承诺不适用争端解决程序。

TPP 第二十七章"管理和机制条款"建立了各缔约方评估和指导 TPP 实施或运行的机制框架,特别是设立了跨太平洋伙伴关系委员会。该委员会由部长或高级别官员组成,监督协定的实施和运用,并指导其未来升级。该委员会将定期审议各缔约方之间的经济关系和伙伴关系,以确保协定与缔约方所面临的贸易和投资挑战相匹配。本章还要求每个缔约方指定一个总联络点以便利缔约方之间的交流,并设立了一个机制,要求对某一项义务有过渡期的缔约方通报其履行义务的计划和进展。这确保了缔约方义务履行情况的更高透明度。

TPP第二十八章"争端解决"旨在帮助缔约方迅速解决TPP实施中产生的争端。TPP缔约方将尽最大努力通过合作、磋商解决争端,在合适的情况下,也鼓励使用替代性争端解决机制。当上述方法均不可行时,TPP缔约方将通过中立的、无偏见的专家组解决争端。除几项特定例外,本章设立的争端解决机制适用于与TPP相关的所有争议。TPP缔约方的公众将可以跟踪整个进程,获得争端解决中提交的意见,参加听证会;除非争端方另有约定,否则公众还可以获得专家组提交的最终报告。在争端解决进程中,设立于任一争端方境内的非政府组织可要求向专家组提交与争端相关的书面意见,专家组将予以考虑。如果争端无法通过磋商解决,缔约方可要求成立专家组。专家组将于收到磋商请求之日起60日内或收到与易腐货物相关的磋商请求之日起30日内成立。专家组将由3名独立于争端缔约方的国际贸易和专业领域专家构成。即使某一争端方未能在规定时间内指定专家组成员,也有相关程序保证专家组成立。专家组成员将服从于一定的行为准则,以确保争端解决机制的公正性。专家组将在最后一名成员确定后的150日内或在紧急情况下(如货物易腐)的120日内向争端方提交初步报告。初步报告将是保密的,供缔约方进行评论。最终报告须在初步报告提交后30日内提交,且必须在15日内公开。最终报告中的保密信息将受到保护。同时,为了确保缔约方尽可能遵守协议,如果某一缔约方被发现未履行义务,且继续不履行义务,其他缔约方被允许使用贸易报复手段(如中止优惠待遇)。在贸易报复手段被使用前,违反协定的缔约方可通过谈判或仲裁要求获得一段合理期限以采取救济行动。

TPP第二十九章"例外和总则"确保了所有TPP缔约方为公共利益进行监管的自主权,包括缔约方核心的安全利益和其他公共福利。本章纳入GATT 1994第20条与货物贸易相关的一般例外,特别指出TPP中的任何条款都不应被解释为阻止缔约方采取或实施必要措施,保护公共道德,保护人类、动物或植物的生命或健康,保护知识产权,执行与监狱劳动产品相关的措施,以及与不可再生自然资源保护相关的措施。本章也包括GATT 1994第14条与服务贸易相关的类似一般例外。本章还包括一项自我判断的例外,该例外适用于整个TPP,明确指出一缔约方可采取任何其认为必要的措施,保护其核心安全利益。本章还界定了一缔约方对协定覆盖的投资可采取临时保障措施(如资本控制)限制资本转移的情形和条件,如出资、利润转移和分红、利息或特许使用费支付、合同项下支付等,以确保政府在收支平衡或其他经济危机或相关威胁下,保留一定的灵活性,管理可能急剧波动的资本流。此外,本章明确了如果在TPP下提供信息违反缔约方的法律或公共利益,或者可能侵害特定企业的合法商业利益,则该缔约方没有义务这么做。如果投资者对东道国的投诉挑战了某一缔约方的烟草控制措施,则该缔约方可选择否认投资者与东道国争端解决机制赋予的利益。

TPP第三十章"最终条款"规定了TPP的生效方式和修订方式、建立未来其他国家或者单独关税区加入程序的规则、缔约方退出方式以及TPP的作准文字。本章还指定了负责接收和散发文件的交存方。本章规定,所有缔约方均同意并各自完成适当的法定程序,书面通知交存方后,可对TPP进行修订。同时,亚洲太平洋经济合作组织(Asia-Pacific Economic Cooperation,APEC,简称"亚太经合组织")成员、其他国家或者单独关税区可加入TPP。本章还详细说明了退出TPP的程序。

综合TiSA谈判文本和TPP最终文本，在逆全球化浪潮下，全球法律服务业开放新规则呈现如下特点：首先，对于在"WTO时代"各成员方限制较少的跨境交付模式和境外消费模式，新规则要求继续维持GATS承诺并扩大到不存在任何限制，如放弃将属于本国居民或者定居作为跨境交付模式的要求。其次，从形式和内容上给对商业存在模式的限制"松绑"：一是放弃对外方资本/控股比例的限制，二是放弃对服务提供者合作伙伴、高级管理人员的国籍要求。这些协定要求开放的内容主要集中于律师服务，对于公证服务这种在多数缔约方具有公权力属性的服务不作强制性要求。新规则重点要求缔约方开放母国和国际法律服务市场，乃至东道国法律服务市场。最后，扩大对自然人流动模式的适用，重点是"进入和暂时停留"制度。

第四节 逆全球化浪潮阻碍法律服务市场开放新规则的快速实施

2017年1月20日，特朗普入主白宫，成为美国第45任总统。作为逆全球化的代表人物，特朗普在总统竞选时期，已经发表大量退出TPP的言论。同年1月23日，特朗普在白宫签署行政命令，美国正式退出TPP。从TPP自身的生效设定来看，其他缔约国抛开美国实现TPP的生效几无可能：第一种情况，TPP签署2年内，如果12个缔约国全部完成国内程序，就在所有国内程序结束之后60日正式生效；第二种情况，若12个缔约国无法在TPP签署2年内完成国内批准手续，只需要6个以上国家批准，且批准国GDP合计达到12国GDP总量的85%，TPP

也可以在那之后 60 日生效。美国 GDP 占 12 国 GDP 的六成,这意味着只要美国退出 TPP,其他缔约国是不可能让现有 TPP 文本正式生效的。因此,TPP 的生效由于受到美国退出的影响而搁置。

美国正式退出 TPP 后,其他缔约国均有表态。心有不甘,试图继续游说美国者有之;想另起炉灶,邀中国等国加入者有之;欲放弃 TPP 这种多边贸易协定,与美国继续谈判双边贸易协定者亦有之。就在特朗普就任美国总统当天,日本政府在内阁会议上决定批准 TPP,成为 12 个缔约国中首个完成 TPP 国内批准程序的国家。得知美国退出 TPP 的消息后,2017 年 1 月 24 日,日本首相安倍晋三在国会表示,日本将寻求推动其他贸易协议;同时,在 TPP 的基础上,日本将寻求就自由贸易与欧盟尽早达成协议。他还表示,日本也希望在东盟主导的《区域全面经济伙伴关系协定》(Regional Comprehensive Economic Partnership, RCEP)框架下达成高规格的协议。得知美国退出 TPP 的消息后,澳大利亚贸易、旅游与投资部部长史蒂文·乔博提出,如果能重新规划 TPP 文本内容,中国和印尼加入并非没有可能。他在接受澳大利亚广播公司采访时称,TPP"原有的架构就是为了让其他国家能够加入"。他表示:"我知道印尼已表达了兴趣,而且如果我们能够对协议重新规划,中国的加入也并非不可能。"时任新西兰总理比尔·英格利希表示,美国退出 TPP 令人失望。新西兰贸易部长则表示,作为自由贸易协定,TPP 对于其他国家是有价值的,将继续寻求与美国进行双边贸易谈判。TPP 剩余成员国的部长们将开会讨论如何挽救这一协定。[1]

---

[1] 参见佚名:《TPP 改名,日本重举特朗普抛弃的"大旗"?》,http://finance.sina.com.cn/roll/2017-11-14/doc-ifynsait8204717.shtml,访问日期:2018 年 3 月 22 日。

第三章
逆全球化浪潮下之国际法律服务业开放

2017年11月11日,在越南岘港举行的记者会上,日本经济再生担当相茂木敏充和越南工贸部部长陈俊英正式宣布,除美国以外的11国已就继续推进TPP正式达成一致,将签署新的自由贸易协定,新名称为《全面与进步跨太平洋伙伴关系协定》(Comprehensive and Progressive Trans-Pacific Partnership,CPTPP)。CPTPP现有的11国是澳大利亚、文莱、加拿大、智利、日本、马来西亚、墨西哥、新西兰、秘鲁、新加坡和越南。这11个国家占世界名义GDP的13%、人口的7%和贸易总额的15%。陈俊英与茂木敏充发布的《TPP成员国部长级声明》指出,CPTPP将持续维持TPP的高标准、整体平衡和完整性,确保所有签署国的商务和其他利益,并保留各自管理商业活动的权利,包括各方设定立法和监管优先次序的弹性。① 2018年3月8日,上述11国正式签署协定,CPTPP将在6国以上的成员国走完国内程序之后60日生效,预计将在2019年结束前正式生效。

中国一些学者认为,日本更名TPP,表明它希望将"新版TPP"提升到新高度。其政治含义为,新的TPP应与美国过去主导的TPP划清界限,并清除美国残留的因素。日本借此宣示了对"新版TPP"的主导权。更重要的是,以TPP、TiSA为代表的新一批国际经贸规则影响深远。TPP是奥巴马政府争夺全球贸易规则主导权的主要工具,它所倡导的"二十一世纪新规则"高度反映了发达国家的利益诉求。TPP、TTIP体现了整体、多层次发展的自由贸易新模式,区域自由贸易协定已拓展为广义的、综合的经贸协定,包含众多非经济因素。成员国不仅要受到贸易规则

---

① 参见佚名:《TPP"群主退群"后,日本、澳大利亚等成员国仍表态继续推进》,http://news.163.com/17/0124/17/CBIFKR9L000187VE.html,访问日期:2018年1月24日。

的约束，还将受到法律法规、生态环境、商业模式要求等多方约束。① 除了知识产权等为数极少的条款外，CPTPP几乎照搬了TPP的所有条款。CPTPP首开先河，把国有企业、劳工权利、政府采购以及数据流通等写进国际贸易协定，极可能对全球贸易规则体系产生催化作用，成为"规则改变者"。智利表示，CPTPP将为其他区域经济一体化协议乃至世贸组织和亚太经合组织今后的谈判建立新标准。②

英国的一项研究显示，国际贸易协定从谈判到正式生效要花费4—9年的时间。如《美韩自由贸易协定》，单从最终文本形成（2007年）到正式施行（2012年），就用了长达五年多的时间，历经小布什和奥巴马两位美国总统。TPP对美国具有重要的经济意义和战略意义，对其扩大出口、带动经济增长、重新掌握全球经贸规则的主导权具有重要价值，这些都是美国总统在任上需要考虑的问题。作为新上任的总统，特朗普在国内执政基础不是很稳固时退出TPP，除了遭到国内原本支持TPP的议员反对外，还引发其他11个缔约国的不信任，自己今后制定的政策和协定的影响力必将大打折扣。特朗普也考虑到这些因素，表示将重新进行双边经济谈判和制定新的经济贸易协定。③

美国在退出TPP后，可能有以下三种做法：一是重新与其他伙伴国进行双边贸易协定的谈判。特朗普在宣布上任后会退出TPP的同时，也宣布了替代方案。这种做法的利弊是明显的，其

---

① 参见张萍：《服务贸易规则重构对中国的影响及应对》，载《国际经济合作》2017年第6期，第26页。
② 参见佚名：《境外媒体：11国签署新版TPP 保留TPP超过95%内容》，http：//news.163.com/18/0308/13/DCCKL9JB00018AOQ.html，访问日期：2018年3月14日。
③ 参见佚名：《特朗普：美国做好了与所有国家进行双边贸易协定谈判的准备》，http：//news.sina.com.cn/o/2018-01-26/doc.ifyqyesy2381830.shtml，访问日期：2018年1月26日。

好处在于：通过重新谈判，美国可以修改TPP中对自己不利的条款，重新取得为使得条约生效而让渡的利益，同时特朗普也不会违背自己竞选时的言论。但是，如前所述，历时多年的TPP谈判"泡汤"，引发其他伙伴及国际社会对美国新总统的不信任感，而且在特朗普强调贸易保护主义的前提下，是否能像过去奥巴马政府那样推动贸易自由化成为各国的疑问所在。二是美国政府在保持TPP基本框架的前提下，就部分条款重新进行二次谈判。理由在于，TPP谈判历时五年多，各方为谈判花费了巨大的成本，这也是美国新任总统需要考虑的地方。三是TPP在特朗普遭弹劾、继任者上台的情况下，重新进入美国国内程序而生效。竞选成功和上任初期，特朗普在国内外面临强烈的反对声音和抗议浪潮。回顾历史，有三位美国总统遭到过弹劾。美国第17任总统安德鲁·约翰逊由于在南方重建上采取妥协立场（他曾两次担任田纳西州州长），与国会的共和党议员意见不合，成为美国历史上首位被提出弹劾议案的总统（1868年），但是在参议院以一票之差逃过被罢免的命运。1974年7月24日，最高法院以不记名投票方式裁决时任总统理查德·尼克松必须交出录音记录，其中应包括64次白宫会谈录音。三天以后，众议院司法委员会通过第一次总统弹劾，指责尼克松妨碍司法公正。尼克松于同年8月8日宣布辞职，成为美国历史上第一个被迫辞职的总统。1998年，克林顿总统同白宫女实习生莫尼卡·莱温斯基的性丑闻被曝光，受到司法部门调查。共和党还在国会提出了弹劾议案，但是定罪未获通过。此外，作为美国历史上当选年龄最大（71周岁）的总统，特朗普比当选年龄排在二位的罗纳德·里根当选总统时的年龄还大两岁，身体健康状况也是需要考虑的问题。① 继任者继续推进 TPP 的国内程序也是有可能的，《美韩自由贸易协定》就是个例证，它因为《贸易授权法案》（Trade Promotion Authority, TPA）到期而无法在美国国内通过，② 时任总统小布什又不愿意寻求议会重新通过《贸易授权法案》，直到继任总统奥巴马力推才获得通过。

虽然未能生效，但是从协定本身的宗旨、设计来看，TPP 文本确实是新一代具有代表性的国际经济协定，对世界经济的发展、经济全球化具有积极意义。单就此而言，对 TPP 进行研究也具有国际法上的价值。

从 TPP 到 CPTPP，反映了在逆全球化浪潮的影响下，综合型国际经贸协定制定和实施的困难。从法律服务贸易的角度而言，TiSA 是更值得关注的新一代国际经贸协定，毕竟与 TPP 相比，它更加专注于服务贸易领域。一方面是服务业、服务贸易对经济增长、就业增加的作用越来越重要的现实，另一方面是多哈回合中新一轮服务贸易谈判迟迟没有成果的僵局，为了获得新一轮国际经贸新秩序的领导权和制度设计的"先手"优势，美国、欧盟和澳大利亚轮流组织 TiSA 谈判。TiSA 与其他双边或者多边经贸协定的重大区别，不在于它渊源于 GATS 条文和吸收了 GATS 文本，而在于它从谈判伊始就宣布，目标是实现框架文本和 WTO/GATS 的对接，并吸纳更多的成员方参与，以便将来被

---

① 具体信息可见 Office of the President：http://www.americanbar.org/groups/leadership/office_of_the_president.html，访问日期：2018 年 2 月 20 日。
② 《贸易授权法案》又被称为"快车道"（fast-track），授予美国总统与其他国家进行贸易谈判的权力。国会对于总统提交的贸易协定，只能投支持或反对票，而不能逐条进行修改。《贸易授权法案》既遵循美国传统的宪法批准程序，又为提高效率作出一些特殊的程序规定。

纳入WTO法律体系，实现多边化。① 从法律文本、条约依据和宗旨来看，TiSA具备成为国际条约甚至取代GATS的可能性。如果能综合谈判方内部以及谈判方与非谈判方的诉求，TiSA实现成为"GATS 2.0"目标的速度将会加快。从法律属性而言，TiSA未来的发展有三种可能（如表3-4所示）。②

表3-4 TiSA三种法律属性的比较

	经济一体化协定	WTO诸边协定	多边协定（GATS 2.0）
缔约方	23个	23个	164个成员方或者更多③
条文依据	GATS第5条	《WTO协定》附件4	《WTO协定》附件1
投票形式	谈判方决定	WTO成员方协商一致	WTO成员方协商一致
议题范围	可以小于WTO	超出WTO	WTO
修改方式	谈判方决定	WTO成员方协商一致	WTO成员方协商一致
与WTO义务的关系	无	属于WTO义务	属于WTO义务

目前，TiSA成为国际（贸易）协定并无法律障碍。如果现阶段23个谈判方达成合意，签署议定书，TiSA即可以"WTO外诸边协定"的法律身份成立，即WTO/GATS文本中的"经济一体化协定"（Economic Integration Agreement，EIA）身份。GATS第5条要求EIA必须满足两项条件：一是"涵盖众多服务

---

① 参见周艳、李伍荣：《〈服务贸易协定〉会否多边化？》，载《国际经济评论》2016年第3期，第125页。
② 参见李伍荣、周艳：《〈服务贸易协定〉的发展路向》，载《国际经济评论》2014年第6期，第123页。
③ WTO成员方统计数据的截止时间为2016年7月29日，具体信息可见：http://news.163.com/17/0124/17/CBIFKR9L000187VE.html，访问日期：2018年3月22日。

法律服务业开放的规则研究

部门"。TiSA 核心文本第 I-1 条和第 I-2 条完全吸收了 GATS 第 1 条和第 28 条的内容,不仅继续沿用 GATS 设计的四种服务提供模式,而且明确提出进一步推动自然人流动模式自由化。在早期磋商中,"服务贸易真正好友"集团就提出,TiSA 要涵盖广泛的服务部门,不作预先排除。即便美国对海运服务、欧盟和澳大利亚对视听服务等具体部门存在争议,也没有任一参与方完全排除某一服务部门,而是协商讨论是否将其纳入"新服务"。因此,TiSA 文本符合第一项要求。二是"取消现有歧视性措施和/或禁止新的或更多的歧视性措施"。如前所述,不同于 GATS 的隐形冻结义务,TiSA 第二章第 II-1 条"市场准入承诺安排"包含冻结条款,要求缔约方遵守自身列入具体承诺表中的条件、限制和资格,这些条件、限制和资格仅限于具体承诺表生效时缔约方领土内实施的措施。虽然 TiSA 还未公开最终文本,但是从已公开的文本内容来看,TiSA 将服务贸易推向"更高水平"是显而易见的。可以推定,TiSA 文本也将符合第二项要求。

此外,虽然屡屡有关于"区域贸易协定是否符合 WTO 决定与 WTO 争端解决机构之间的链接"的讨论,但是从争端解决的实践来看,WTO 区域贸易协定委员会尚未对任何一个区域贸易协定是否符合 WTO 的规定作出裁决。因此,有学者认为,如果 TiSA 谈判中的 WTO 成员方依程序向 WTO 履行通知义务,那么判断 TiSA 是否符合 GATS 第 5 条的实质要件和形式要件并无法律障碍。① 综上,TiSA 谈判方确定 TiSA 谈判是在 WTO 框架之外,根据 GATS 第 5 条的规定而成为部分 WTO 成员方之间的区

---

① 参见曾令良:《区域贸易协定的最新趋势及其对多哈发展议程的负面影响》,载《法学研究》2004 年第 5 期,第 117—128 页。

第三章
逆全球化浪潮下之国际法律服务业开放

域贸易协定的可能性非常大。①

TiSA 也存在成为 WTO 内诸边协定之一的可能性。如前所述，TiSA 属于 WTO 外诸边协定并无法律障碍。实际上，TiSA 从早期磋商到现在一直都是通过诸边方式进行的，"服务贸易真正好友"集团曾经使用"诸边服务业协定"（Plurilateral Services Agreement，美国则称为"International Services Agreement"）的称谓。就国际经济（法）而言，"诸边"一词更多的是特别针对与 WTO 多边协定相对应的少数协定而使用的，将 TiSA 称为"诸边协定"，不排除"服务贸易真正好友"集团早先有意制造歧义和模糊空间的想法——这样似乎能把 TiSA 与 WTO 相关联，减少未来对多边化的反对压力。

从"WTO 外诸边协定"变成"WTO 内诸边协定"，TiSA 主要有三个法律难题需要解决：一是协定议题的范围。"WTO 内诸边协定"有一个共同特点，即都是针对贸易中的某一具体问题、部门或者产品，属于"议题导向"型（issue-oriented）协定。就服务贸易领域而言，以议定书（protocol）形式存在的《金融服务协议》（Agreement on Financial Services）和《基础电信协议》（Agreement on Basic Tele-communications）都是关于具体服务部门/分部门的，且只针对成员方承诺表，基本不涉及核心文本内容。② TiSA 谈判的议题范围不仅涵盖 GATS 议题范围，而且还有

---

① GATS 第 5 条"经济一体化"允许成员方参加双边或多边服务贸易自由化协议，但是需要满足如下条件：(1) 必须适用于众多的服务部门，并不得事先规定排除某一提供方式；(2) 在市场准入与国民待遇方面，实质性取消任何现行歧视措施，并禁止采用新的歧视措施。该条第 6 款将优惠贸易利益扩展至由第三国拥有或控制的法人服务提供者，即"任何其他成员的服务提供者，如是根据第 1 款所述协议的参加方的法律组建的法人，则只要它在该协议参加方境内从事实质性的商业经营，就有权享受该协议给予的待遇"。参见陈立虎、刘芳：《服务贸易协定（TiSA）对 WTO 法律规则的超越》，载《上海对外经贸大学学报》2015 年第 6 期，第 7 页。

② 参见周艳、李伍荣：《〈服务贸易协定〉会否多边化？》，载《国际经济评论》2016 年第 3 期，第 127 页。

"新议题"加入,"继承"毕竟"超越"了 GATS 文本。这样的属性明显与"议题导向"型协定不符。二是条约生效的方式。根据《马拉喀什建立世界贸易组织协定》(Marrakesh Agreement Establishing the World Trade Organization,简称《WTO 协定》)第 10 条第 9 款,诸边协定只能经成员方协商一致做出。目前,"服务贸易真正好友"集团谈判方占 WTO 成员方总数的比例不大,协商一致方式对 TiSA 生效是巨大的挑战。三是诸边协定不是 WTO 框架的主要成分。WTO 不允许诸边协定成为主体,也不能成为诸边协定共同体,否则会从根基上撼动 WTO/GATS 的多边属性。

最后,TiSA 以多边协定的法律身份取代 GATS,成为 WTO 一揽子协定的重要组成部分。这种可能性是存在的,但是目前困难重重。实现 WTO "多边化"可以有不同做法,既可以将协定纳入 WTO 多边贸易体系,但是只对部分成员方适用(弱多边化);也可以将协定纳入 WTO 多边贸易体系,并适用于所有成员方(强多边化)。

WTO 历史上的确不乏诸边协定多边化的先例。1993 年开始的 GATT 东京回合谈判关于大幅削减非关税壁垒的协议,内容包括补贴与反补贴措施、技术性壁垒、进口许可程序、政府采购、关税估价、反倾销等,先是以诸边协定形式达成的,后在 WTO 成立时已完成多边化。欧盟一直表示,TiSA 的最终目标是实现"强多边化"。① 要在法律上实现"强多边化",既取决于谈判方的数量、构成和贸易主张,又取决于协定本身的框架和内容,还要

---

① See EU, European Commission Proposes to Open Plurilateral Trade Negotiations on Services, http://ec.europa.eu/trade/policy/accessing-markets/goods-and-services/index_en.htm, last visited on January 8, 2018.

第三章
逆全球化浪潮下之国际法律服务业开放

顺应WTO的变革。①

作为TiSA多边化的重要力量,欧盟历来坚持多边主义,只把双边、区域贸易协定(WTO外诸边协定)当成对多边体系的补充和促进,支持WTO多边规则制定和推进贸易自由化。虽然TiSA是针对以"一揽子承诺""协商一致"为特征的WTO/GATS谈判僵局"另辟蹊径"而提出的,但是欧盟一开始就明确表态,TiSA最终要与WTO"对接"。目前,要成为TiSA谈判方,需通过反向协商一致的方式得到现有参与方的共同同意。但是,欧盟等多数谈判方希望能够通过"关键多数"(critical mass)的方式实现多边化。"关键多数"的评价标准不是依据参与方的具体数量,而是依据所达成的服务贸易占国际贸易的比例。如果参与协议的谈判方所占全球贸易的比例总和超过90%,则协议中的开放内容对所有WTO成员方依照最惠国待遇原则适用。② 在WTO历史上,采取这种途径将诸边协议多边化的案例有三个,分别是1996年的《信息技术协议》(Information Technology Agreement)、1997年的《基础电信协议》(GATS第四议定书)和《金融服务协议》(GATS第五议定书)。

从法律文本上看,TiSA与GATS存在较高的适配性。如前所述,这既体现在共同的服务贸易"范围"(GATS第1条)、"定义"(GATS第28条)以及"一般义务和纪律"上,又体现在TiSA援引GATS关于最惠国待遇、市场准入、国民待遇、附加承诺、转移与支付、保障国际收支的限制以及一般例外等条款和术语上。同时,TiSA附件选择性地吸收了多哈回合谈判中的阶

---

① 参见张皞:《〈国际服务贸易协定〉的自由化推进和多边化悬疑》,载《亚太经济》2014年第4期,第46—51页。
② 参见陈立虎、刘芳:《服务贸易协定(TiSA)对WTO法律规则的超越》,载《上海对外经贸大学学报》2015年第6期,第7页。

段性成果。以 TiSA "金融服务"附件为例，它的绝大部分内容来自 GATS《金融服务协议》和《对金融服务承诺的谅解》，虽然后者只属于"WTO 内诸边协定"。

TiSA 多边化的主要障碍在于参与方、非参与方的利益诉求缺乏交集，源头来自美国。TiSA 23 个谈判方的服务贸易规模约占世界总量的七成，"金砖国家"、东盟两大群体都不是谈判方。如果加上这两个群体，服务贸易规模将达到世界总量的九成。然而，美国在实力相对衰落的背景下，主导国际经贸规则的策略由"全球模式"走向"俱乐部模式"，力图用自己的标准拉拢少数国家合作，再适时实现多边化，进而成为全球标准。一方面，美国认为 WTO/GATS 的规则/纪律已不适应国际环境，也无法继续依托 WTO 实现自身利益，需要制定新规则，让世界进入"后 WTO 时代"。另一方面，美国有意排除"金砖国家"等经济体的参与，意图自己带领"伙伴国"主导新规则，逼迫其他国家"就范"。特朗普上台后，美国对 WTO 的冷淡态度更加明显，甚至延续到对 TiSA 谈判的态度上。有别于欧盟强调该协定应在 WTO 多边框架下开展的立场，美国对该协定的定位是游离于 WTO 体系之外，强调谈判的独立性。① 例如，在中国政府于 2013 年 9 月正式表达加入 TiSA 的意愿后不久，美国贸易谈判代表迈克·弗罗曼为此设置了五大评估标准：一是中国在与美国谈判双边投资协定（BIT）时的立场，二是上海自由贸易试验区投资改革情况，三是中共十八届三中全会可能宣布的、潜在的改革政策，四是中国在过去谈判中是否热衷于高规格服务贸易承诺，五是中国是否

---

① 参见付丽：《美欧国际贸易规则重构战略及其对中国的影响》，载《国际经济合作》2017 年第 1 期，第 56 页。

完全执行两国电子支付服务争端的WTO裁决。①

表 3-5　美国在 GATS 和 RTAs 中的核心义务比较

	GATS	RTAs	
		美澳（2005 年生效）	美韩（2012 年生效）
市场准入	部门承诺中，列出有数量配额或者有法律实体形式等限制措施，如电传服务、外国政府或者其代表拥有超过 20% 资本金的美国公司、非美国公民或者其代表、非根据美国法律组建的公司，不得提供。	不得在某个地区或者全部领土内维持或者采取数量配额或者有法律实体形式等限制措施。	同美澳协定。
国民待遇	水平承诺中，对税收、补贴等提出限制条件，其中跨境交付模式、境外消费模式不受约束。部门承诺中，有的不受约束。	给予对方不得低于其给予本国服务或者服务提供者的待遇。	同美澳协定。对于地方政府，一方给予另一方的待遇，不得低于给予其他任何一方的最优惠待遇。
当地存在		一方不得要求另一方的服务提供者在其领土内建立或者维持代表处或者任何形式的企业，或者成为其居民，作为提供跨境服务的条件。	同美澳协定。

综上所述，TiSA 既以 GATS 条款为产生依据，又以 GATS 文本为基础文本，由此制定新一代的全球服务贸易新秩序和新规则。经过五年多的谈判，TiSA 在规则、纪律和市场准入等方面取得重要进展。在逆全球化背景下，从中短期来看，由于成员间的利益诉求矛盾重重，TiSA 谈判本身注定步履维艰，服务贸易

---

① 参见陆振华：《起底 TiSA 秘密谈判：中国加入服务贸易立规新游戏》，载《21 世纪经济报道》2014 年 1 月 1 日第 1 版。

多边化的目标在短时间内无法完成。加上美欧双方的"漠视",TiSA很可能重蹈TPP的覆辙。但是,数字贸易、服务贸易始终是美国的核心利益所在,且TiSA、TPP等国际贸易协定的法律属性与当今众多的区域贸易协定并无不同,由其推动和扩散的法律服务业新标准值得中国注意和分析研究。

第四章

全球化时代之中国法律服务业开放

在全球化时代，中国逐步开放法律服务市场，带来一系列法律实践问题。近几年，国内法律服务业规则创新既存在于自由贸易协定文本中，也体现在自由贸易试验区规范性文件上。上海市政府于 2014 年 11 月出台的《中国（上海）自由贸易试验区中外律师事务所互派律师担任法律顾问的实施办法》和《中国（上海）自由贸易试验区中外律师事务所联营的实施办法》，可谓此前国内法律服务业规则的集大成者，在探索中外律师事务所业务合作等方面具有自己的特色。然而，与 TiSA、TPP 文本相比，自由贸易试验区的法律服务业开放规则仍然存在较多限制，主要体现在市场准入、国民待遇和国内规制三个方面。相应地，所谓的法律服务业开放"新规则"的实际效果不佳。

第一节　全球化时代中国有条件开放法律服务市场

在复关谈判期间，中国开始有条件地开放法律服务市场。以"市场准入是经济性规制的工具之一，不适当的设置将会放大其对市场竞争的负面效果"① 的思想为指导，1992 年 5 月 26 日，《司法部、国家工商行政管理局关于外国律师事务所在中国境内设立办事处的暂行规定》② 发布，标志着中国开始关注和规范法

---

① 马英娟：《政府监管机构研究》，北京大学出版社 2007 年版，第 156 页。
② 全文可见中国投资指南网站：http://www.fdi.gov.cn/1800000121_23_69599_0_7.html，访问日期：2018 年 2 月 18 日。

律服务贸易,特别是境外律师(事务所)提供法律服务的行为。①从条文上看,该暂行规定不仅在合作形式、业务范围、人员代表等方面有诸多限制,而且根据《司法部关于外国律师事务所在华设立办事处有关事宜的通知》,当时"只在北京、上海、广州、深圳、海南五地进行外国律师事务所设立办事处的试点工作,其他地方一律不搞试点,不得设立办事处或变相的办事机构"②。1992年10月20日,司法部首次批准12家外国(境外)律师事务所分别在北京、上海、广州设立办事处,这12家律师事务所来自美国、法国、英国和中国香港地区。③

对于"入世"后国内法律服务业开放,中国承诺:一是加入WTO一年内取消"三个限制",包括外国律师事务所设立代表处数量的限制、外国律师事务所设立代表处试点城市的限制和一个外国律师事务所只能在国内设立一个代表处的限制;二是允许外国律师事务所驻华代表机构继续从事外国法律服务;三是外国律师事务所驻华代表机构通过订立合同的形式与中国律师事务所建立长期的委托关系,处理法律事务;四是降低外国律师事务所驻华代表机构首席代表、代表执业年限的限制。同时,为了配合法

---

① See Andrew Godwin, The Professional "Tug of War": The Regulation of Foreign Lawyers in China, Business Scope Issues and Some Suggestions for Reform, *Melbourne University Law Review*, 2009, 33 (1): 132, 134.

② 全文可见中国政府网:http://www.gov.cn/gonghao/content/2003/content.62105.htm,访问日期:2018年1月30日。

③ 司法部首批批准12家外国(境外)律师事务所驻华办事处名单可见《司法部关于批准高特兄弟律师事务所等十二家外国(境外)律师事务所在国内设立办事处的通知》(司发函〔1992〕487号)。5家律师事务所在北京设立办事处:(美国)高特兄弟律师事务所、(法国)欧洲阿达姆斯联合律师事务所、(英国)邓何贝王国际法律事务所、(香港)廖绮云律师事务所和(英国)路卫德邻律师事务所。4家律师事务所在上海设立办事处:(香港)张叶司徒陈律师事务所、(香港)黄乾亨黄英豪律师事务所、(香港)李建国方和律师事务所和(香港)梁廷锵文达良律师事务所。3家律师事务所在广州设立办事处:(香港)何耀棣律师事务所、(香港)吴少鹏律师事务所和(香港)黎锦文李孟华律师事务所。

律服务市场开放，国务院颁布了《外国律师事务所驻华代表机构管理条例》（2002年施行），[①] 司法部颁布了《司法部关于执行〈外国律师事务所驻华代表机构管理条例〉的规定》（2004年修订）等。

在2013年上海自由贸易试验区成立以前，以WTO/GATS承诺为渊源，中国涉及法律服务市场准入/开放的法律法规集中于《律师法》（2017年修订）[②]、《司法部关于修改〈香港、澳门特别行政区律师事务所驻内地代表机构管理办法〉的决定》（2015年施行）[③]、《外商投资产业指导目录（2017年修订）》[④]、《外国律师事务所驻华代表机构管理条例》（2002年施行）和《司法部关于执行〈外国律师事务所驻华代表机构管理条例〉的规定》（2004年修订）等。国内法律服务贸易制度以律师为主要规范对象，通过律师提供法律服务的行为，规制服务贸易的各个领域，包括诉讼活动和仲裁活动。

上述国际承诺与国内规定相结合，对照GATS规则下的四种服务贸易模式，中国法律服务业开放主要存在两方面的限制：一方面是限制自然人流动模式（模式4）——外籍专业人士无法以自然人身份提供法律服务。因此，不单单是律师服务，包括公证、仲裁等，一些国家允许律师提供有关服务的做法在中国也行不通。另一方面是境外通过商业存在模式（模式3）进行法律服务贸易受到"部门承诺"（sector-specific commitment）、"水平承诺"（horizontal commitments）和国内法律法规的"三重限制"。

---

① 全文可见中国政府网：http://www.gov.cn/gongbao/content/2002/content_61860.htm，访问日期：2018年1月30日。

② 全文可见中国人大网：http://www.npc.gov.cn/xinwen/2017-09/12/content_2028697.htm，访问日期：2018年1月30日。

③ 全文可见中国政府网：http://www.gov.cn/gongbao/content/2015/content_2897162.htm，访问日期：2018年1月12日。

④ 全文可见国家发展和改革委员会网站：http://www.ndrc.gov.cn/zcfb/zcfbl/201706/W020170628553266458339.pdf，访问日期：2018年1月18日。

在 GATS"中国服务贸易具体承诺减让表"的"水平承诺"中，主要内容包括："在中国，外商投资企业包括外资企业（也称为'外商独资企业'）和合资企业，合资企业有两种类型：股权式合资企业和契约式合资企业。股权式合资企业中的外资比例不得少于该合资企业注册资本的25%。由于关于外国企业分支机构的法律和法规正在制定中，因此对于外国企业在中国设立分支机构不作承诺，除非在具体分部门中另有标明。允许在中国设立外国企业的代表处，但是代表处不得从事任何营利性活动，在 CPC 861、862、863、865 下部门具体承诺中的代表处除外。"在"部门承诺"中，中国政府明确表示法律服务（CPC 861）不含"中国法律业务"，主要内容包括：第一，国内对跨境交付模式（模式1）和境外消费模式（模式2），在市场准入和国民待遇方面都没有任何限制，也不存在附加承诺。第二，对商业存在模式（模式3），作出以下承诺：在市场准入方面，外国律师事务所只能以代表处的形式提供法律服务。代表处可从事营利性活动。"外国代表处的业务范围仅限于下列内容：（a）就该律师事务所律师允许从事律师业务的国家/地区的法律及就国际公约和惯例向客户提供咨询；（b）应客户或中国法律事务所的委托，处理该律师事务所律师允许从事律师业务的国家/地区的法律事务；（c）代表外国客户，委托中国律师事务所处理中国法律事务；（d）订立合同以保持与中国律师事务所有关法律事务的长期委托关系；（e）提供有关中国法律环境影响的信息。按双方议定，委托允许外国代表处直接指示受委托的中国律师。外国律师事务所的代表应为执业律师，为一 WTO 成员方的律师协会或律师公会的会员，且在中国境外执业不少于2年。首席代表应为一 WTO 成员方的律师事务所的合伙人或相同职位人员（如一有限责任公司律师事务所的成员），且在中国境外执业不少于3年。"在国民待遇方面，

"所有代表在华居留时间每年不得少于 6 个月。代表处不得雇用中国国家注册律师。"第三,在自然人流动模式方面,中国政府明确:除"水平承诺"中的内容外,不作承诺(开放)。这样的承诺内容近乎为零。

从商业存在模式的角度看,外国律师事务所在华进行营利性活动只能以代表处的形式进行,因此无法适用《中外合资经营企业法》《中外合作经营企业法》和《外资企业法》。比较国内律师事务所与外国律师事务所驻华代表机构的成立要件,后者成立最大的难点在于国务院司法行政部门——司法部对外国律师事务所驻华代表机构成立的要求存在模糊性。

《外国律师事务所驻华代表机构管理条例》第 7 条第 3 项规定,外国律师事务所申请在华设立代表机构、派驻代表,应当"有在华设立代表机构开展法律服务业务的实际需要"。虽然《司法部关于执行〈外国律师事务所驻华代表机构管理条例〉的规定》第 4 条对此进行了解释,但是一些重要概念并不明晰,如"社会经济发展状况"(第 1 项因素)、"法律服务的发展需要"(第 2 项因素)、"业务前景的分析"(第 3 项因素之一)和"未来业务发展规划"(第 3 项因素之二)。对相关概念的裁量权,有可能带来对法律服务业的影响甚至是限制。

外国律师事务所如果设立驻华代表机构,必须到当地司法局申请,然后申报到司法部律师公证指导司下属的外国律师管理处批准,之后上报到司法部律师公证指导司批准,且需要主管副部长签字。《外国律师事务所驻华代表机构管理条例》第 9 条规定:"省、自治区、直辖市人民政府司法行政部门应当自收到申请文件材料之日起 3 个月内审查完毕,并将审查意见连同文件材料报送国务院司法行政部门审核。国务院司法行政部门应当在 6 个月内作出决定,对许可设立的代表机构发给执业执照,并对其代表发给执业证书；对不予许可的，应当书面告知其理由。"然而，这个过程有时需要等待七八个月，有时需要等待超过一年。申报成功后，外国律师事务所驻华代表机构每年还需要年检。这里以法国籍华人律师陶景洲所在的美国德杰律师事务所为例。2011年12月，德杰律师事务所将材料寄送到上海司法局。直到2012年10月陶景洲接受《方圆》杂志记者采访时，申请仍在程序之中。① 不单单是外国律师事务所设立驻华代表机构等待审批的时间较长，在2016年1月27日《外国律师事务所驻华代表机构派驻代表执业审批事项办理流程》② 发布之前，外国律师事务所驻华代表机构执业审批也缺乏较明确的程序表。相比之下，国内律师事务所成立的要件明确，并且最终决定机关是省一级司法行政部门，区一级司法行政部门加上省一级司法行政部门的审核期限不超过30日。国内要求外国律师事务所开设代表处以及相关的审批程序和审查标准从内容上看，似乎不符合GATS第6条"以合理、客观和公正方式实施影响服务贸易之普遍适用的措施"的要求，也不符合"许可程序本身不成为对服务提供之限制"的要求。这就有违反WTO/GATS义务的"嫌疑"。③ 例如，外国律师事务所驻华代表结构如果增设分所，需要最近设立的代表处连续执业满3年，理由何在？国内律师事务所开设分所只有"成立3年以上并具有20名以上执业律师的合伙律师事务所允许设立分所"的总括条件，对设立第二个分所乃至更多的分所并无时间或者人员的特殊限制。

---

① 参见全海龙：《法国籍华人律师陶景洲：别将蛋糕拱手让人》，http://www.acla.org.cn/article/page/detailById/15906，访问日期：2018年1月10日。

② 全文可见司法部网站：http://www.moj.gov.cn/index/content/2016-01/27/content_7120519.htm?node=87122，访问日期：2018年1月12日。

③ 参见张方舟：《论中国法律服务市场开放的新标准——以上海自贸区的实践为视角》，载《研究生法学》2016年第1期，第135页。

表 4-1　中国律师事务所与外国律师事务所驻华代表机构成立的要件比较

成立要件	中国律师事务所	外国律师事务所驻华代表机构
许可机关	1. 设区的市级或者直辖市的区人民政府司法行政部门 20 日内予以审查； 2. 省、自治区、直辖市人民政府司法行政部门 10 日内予以审核。	1. 国务院司法行政部门许可（外文材料应当附中文译文）； 2. 未明确审批期限。
具备条件	1. 有自己的名称、住所和章程； 2. 有符合《律师法》规定的律师； 3. 设立人应当是具有一定的执业经历，且 3 年内未受过停止执业处罚的律师； 4. 有符合国务院司法行政部门规定数额的资产。	1. 该外国律师事务所已在其本国合法执业，并且没有因违反律师职业道德、执业纪律受到处罚； 2. 代表机构的代表应当是执业律师和执业资格取得国律师协会会员，并且已在中国境外执业不少于 2 年，没有受过刑事处罚或者没有因违反律师职业道德、执业纪律受过处罚；其中，首席代表已在中国境外执业不少于 3 年，并且是该外国律师事务所的合伙人或者是相同职位的人员； 3. 有在华设立代表机构开展法律服务业务的实际需要。
居住	无限制。	代表每年在中国境内居住不少于 6 个月。
形式	合伙律师事务所/个人律师事务所。	代表机构。
成员要求	1. 合伙律师事务所要求 3 名以上合伙人，设立人具有 3 年以上执业经历； 2. 个人律师事务所要求由具有 5 年以上执业经历的律师设立。	1. 1 名首席代表和若干代表； 2. 执业律师和执业资格取得国律师协会会员，并且已在中国境外执业不少于 2 年。
犯罪记录	1. 不得受过刑事处罚，过失犯罪的除外； 2. 不得被开除公职或者被吊销律师执业证书。	代表没有受过刑事处罚或者没有因违反律师职业道德、执业纪律受过处罚。
注册	无要求。	每年注册 1 次。

法律服务业开放的规则研究

(续表)

成立要件	中国律师事务所	外国律师事务所驻华代表机构
执业单位	律师只能在1个律师事务所执业。	代表不得同时在2个以上代表机构担任或者兼任代表。
增设要求	成立3年以上并具有20名以上执业律师的合伙律师事务所允许设立分所。	1. 在华最近设立的代表处连续执业满3年； 2. 遵纪守法； 3. 无法律责任。
责任形式	1. 合伙律师事务所按照普通合伙或者特殊的普通合伙形式承担债务； 2. 个人律师事务所设立人按照无限责任承担债务。	仅规定民事责任。

虽然中国已经取消外国律师事务所驻华代表机构的数量限制和地域限制，但是外国律师事务所的业务范围受到诸多限制。司法部出台了几个规范性文件，进一步解释GATS承诺表中"不含中国业务"的含义。一是《外国律师事务所驻华代表机构管理条例》第15条第1款规定："代表机构及其代表，只能从事不包括中国法律事务的下列活动：（一）向当事人提供该外国律师事务所律师已获准从事律师执业业务的国家法律的咨询，以及有关国际条约、国际惯例的咨询；（二）接受当事人或者中国律师事务所的委托，办理在该外国律师事务所律师已获准从事律师执业业务的国家的法律事务；（三）代表外国当事人，委托中国律师事务所办理中国法律事务；（四）通过订立合同与中国律师事务所保持长期的委托关系办理法律事务；（五）提供有关中国法律环境影响的信息。"二是《司法部关于执行〈外国律师事务所驻华代表机构管理条例〉的规定》第32条规定，下列行为，应当认定为《外国律师事务所驻华代表机构管理条例》第15条规定的"中国法律事务"："（一）以律师身份在中国境内参与诉讼活动；（二）就合同、协议、章程或其他书面文件中适用中国法律的具

体问题提供意见或证明；（三）就适用中国法律的行为或事件提供意见和证明；（四）在仲裁活动中，以代理人身份对中国法律的适用发表代理意见；（五）代表委托人向中国政府机关或其他法律法规授权的具有行政管理职能的组织办理登记、变更、申请、备案手续以及其他手续。"三是《司法部关于执行〈外国律师事务所驻华代表机构管理条例〉的规定》第38条规定："代表处代表及其辅助人员不得以'中国法律顾问'名义为客户提供中国法律服务。"四是《司法部关于执行〈外国律师事务所驻华代表机构管理条例〉的规定》第33条规定，代表处及其代表根据《外国律师事务所驻华代表机构管理条例》第15条第1款第5项的规定，"提供有关中国法律环境影响的信息时，不得就中国法律的适用提供具体意见或判断"。

上述规范性文件同时要求国内律师事务所与外国律师事务所驻华代表机构之间必须完全独立，这也可以理解为从另一个方面限制外国律师事务所驻华代表机构从事中国法律服务的相关业务（包括宣传）。双方之间的合作只能通过单独委托或者长期委托的形式展开，股权意义上的合作或者任何联营方式都是被禁止的。一是《司法部关于执行〈外国律师事务所驻华代表机构管理条例〉的规定》第37条规定："代表处进行宣传，应当遵守下列规则：（一）向客户表明可以在中国境内从事业务的，应当同时表明其不具有从事中国法律服务的资格、执照或能力；（二）向客户声明具有中国律师资格或曾经担任中国执业律师的，应当同时声明其现在不能作为中国律师执业；（三）在信笺、名片上进行上述宣传的，应当有本条第一、二项规定的声明。"二是《司法部关于执行〈外国律师事务所驻华代表机构管理条例〉的规定》第39条规定："代表处及其所属的律师事务所不得实施下列行为：（一）直接或间接地向中国律师事务所投资；（二）与中国律师事务所或中国律师组成共享利润或共担风险的执业联合体；（三）建立联合办公室或派员入驻中国律师事务所从事法律服务活动；（四）管理、经营、控制或享有中国律师事务所的股权性权益。"三是《司法部关于执行〈外国律师事务所驻华代表机构管理条例〉的规定》第40条规定："有下列情形之一的，应当认定为聘用中国执业律师：（一）与中国执业律师达成雇佣或劳务协议；（二）与中国执业律师形成事实上的雇佣或劳务关系；（三）与中国执业律师达成共享利润、共担风险或参与管理的协议；（四）向中国执业律师个人支付报酬、费用或业务分成；（五）聘请中国执业律师以代表处所属的律师事务所或代表处的名义对外从事业务活动。"

无论是现行的《外商投资产业指导目录》（2017年修订，第15条），还是废止的《外商投资产业指导目录》（2015年修订①，第19条），都将"中国法律事务咨询（提供有关中国法律环境影响的信息除外）"列为禁止外商投资的产业之一。长期以来，司法部一直要求参加国家统一法律职业资格考试的人员具有中华人民共和国国籍。② 因此，外籍或者无国籍专业人士无法获得中国律师资格。具有国内执业资格的律师如果受聘于外国律师事务所驻华代表机构，将无法以中国律师身份进行法律服务。③

---

① 全文可见国家发展和改革委员会网站：http://fgs.ndrc.gov.cn/flgz/201507/t20150701_710412.html，访问日期：2018年1月30日。

② 2015年12月20日，中共中央办公厅、国务院办公厅印发《关于完善国家统一法律职业资格制度的意见》，使用多年的"国家统一司法考试"也相应更名为"国家统一法律职业资格考试"。具体信息可见中国政府网：http://www.gov.cn/xinwen/2015-12/20/content_5025966.htm，访问日期：2017年12月20日。

③ 《律师法》第5条规定，申请律师执业应当"通过国家统一法律职业资格考试"。实践中，在外国律师事务所驻华代表机构从事法律服务的国内律师，均以非律师身份进行咨询服务和代理服务。例如，《中华人民共和国司法部公告（2016年第164号）》，全文可见司法部网站：http://www.moj.gov.cn/sfkss/content/2016-06/05/content_6660747.htm?node=303，访问日期：2017年12月14日。

第二节　中国限制法律服务业开放带来的实践问题

随着国内外经济形势的转变，涉外法律服务需求旺盛。一方面，随着中国对外开放政策的成熟和发展，在引进外资的同时，支持有条件的企业"走出去"，按照国际通行规则到境外投资，达到引进利用外资和对外有效投资双向发展效果成为中国的国策。另一方面，传统上，中国的涉外法律需求通常是内向的，主要表现在为外资进入中国提供法律服务上，涉外法律服务提供者主要对中国法律中涉外部分提供法律咨询服务。此外，涉外法律服务的内容大多局限于经济领域，服务需求主体多为企业，少数为个人。新形势下的涉外法律服务需求发生了一定程度的变化，突出表现为涉外法律服务需求主体的扩大，涉外法律服务需求从内向型向内向型与外向型兼具转化。

相关调研数据显示，受访的从事涉外法律服务的律师在中国企业"走出去"的过程中，为中国企业提供的涉外法律服务主要集中在涉外商事诉讼、国际并购、国际仲裁、国际投融资、进出口贸易及海关、国际贸易以及国际知识产权保护等领域。除上述商事领域的涉外法律服务需求外，还有两个方面显示出较大变化，即自然人涉外法律服务需求的增多和国际公法性法律服务需求的出现。同时，涉外法律服务需求所涉地域范围越来越广。国内律师开始"冲出国门，走向世界"，与境外律师竞争，所提供的涉外法律服务涉及的国家和地区在以美国、欧盟、韩国、澳大利亚、日本等主要发达国家和地区为主的基础上，已经向世界各地的主要发展中国家辐射，包括印度、泰国、巴西、墨西哥、南非、土耳其、沙特阿拉伯等国。①

如前所述,外国律师事务所与中国律师事务所在工作场所中的冲突焦点在于从事"中国法律事务"的问题。1992年《司法部、国家工商行政管理局关于外国律师事务所在中国境内设立办事处的暂行规定》和2001年《外国律师事务所驻华代表机构管理条例》都有意为外国律师事务所留下了一个"灰色区域"。然而,外国律师事务所在法律实践中究竟在多大程度上会走进甚至超越这个区域,是一个需要进行实证研究的经验问题。外国律师事务所对这个问题基本上采取四种不同的策略:第一种是遵从,即不提供任何关于中国法律事务的服务;第二种是竞争,即提供关于中国法律事务的服务,却不与中国律师事务所合作;第三种是符号化合作,即提供关于中国法律事务的服务,仅用规模较小的中国律师事务所作为"橡皮图章";第四种是实质性合作,即提供关于中国法律事务的服务,并与主要的中国律师事务所合作。②如第二章所述,会计师事务所提供法律服务的做法在国际上屡见不鲜。2014年1月,全球四大会计师事务所之一的安永会计师事务所合并瑛明律师事务所,旨在提供"复合型、跨领域、全方位"的服务。这样的合并受到中国客户的喜爱,因为这一类型的律师事务所属于会计师事务所旗下的一员,而且以中国律师作为合伙人,在性质上属于内资所,可以出具法律意见、挂证(律师资格)和出庭应诉等。

2006年4月,上海市律师协会发布了一份题为《境外律所违法执业情况严重 涉外法律服务市场亟待规范》的简报,强烈

---

① 参见冷帅等:《中国涉外法律服务业探析(上)》,载《中国律师》2017年第6期,第74页。

② 参见刘思达:《中国涉外法律服务业市场的全球化》,载《交大法学》2011年第1期,第145页。

第四章
全球化时代之中国法律服务业开放

谴责外国律师事务所在中国涉外法律服务市场上的违规行为。这份简报在国际媒体上得到了广泛报道，迅速引发了众多在中国工作的外国律师的恐惧和担心。有评论者甚至将此称为"一次正在酝酿的针对在中国的外国律师事务所的革命"。然而，"革命"没有发生。让许多相关执业者和观察者感到庆幸的是，简报发布之后，并没有相应的针对外国律师事务所的政府行为发生。但是，这份简报的发布以及所有围绕它的热烈讨论，已经充分显示了中国律师事务所与外国律师事务所之间的严重冲突。①

上述简报集中列举了外国律师事务所介入涉及中国法律的专业服务行为，主要包括：② 一是聘用"辅助人员"从事法律服务。《外国律师事务所驻华代表机构管理条例》第16条要求："代表机构不得聘用中国执业律师；聘用的辅助人员不得为当事人提供法律服务。"《司法部关于执行〈外国律师事务所驻华代表机构管理条例〉的规定》第38条要求："代表处代表及其辅助人员不得以'中国法律顾问'名义为客户提供中国法律服务。"对于加盟外国律师事务所驻华代表机构的国内律师，上海市司法局的做法是暂时"保管"其律师证件，相应地，该律师也就被中止中国律师身份。然而，在实际执业过程中，外国律师事务所驻华代表机构凭借其资金、品牌上的优势，招募中国律师为"辅助人员"，向客户提供法律服务。二是违规办理涉及中国法律事务的业务，包括：适用中国法律的合同文本的起草、解释；通过书面、电子邮

---

① 参见刘思达：《中国涉外法律服务业市场的全球化》，载《交大法学》2011年第2期，第145页。

② 据悉，这些现象不仅是在上海，在北京等存在外国律师事务所驻华代表机构的区域也发生过，且长期存在。相关情况可参见向涛：《对外国律师事务所驻华代表机构及代表的监管问题研究》，载《中国律师》2011年第3期，第65页；杨立民：《法律服务市场：开放的风险与机遇》，载《WTO经济导刊》2017年第12期，第54页。

147

法律服务业开放的规则研究

件、口头等方式提供中国法律的解释、意见和咨询；直接参加适用中国法律的相关投资、兼并等项目的谈判。三是外国律师事务所驻华代表机构及其代表有时直接向当事人提供中国境内的项目调查、目标公司调查等服务，即法律界通称的"尽职调查"或"审慎调查"。四是外国律师事务所驻华代表机构及其代表间接从事中国境内的诉讼或者仲裁业务，甚至实际控制诉讼的整个业务流程，如调查、取证、提供法律意见等，仅仅是在出庭环节不得不使用中国律师。五是涉外法律咨询公司大量出现。由于咨询公司的登记与注册所在国属于工商行政管理部门管辖，不属于司法行政部门管辖，因此一些外国律师事务所或者律师在中国注册成立咨询公司从事法律服务以逃避监管。

此外，一些外国律师事务所"非法"控制中国律师事务所的业务和日常经营。如前所述，外国律师事务所只能以代表机构的形式在所在国提供法律服务，无法以合伙、合资的形式进行中外法律服务合作。一直以来，中国律师事务所和外国律师事务所之间的并购（行为）中，不时有"打擦边球"的现象出现。有的国内律师事务所表面上由中国律师做合伙人，而真正拥有所有权的合伙人全是外国律师。还有的国内律师事务所直接吸收外国律师做合伙人，或者将国内律师事务所与外国律师事务所合并，成为其在国内的代表处/分所。一些国内律师事务所通过这些"打擦边球"的方式把外国律师事务所"本土化"，进而实现资源共享、优势互补。①

由于外国律师事务所驻华代表机构只受司法行政机关监管，不受律师协会监管，因此在整个中国法律服务市场，对外国律

---

① 参见秦石：《段祺华：完善监管稳步开放中国法律服务市场》，载《中国律师》2011年第4期，第23页。

事务所及其代表的监管显得"外紧内松"。①

除了上述律师服务业问题，在涉外仲裁方面，中国现行制度也存在一些不便之处，有可能会阻碍"一带一路"建设的顺利进行。2015年3月28日，国家发展改革委、外交部、商务部联合发布《推动共建丝绸之路经济带和21世纪海上丝绸之路的愿景与行动》②，标志着"一带一路"建设步入全面推进阶段。国际上，1959年6月7日生效的《承认及执行外国仲裁裁决公约》（The New York Convention on the Recognition and Enforcement of Foreign Arbitral Awards，一般简称《纽约公约》）③促使仲裁裁决相较于法院判决在全球范围内更容易被承认与执行。中国于1986年12月2日加入该公约。1987年4月2日，该公约对中国生效。目前，已有超过150个国家和地区加入该公约。"一带一路"沿线各国几乎全部加入《纽约公约》，一旦发生民商事纠纷，国际商事仲裁制度将成为最重要的纠纷解决机制。因此，健全的国际商事仲裁制度是推进"一带一路"建设的重要司法保障。

完善"多元化纠纷解决机制"作为推进法治社会建设的重要内容被写入《中共中央关于全面推进依法治国若干重大问题的决定》，标志着多元化纠纷解决机制的改革和完善正式上升为国家策略。国际商事仲裁制度作为多元化纠纷解决机制中一种重要的纠纷解决方式，亟须进行改革和完善。国际商事仲裁主要涵摄国际经济贸易仲裁和国际海事仲裁，也有学者称其为"涉外商事仲裁"。仲裁作为国际化程度极高的一种纠纷解决法律制度，更能

---

① 参见陈承帼：《对境外律师事务所驻华（内地）代表处及其代表应实施行业监管》，载《中国律师》2011年第6期，第83页。
② 全文可见商务部网站：http://www.mofcom.gov.cn/article/resume/n/201504/20150400929655.shtml，访问日期：2018年4月3日。
③ 全文可见联合国国际贸易法委员会网站：http://www.uncitral.org/uncitral/en/uncitral_texts/arbitration/NYConvention.html，访问日期：2018年4月3日。

体现争议双方当事人的意思自治，是欧美等市场经济发达国家和地区商事纠纷的主要解决方式。开放的规则、灵活的争端解决机制，使仲裁成为一国融入国际规则体系的重要平台和媒介。世界各国的国际贸易中心城市基本上都是以国际著名仲裁机构为重要支撑的国际仲裁中心。因此，将中国国际商事仲裁制度与国际规则相接轨，将会助力"一带一路"建设的推进。

然而，按照《外国律师事务所驻华代表机构管理条例》和《司法部关于执行〈外国律师事务所驻华代表机构管理条例〉的规定》，外国律师在中国代理仲裁案件时，不得对中国法律的适用发表代理意见。实践中，越来越多的外国律师参与中国进行的仲裁案件/程序，是不容忽视的现实，并由此引发相关法律问题：一是如何理解外国律师在仲裁案件中解释和适用中国法律；二是外国律师在仲裁案件中解释和适用中国法律，是否构成"违反法定程序"这一法定撤裁事由。

这些问题由来已久，但是一直没有通过法律法规途径妥善解决。仲裁中的代理与诉讼代理的显著不同之处就在于，当事人可以委托外国公民作为仲裁代理人，而不论其是否以具有执业资格的律师身份参加仲裁程序。当事人在仲裁中委托的代理人一般没有国籍、人数、职业资格的限制。这一原则在国内外各大仲裁机构的仲裁规则以及各法域的仲裁立法中均有体现。1954 年 5 月 6 日政务院第 215 次政务会议通过的《中央人民政府政务院关于在中国国际贸易促进委员会内设立对外贸易仲裁委员会的决定》第 7 条就规定："双方当事人在仲裁委员会审理争议案件时，得委派代理人保护自己之利益。前项代理人得由中华人民共和国公民或外国公民充任之。"自 1995 年 9 月 1 日起施行的《仲裁法》第 29

第四章
全球化时代之中国法律服务业开放

条也允许当事人、法定代理人委托律师和其他代理人进行仲裁活动。①

在《司法部关于执行〈外国律师事务所驻华代表机构管理条例〉的规定》正式施行当月（2002年9月），中国国际经济贸易仲裁委员会致函司法部，问题关涉《司法部关于执行〈外国律师事务所驻华代表机构管理条例〉的规定》第32条第4项，即"在仲裁活动中，以代理人身份对中国法律的适用以及涉及中国法律的事实发表代理意见或评论"。2003年1月6日，司法部办公厅函复中国国际经济贸易仲裁委员会，认为司法部上述规定的原义充分考虑并尊重了当事人意思自治、可自由选择仲裁代理人的国际仲裁基本原则和仲裁不同于诉讼的特点，未禁止和否定外国律师事务所驻华代表机构及其代表以代理人身份参与在华国际仲裁活动，也并不禁止其代理涉及适用中国法律的仲裁案件，而仅就其以代理人身份在仲裁活动中对中国法律的适用以及涉及中国法律的事实发表代理意见或评论的行为作出了限制。这种限制的范围是较狭窄的，既不影响外国律师事务所驻华代表机构及其代表对整个仲裁案件的代理，也能避免增加被服务者的费用。外国律师在代理涉及适用中国法律的仲裁案件中，有关中国法律的解释与判断，可以在中国律师的业务合作下解决。至于合作的方式，根据仲裁活动的特点，可以具有一定的灵活性。例如，可以预先请求中国律师出具法律意见书，可以聘请中国律师提出意见。②

---

① 《仲裁法》（2017年9月1日第二次修正）全文可见中国人大网：http://www.npc.gov.cn/npc/xinwen/201709/12/content_2028692.htm，访问日期：2018年1月13日。

② 相关意见（司办函〔2003〕第10号）可见司法部网站：http://www.moj.gov.cn/index/content/2003-01/08/content_7084205.htm?node=86542，访问日期：2018年1月13日。

相应地，司法部于 2004 年 9 月 2 日颁布《关于修改〈司法部关于执行〈外国律师事务所驻华代表机构管理条例〉的规定〉的决定》（司法部令 2004 年第 92 号），将该执行规定第 32 条关于应当认定为《外国律师事务所驻华代表机构管理条例》第 15 条规定的属于"中国法律事务"行为的第 4 项，修改为："在仲裁活动中，以代理人身份对中国法律的适用发表代理意见。"

然而，这样的修改没有令法律适用和解释问题得到根本解决。毕竟，适用国内法还是国外法，不是提出仲裁申请时就可以预测或者决定的，经常会在实践中遇到查明、适用乃至解释问题。按照司法部令 2004 年第 92 号的内容，遇到此类问题，需要具有关于中国法律的正式意见，就必须中途加入中国律师事务所或者中国律师参与进来。不过，这样的规定容易使得一些外国律师不愿从事仲裁工作，进而导致国内不再是重要的仲裁地。这就引发了实践中一个"奇特"的现象，一些涉外仲裁案件当事人优先聘请没有驻华代表机构的外国律师事务所的律师，因为他们把《司法部关于执行〈外国律师事务所驻华代表机构管理条例〉的规定》理解为仅规范外国律师事务所驻华机构及其代表在中国境内的活动，并不适用于其他在中国境内参与仲裁的外国律师及公民。

从 1992 年《司法部、国家工商行政管理局关于外国律师事务所在中国境内设立办事处的暂行规定》到《外国律师事务所驻华代表机构管理条例》（2002 年施行）、《司法部关于执行〈外国律师事务所驻华代表机构管理条例〉的规定》（2004 年修订）等，如果将这些规范性文件理解为只规范设立驻华代表机构的外国律师事务所，显然很难让人认同这是立法者的本意。在涉外仲裁中，三名仲裁员都是外国人士的情况是很常见的。国内一方面允

第四章
全球化时代之中国法律服务业开放

许外国人作为仲裁员处理纠纷（解释中国法律），另一方面又出台文件禁止外国律师代表当事人参加仲裁，这是很明显的一对矛盾，更非立法者的本意。这种现象出现的主要原因在于，在国际范围内，仲裁已经不被视为一项法律服务，而中国仍将其列入法律服务业的范畴，国内法律服务业的整体封闭性较强，因而导致"外国律师不能获得代理人身份"的规定出现。这就导致设有驻华代表机构的外国律师事务所不能参与仲裁，没有驻华代表机构的外国律师事务所反而无所约束；外国公民不可以做仲裁律师，却可以成为仲裁员。综上所述，这些规定在某种程度上是前后矛盾的，因而也是不合理的。

从实践来看，外国律师事务所认为出具关于中国法律环境影响报告以及对客户解释中国法律的情况"无可厚非"，并认为出具的中国法律环境影响报告以及对客户解释中国法律并非有关中国法律的正式意见，也不会在报告或者类似文件上表明或标注"外国律师事务所驻华代表机构或者代表对有关中国法律环境正式意见"之类的字样。[①] 2013年"陕西昌盛实业集团有限公司请求北京市第一中级人民法院撤销中国国际经济贸易仲裁委员会作出的（2013）中国贸仲京裁字第0223号裁决书"一案的裁决文书集中反映了这些问题以及国内司法系统的态度。[②]

陕西昌盛实业集团有限公司在申诉中提出："Maf Agrobotic 在仲裁过程中委托外国律师以律师身份参与仲裁，违反程序性法律规定。"该公司为此所提供的证据是 Maf Agrobotic 提请仲裁时的仲裁申请书，称该申请书落款处在 Bruno Lefebure 和

---

① 参见全海龙：《法国籍华人律师陶景洲：别将蛋糕拱手让人》，http://www.acla.org.cn/article/page/detailById/15906，访问日期：2018年1月10日。
② 具体信息可见（2013）中国贸仲京裁字第0223号和（2013）一中民特字第6539号。

Nicolas Coster 二人名字前面写有"法国百能律师事务所"的名称，由此认为此二人是以律师身份代理仲裁案件。Maf Agrobotic 对此的回答以及北京市第一中级人民法院的裁决，反映了国内外实务界对"外国律师以律师身份参与仲裁"的态度和习惯做法。

Maf Agrobotic 答辩称：(1)"外国律师是否可以以公民身份担任仲裁代理人"不是程序问题，与程序问题违法与否无任何关联。(2) 对于外国律师是否可以以公民身份担任仲裁代理人，仲裁规则中有明确规定。Maf Agrobotic 在仲裁过程中也已经向仲裁庭提出过这一问题，仲裁庭已经作出相关决定。仲裁庭对陕西昌盛实业集团有限公司所提异议的处理不存在程序违法。Bruno Lefebure 和 Nicolas Coster 作为外国公民，并非以律师身份作为 Maf Agrobotic 的仲裁代理人。在仲裁文件上载明的此二人的相关信息，系对其个人情况的说明和作为联络地址的载明，而不能作为其以何种身份参与仲裁的证据。综上，仲裁庭作出的裁决无任何违反法定程序之处，陕西昌盛实业集团有限公司申请撤销裁决书的主张无任何事实依据，请求法院予以驳回。

关于陕西昌盛实业集团有限公司提出的"Maf Agrobotic 在仲裁过程中委托外国律师以律师身份参与仲裁，违反程序性法律规定"的问题，北京市第一中级人民法院审理认为：在 Maf Agrobotic 否认 Bruno Lefebure 和 Nicolas Coster 系以律师身份作为其仲裁代理人的情况下，陕西昌盛实业集团有限公司应对该主张承担举证责任。陕西昌盛实业集团有限公司为此所提供的唯一证据就是 Maf Agrobotic 提请仲裁时的仲裁申请书，称该申请书落款处在 BrunoL Efebure 和 Nicolas Coster 二人名字前面写有"法国百能律师事务所"的名称，由此认为此二人是以律师身份

第四章
全球化时代之中国法律服务业开放

代理仲裁案件。Maf Agrobotic 辩称,在此二人名字前面写有律师事务所名称,只是对其身份的介绍,表明其所在的工作单位,并不表示其以律师身份代理仲裁案件。因此,北京市第一中级人民法院认为:"在仲裁申请书中反映的代理人名字前面写有某律师事务所的名称,并不等同于该代理人就是以该律师事务所的律师身份代理仲裁案件。因此,陕西昌盛实业集团有限公司所提供的上述证据并不足以证明其主张,其主张缺乏事实依据。"

因此,可以得出结论:在《外国律师事务所驻华代表机构管理条例》和《司法部关于执行〈外国律师事务所驻华代表机构管理条例〉的规定》不修改或者没有更高层阶法律法规出台的情况下,外国律师还将继续以比较"尴尬"的身份参与仲裁案件。

除了上述诸多限制之外,中国有些政策对法律服务业开放还存在"隐形限制"。这里以经济中心上海为例,毕业生落户需要有"三方协议",由于外国律师事务所驻华代表机构不属于法人单位,因此非上海生源高校毕业生如果加入外国律师事务所驻华代表机构,就不具有落户上海的申请资格。① 户籍制度与购房、医疗/社会保险、子女上学等"人生大事"直接挂钩,无法落户对那些有意愿继续在上海生活和工作的法学院毕业生是一个"巨大的难题"。

---

① 具体信息可见《关于做好 2018 年非上海生源应届普通高校毕业生进沪就业工作的通知》(沪教委学〔2018〕24 号),http://www.shmec.gov.cn/html/xxgk/201805/405012018003.html,访问日期:2018 年 5 月 14 日。

第三节　自由贸易试验区建设促成中国法律服务业新一轮开放

《外商投资产业指导目录（2015年修订）》特别备注："《内地与香港关于建立更紧密经贸关系的安排》及其补充协议、《内地与澳门关于建立更紧密经贸关系的安排》及其补充协议、《海峡两岸经济合作框架协议》及其后续协议、我国与有关国家签订的自由贸易区协议、投资协定另有规定的，从其规定。"这样的规定既是考虑未来的制度创新，也是对现实的一个回应。

作为"一国两制三法系四法域"的国家，在一个主权下，中国内地、香港、澳门和台湾分别以单独关税区身份成为WTO成员方，彼此之间签订的贸易协定也被视作自由贸易协定的一种。[①] 就法律服务业而言，国内市场开放有两个层次：第一个层次是通过实施《内地与香港/澳门关于建立更紧密经贸关系的安排》具体条款的形式进行；第二个层次是在实施《内地与香港/澳门关于建立更紧密经贸关系的安排》的基础上，广东省在自由贸易试验区内进一步扩大法律服务业开放，而上海自由贸易试验区又以两者的法律服务创新实践为基础，继续扩大法律服务市场开放。不论是《内地与香港/澳门关于建立更紧密经贸关系的安排》有关法律服务业开放的条款，还是广东、上海自由贸易试验区的具体规范和措施，都逐步被纳入内地新签订的自由（服务）贸易协定中。这些条款、规范和措施主要以律师作为被规制的主体，同

---

① 在中国自由贸易区服务网上，"内地与港澳之间更紧密经贸关系安排"被列于"已签协议的自贸区"之下。具体信息可见中国自由贸易区服务网：http://fta.mofcom.gov.cn，访问日期：2018年3月13日。

第四章
全球化时代之中国法律服务业开放

时也包括公证员（人）等主体。

《内地与香港/澳门关于建立更紧密的经贸关系的安排》涵盖的协议很多，既包括内地与港澳于 2003 年分别签署的《内地与香港关于建立更紧密经贸关系的安排》和《内地与澳门关于建立更紧密经贸关系的安排》，也包括以这两个协定为基础的补充协议（从 2004 年起，内地与港澳每年签署一份补充协议），还包括内地与港澳于 2014 年分别签署的《〈内地与香港关于建立更紧密经贸关系的安排〉关于内地在广东与香港基本实现服务贸易自由化的协议》和《〈内地与澳门关于建立更紧密经贸关系的安排〉关于内地在广东与澳门基本实现服务贸易自由化的协议》（两者在不同语境下皆可简称《广东协议》）。《内地与香港/澳门关于建立更紧密的经贸关系的安排》最新涵盖的协定包括内地与港澳于 2015 年 11 月分别签署的《〈内地与香港关于建立更紧密经贸关系的安排〉服务贸易协议》和《〈内地与澳门关于建立更紧密经贸关系的安排〉服务贸易协议》。①

单从法律服务业开放的角度而言，《〈内地与香港关于建立更紧密经贸关系的安排〉服务贸易协议》和《〈内地与澳门关于建立更紧密经贸关系的安排〉服务贸易协议》可视为之前各个建立更紧密经贸关系的安排的具体协定（含附件）及广东、上海自由贸易试验区创新规则的进一步延伸和拓展。这两个协议有关法律服务贸易的条款基本一致，包括第 2 条"范围及定义"的内容。内地与港澳之间的服务贸易模式依然采用 GATS 所界定的四种服务贸易模式："本协议所称服务贸易，是指：（一）自一方境内向另一方境内提供服务；（二）在一方境内对另一方的服务消费者

---

① 这些文件的全文可见中国自由贸易区服务网：http://tga.mofcom.gov.cn/article/zt_cepanew/，访问日期：2018 年 2 月 20 日。

提供服务；（三）一方的服务提供者通过在另一方境内的商业存在提供服务；（四）一方的服务提供者通过在另一方境内的自然人存在提供服务。上述（一）（二）（四）统称为跨境服务。"

《〈内地与香港/澳门关于建立更紧密经贸关系的安排〉服务贸易协议》在"关于'服务提供者'定义及相关规定"（附件3）中均明确："除非本协议及其附件另有规定，本协议及其附件中的'服务提供者'指提供服务的任何人，其中：（一）'人'指自然人或法人；（二）'自然人'：1. 对内地而言，指中华人民共和国公民；2. 对香港/澳门而言，指中华人民共和国香港/澳门特别行政区永久性居民；（三）'法人'指根据内地或香港/澳门特别行政区适用法律适当组建或设立的任何法律实体，无论是否以营利为目的，无论属私有还是政府所有，包括任何公司、基金、合伙企业、合资企业、独资企业或协会（商会）。"

根据《〈内地与香港/澳门关于建立更紧密经贸关系的安排〉服务贸易协议》附件1"内地向香港/澳门开放服务贸易的具体承诺"，国内对法律服务（CPC 861）商业存在模式（保留）的限制性措施（负面清单）主要体现在国民待遇方面："1. 独资设立的代表机构不得办理涉及内地法律适用的法律事务，或聘用内地执业律师。2. 与内地方以合作形式提供法律服务限于：1）可由内地律师事务所向香港/澳门律师事务所驻内地代表机构派驻内地执业律师担任内地法律顾问，或由香港/澳门律师事务所向内地律师事务所派驻香港/澳门律师担任涉港/澳或跨境法律顾问。2）内地律师事务所和已在内地设立代表机构的香港/澳门律师事务所按照协议约定进行联合经营的，在各自执业范围、权限内以分工协作方式开展业务合作。3）在广州市、深圳市、珠海市与内地方以合伙方式联营，联营方式按照司法行政主管部门批准的具体规定执行。"

第四章
全球化时代之中国法律服务业开放

《〈内地与澳门关于建立更紧密经贸关系的安排〉服务贸易协议》附件1表2"跨境服务开放措施（正面清单）"①将之前《内地与澳门关于建立更紧密经贸关系的安排》中有关跨境服务开放措施的内容重新归纳。根据这份附件，内地对澳门在法律服务业开放方面的具体承诺为："1. 允许内地律师事务所聘用澳门执业律师，被内地律师事务所聘用的澳门执业律师不得办理内地法律事务。② 2. 允许澳门永久性居民中的中国公民按照《国家司法考试实施办法》参加内地统一司法考试，取得内地法律职业资格。③ 3. 允许第2条所列人员取得内地法律职业资格后，按照《中华人民共和国律师法》，在内地律师事务所从事非诉讼法律事务。④ 4. 澳门律师⑤因个案接受内地律师事务所请求提供业务协助，可不必申请澳门法律顾问证。⑥ 5. 获准在内地执业的澳门居民，只能在一个内地律师事务所执业，不得同时受聘于外国律师事务所驻华代表机构或澳门律师事务所驻内地代表机构。⑦ 6. 允许取得内地律师资格或者法律执业资格并获得内地律师执业证书的澳门居民，以内地律师身份从事涉澳民事诉讼代理业务，具体可从事

---

① 全文可见商务部台港澳司网站：http://tga.mofcom.gov.cn/article/zt_cepanew/afwmyxy/201511/20151101196718.shtml，访问日期：2018年2月19日。
② 涵盖《内地与香港/澳门关于建立更紧密经贸关系的安排》中已有开放措施。
③ 涵盖《内地与香港/澳门关于建立更紧密经贸关系的安排》中已有开放措施。《香港特别行政区和澳门特别行政区居民参加国家司法考试若干规定》（2003年司法部令第80号）全文可见中国普法网：http://www.legalinfo.gov.cn/sfks/2004-05/25/content_101780.htm，访问日期：2018年2月18日。
④ 涵盖《内地与香港/澳门关于建立更紧密经贸关系的安排》中已有开放措施。
⑤ 澳门律师执业年限须按照澳门律师公会出具的相关证明中显示的该律师在澳门的实际执业年限计算。
⑥ 涵盖《内地与香港/澳门关于建立更紧密经贸关系的安排》补充协议中已有开放措施。
⑦ 涵盖《内地与香港/澳门关于建立更紧密经贸关系的安排》补充协议二中已有开放措施。

业务按司法行政主管部门有关规定执行。① 7. 允许澳门律师以公民身份担任内地民事诉讼的代理人。② 8. 允许具有 5 年（含 5 年）以上执业经验并通过内地司法考试的澳门执业律师，按照《中华人民共和国律师法》和中华全国律师协会《申请律师执业人员实习管理规则（试行）》的规定参加内地律师协会组织的不少于 1 个月的集中培训，经培训考核合格后，可申请内地律师执业。③ 9. 对澳门律师事务所驻内地代表机构的代表在内地的居留时间不作要求。"④

虽然《〈内地与香港关于建立更紧密经贸关系的安排〉服务贸易协议》⑤ 无类似附件，但是根据《内地与香港关于建立更紧密经贸关系的安排》及其补充协议，以及《〈内地与香港关于建立更紧密经贸关系的安排〉关于内地在广东与香港基本实现服务贸易自由化的协议》，上述内地对澳门的法律服务业开放措施基本上也适用于香港专业服务提供者。两者的区别主要体现于 2006 年《内地与香港关于建立更紧密经贸关系的安排》补充协议三附件"内地向香港开放服务贸易的具体承诺的补充和修正三"中：一是"允许取得内地律师资格或者法律执业资格的香港居民，在内地律师事务所设在香港的分所，按照内地规定的实习培训大纲和实务训练指南进行实习"。内地与澳门之间的自由贸易协定无此内容。二是考虑香港同时存在讼务律师（当地一般称为"大律

---

① 涵盖《内地与香港/澳门关于建立更紧密经贸关系的安排》补充协议三、补充协议八以及《广东协议》中已有开放措施。
② 涵盖《内地与香港/澳门关于建立更紧密经贸关系的安排》补充协议三中已有开放措施。
③ 涵盖《内地与香港/澳门关于建立更紧密经贸关系的安排》补充协议六中已有开放措施。
④ 涵盖《内地与香港/澳门关于建立更紧密经贸关系的安排》补充协议三中已有开放措施。
⑤ 全文及附件可见商务部台港澳司网站：http://tga.mofcom.gov.cn/article/zt_cepanew/afwmyxy/，访问日期：2017 年 12 月 19 日。

第四章
全球化时代之中国法律服务业开放

师")和事务律师(当地一般称为"律师")的现实情况,"允许香港大律师以公民身份担任内地民事诉讼的代理人"。① 同时,2006 年《〈内地与香港/澳门关于建立更紧密经贸关系的安排〉补充协议三》附件"内地向香港/澳门开放服务贸易的具体承诺的补充和修正三"② 已经明确:"对与香港/澳门律师事务所进行联营的内地律师事务所的专职律师人数不作要求。"

除此之外,《内地与澳门关于建立更紧密经贸关系的安排》将法律服务市场开放延伸到公证领域。2003 年《内地与澳门关于建立更紧密经贸关系的安排》附件 4 "关于开放服务贸易领域的具体承诺"③ 就"允许对经培训合格的澳门律师,授予内地认可的公证人资格"。这也是考虑到澳门公证制度的特殊性。

与仲裁一样,公证也是常见的法律服务之一。财产交易、继承、离婚以及公司法领域的合并和收购都需要公证活动。在一些国家,由律师或者其他公职人员提供公证活动;而在另一些国家,特别是欧洲和南美洲的拉丁语系国家,公证活动则交给独立的法律专业人士——公证员。虽然存在区别,但是在这两种情况

---

① 由于历史上的特殊原因,香港律师制度保留了普通法系下最传统的"分流制"(split profession)。大律师和律师其实是两种不同的职业,无高低之分,只是执业范围不同。大律师又称"讼务律师",在民间俗称"大状",专门从事法庭的诉讼辩护,在法庭上享有充分的发言权,可以在所有香港法院审理的案件中代表当事人出庭应讯,还可以接受聘请就涉及诉讼的问题(如是否提起)或者其他专门法律问题提供专业意见。律师又称"事务律师",专门从事非诉讼业务及部分诉讼业务。在诉讼中,律师出庭时的发言权受到限制,而且只能在一些特定的低阶法庭出庭。
② 2006 年《〈内地与香港关于建立更紧密经贸关系的安排〉补充协议三》附件"内地向香港开放服务贸易的具体承诺的补充和修正三"全文可见商务部台港澳司网站:http://tga.mofcom.gov.cn/article/zt_cepanew/gbcxy/200612/20061204153438.shtml,访问日期:2017 年 12 月 19 日。2006 年《〈内地与澳门关于建立更紧密经贸关系的安排〉补充协议三》附件"内地向澳门开放服务贸易的具体承诺的补充和修正三"全文可见商务部台港澳司网站:http://tga.mofcom.gov.cn/article/zt_cepanew/abcxy/200612/20061204153461.shtml,访问日期:2017 年 12 月 19 日。
③ 全文可见商务部网站:http://images.mofcom.gov.cn/www/table/mo_4.pdf,访问日期:2017 年 12 月 19 日。

下进行公证的法律专业人士都可以视作政府官员。由于公证员经常扮演公共角色,因此公证活动没有处在法律服务自由化的前沿。特别是在那些将公证活动单独作为一种法律职业的国家,公证员资格中往往含有国籍要求。① 一些国家认为公证服务是"政府机关提供的服务",将其视作与司法有关的法律服务。但是,与法官、法院书记员、检察官以及公务员不同,由于公证员经常以"商业基础"提供服务,因此GATS将其纳入专业服务人员的范围并予以规制。

在一些英美法系国家,公证服务可以由律师等民间主体提供;而在一些大陆法系国家,公证服务主要由公权力提供,公证员(人)具有公务员属性。澳门特别行政区的公证制度源于葡萄牙,属于拉丁公证体系,因夹杂本地民法的特别规定而具有复杂性。目前,澳门公证执业主体主要包括四类,分别是公共公证员、私人公证员、专责公证员和由司法部任命的委托公证员。根据《澳门公证法典》第2条和第3条,具有公证职能之专职机构为公共公证员和私人公证员。在例外情况下,专责公证员和就特定行为获法律赋予公证员权限之其他主体可以行使公证职能。公共公证员具有公务员身份,在公证署中执业。私人公证员是为了分担和缓解公证署的工作压力,于1991年作为一种新的公证执业主体而设立的,并由《私人公证员通则》加以规范。私人公证员与公共公证员在身份上有较大差异,其基础身份是律师,而非公务员。根据《澳门公证法典》,专责公证员是就特定行为获法律赋予公证员权限且具有法律学士学位的公共机关的公务员、服务

---

① See World Trade Organization, Legal Service: Background Note by the Secretariat, S/C/W/43, July 6, 1998, para. 13.

人员或工作人员。①

2014年1月27日,《司法部关于同意在广东省开展内地律师事务所与港澳律师事务所合伙联营试点工作的批复》② 发布。同年8月4日,《广东省司法厅关于香港特别行政区和澳门特别行政区律师事务所与内地律师事务所在广东省实行合伙联营的试行办法》(以下简称《广东试行办法》)③ 和《广东省司法厅关于内地律师事务所向香港律师事务所驻粤代表机构派驻内地律师担任内地法律顾问试点工作的实施办法》(以下简称《广东实施办法》)④ 出台。《广东试行办法》和《广东实施办法》中的措施主要在广州南沙、深圳前海、珠海横琴三地的自由贸易试验区(片区)实施。这些措施对应的是《内地与香港/澳门关于建立更紧密经贸关系的安排》补充协议八关于"密切内地与香港/澳门律师业的合作,探索完善两地律师事务所联营方式"的开放措施。

表4-2 《广东试行办法》和《广东实施办法》中的创新规则和措施(2014年)

内容	形式
合伙联营	1. 一家或多家香港或澳门律师事务所与一家内地律师事务所,在广东省内组建合伙型联营律师事务所,以联营律师事务所的名义对外提供法律服务,承担法律责任。 2. 联营律师事务所采用特殊普通合伙形式设立。⑤

---

① 参见张雪松:《澳门公证执业主体概述》,载《中国公证》2016年第7期,第69—70页。
② 全文可见司法部律师公证工作指导司网站:http://www.moj.gov.cn/lsgzgzzds/content/2015-04/21/content_6052538.htm?node=278,访问日期:2018年2月23日。
③ 全文可见广东省司法厅网站:http://zwgk.gd.gov.cn/006940167/201408/t20140820_542636.html,访问日期:2018年2月23日。
④ 全文可见广东省司法厅网站:http://www.gd.gov.cn/govpub/bmguifan/201408/t20140814_201479.htm,访问日期:2018年2月23日。
⑤ 参见《广东试行办法》第2条。

(续表)

内容	形式
出资比例	1. 合伙联营各方的出资额合计不得少于人民币 500 万元，出资方式由联营各方协商确定。联营的香港、澳门一方为一家律师事务所的，其出资比例不得低于 30%，不得高于 49%；为多家律师事务所的，各方出资比例均应当低于内地律师事务所的出资比例。 2. 联营各方出资可实行认缴制。但是，在申请联营时，各方实际出资不得少于认缴额的 30%，其余应在联营获准后 3 年内缴齐。①
派驻律师	1. 合伙联营各方派驻联营律师事务所的律师合计不得少于 10 人。各方派驻律师数量由联营各方协商确定。联营各方在派驻的律师中应指定 1 名牵头负责的律师。 2. 联营各方派驻律师的执业经历不得少于 3 年，且派驻前 2 年内未受过行政处罚或者行业处分。 3. 联营律师事务所的负责人，应当在内地律师事务所的派驻律师中产生，但是应得到其他各方的认可。 4. 香港、澳门律师事务所派驻的律师，可以是香港、澳门本地律师，也可以是其聘用并在香港、澳门注册的外国律师。派驻律师不得同时在本所驻内地代表机构兼任代表，不得同时受聘于外国律师事务所驻华代表机构。②
业务范围	联营律师事务所可以受理、承办民商事领域的诉讼、非诉讼法律事务，不得受理、承办涉及内地法律适用的刑事诉讼、行政诉讼法律事务。③
法律顾问	1. 符合条件的内地律师事务所可以与一家至三家香港律师事务所签订协议，向其驻粤代表机构派驻本所律师担任内地法律顾问。④ 2. 符合条件的内地律师只能被派驻一家香港律师事务所驻粤代表机构担任内地法律顾问。⑤ 3. 香港法律执业者和澳门执业律师可以受聘于内地律师事务所担任法律顾问。⑥

---

① 参见《广东试行办法》第 8 条。
② 参见《广东试行办法》第 9 条。
③ 参见《广东试行办法》第 20 条。
④ 参见《广东实施办法》第 3 条。
⑤ 参见《广东实施办法》第 4 条。
⑥ 参见《香港法律执业者和澳门执业律师受聘于内地律师事务所担任法律顾问管理办法》，全文可见中央人民政府驻香港特别行政区联络办公室网站：http://www.locpg.gov.cn/fuzn/2013-03/27/c_125939365.htm，访问日期：2018 年 2 月 23 日。

第四章
全球化时代之中国法律服务业开放

与广东省类似，上海自由贸易试验区法律服务业创新的方向也是瞄准"一站式"法律服务。2014年1月27日，司法部作出《司法部关于同意在中国（上海）自由贸易试验区探索密切中外律师事务所业务合作方式和机制试点工作方案的批复》①。同年11月18日，上海市人民政府办公厅转发市司法局制定的《中国（上海）自由贸易试验区中外律师事务所互派律师担任法律顾问的实施办法》（以下简称《法律顾问实施办法》）和《中国（上海）自由贸易试验区中外律师事务所联营的实施办法》（以下简称《联营实施办法》）②。法律服务业作为上海自由贸易试验区首批23项服务业扩大开放措施涉及的领域之一，其变化主要体现在两个方面：一方面，将广东省允许港澳律师事务所与内地律师事务所联营的措施扩大到自由贸易试验区内的外国律师事务所。③另一方面，将内地律师事务所与香港律师事务所之间互派法律顾问的模式扩大到中外律师事务所之间。④目前，上海自由贸易试验区可以实施中外律师事务所联营和互派法律顾问政策。

---

① 全文可见司法部网站：http://www.moj.gov.cn/lsgzgzzds/content/2015-04/21/content_6052539.htm?node=278，访问日期：2018年2月23日。
② 全文可见商务部网站：http://tradeinservices.mofcom.gov.cn/local/2014-11-26/256044.shtml，访问日期：2018年2月23日。
③ 根据司法部的《外国律师事务所驻华代表机构管理条例》和《香港、澳门特别行政区律师事务所驻内地代表机构管理办法》，不管是外国律师事务所，还是港澳律师事务所，它们与内地律师事务所的合作只能是委托关系，表现为签订单项法律事务委托协议或者长期法律事务委托协议。
④ 根据《香港法律执业者和澳门执业律师受聘于内地律师事务所担任法律顾问管理办法》，澳门律师可以受聘于内地律师事务所担任法律顾问，而内地律师不允许到澳门所驻内地代表机构担任法律顾问，这是一种"单向"模式。《法律顾问实施办法》第19条规定："中国香港、澳门特别行政区律师事务所申请参加试点工作的，参照本办法执行。"

法律服务业开放的规则研究

表 4-3　上海自由贸易试验区法律服务业在互派法律顾问和联营方面的主要规则

内容	形式
中国律师事务所要求	（一）成立满 3 年； （二）采用合伙形式； （三）有专职执业律师 20 人以上； （四）具有较强的法律服务能力，内部管理规范； （五）最近 3 年内未受过行政处罚或行业处分； （六）总所设在上海（含自贸区），或者总所设在其他省、自治区、直辖市，但是已在上海（含自贸区）设立分所。① 中国律师事务所分所不得作为联营一方的主体申请联营。②
外国律师事务所要求	（一）已在上海设立代表机构满 3 年，或者已在其他城市设立代表机构满 3 年且已在上海（含自贸区）设立代表机构； （二）已设立的代表机构最近 3 年内未受过中国监管部门行政处罚。③ 外国律师事务所驻华代表机构不得作为联营一方的主体申请联营。④
中国律师要求	（一）具有 5 年以上在中国专职执业经历； （二）具有较强的办理内地及涉外法律事务的能力； （三）最近 3 年内未受过行政处罚或者行业处分。⑤
外国律师要求	（一）具有 5 年以上在外国律师执业经历； （二）具有较强的办理所在国及国际法律事务的能力； （三）最近 3 年内未受过执业地所在国及中国律师监管部门的行政处罚或行业处分。⑥

---

① 参见《法律顾问实施办法》第 3 条。
② 参见《联营实施办法》第 3 条。
③ 参见《法律顾问实施办法》第 4 条。
④ 参见《联营实施办法》第 4 条。
⑤ 参见《法律顾问实施办法》第 5 条。
⑥ 参见《法律顾问实施办法》第 6 条。

(续表)

内容	形式
数量要求	中国或外国律师事务所只能与一家外国或中国律师事务所建立互派法律顾问的法律关系/联营合作关系，互派法律顾问/联营应当经过市司法局备案。 中国律师事务所和外国律师事务所互派法律顾问的数量不得超过 3 名。 参与互派法律顾问/联营试点的中外律师事务所，不得与第三方律师事务所及其分所（或代表机构）建立联营合作关系/互派律师担任法律顾问合作关系。①

2015 年 8 月 13 日，上海市浦东新区市场监管局公布了一系列市场准入便利化意见，其中包括允许上海自由贸易试验区内的律师事务所将其办公场所作为企业住所进行登记。这项改革借鉴了香港特别行政区以律师事务所作为企业通信以及法律文书送达地址的成熟经验，旨在推动浦东新区进一步对标国际通行规则。根据规定，在香港注册的有限公司必须有公司秘书这样一个法定岗位。公司秘书可以是自然人，也可以是法人团体。在实际运作中，一些公司，尤其是离岸公司，会选择律所作为自己的公司秘书。对于律师事务所来讲，这也是一个非常成熟的业务模式。②

2016 年 1 月 15 日，上海市浦东新区市场监督管理局下发了《关于允许上海通力等律师事务所将其办公场所作为企业集中登记地的通知》，配合 2015 年 9 月出台的《浦东新区关于贯彻〈上海市企业住所登记管理办法〉的实施意见》③。根据该通知，上海

---

① 参见《法律顾问实施办法》第 7 条和《联营实施办法》第 5 条。
② 参见佚名：《浦东新区关于贯彻上海市企业住所登记管理办法的实施意见的解读》，http：//www.pudong.gov.cn/shpd/InfoOpen/Detail.aspx? Id = 659637。具体信息可见佚名：《上海浦东：企业住所可登记在律师事务所》，http：//www.fdi.gov.cn/18000 00121_21_82667_0_7.html，访问日期：2017 年 12 月 1 日。
③ 全文可见上海浦东网：http：//www.pudong.gov.cn/shpd/InfoOpen/Critericon-File.aspx? Id=492，访问日期：2017 年 12 月 25 日。

自由贸易试验区内共计 7 家律师事务所获得此项资质。要取得工商企业营业执照，住所是必备项。企业在设立之初，就要找到一个合适的地点作为住所。不过，这个过程有时候并不那么容易。放宽市场主体住所登记条件，是商事制度改革的一项重要内容，对于降低市场主体设立门槛，促进"大众创业、万众创新"具有重要意义。这是上海首开内地先河的做法，选择了自由贸易试验区做试点。

第四节　自由贸易试验区法律服务业新规则的实际效果欠佳

国内法律服务业规则创新既存在于自由贸易协定文本中，也体现在自由贸易试验区规范性文件上。上海市政府于 2014 年 11 月 18 日出台的《法律顾问实施办法》和《联营实施办法》可谓此前国内法律服务业规则的集大成者，在探索中外律师事务所业务合作等方面具有自己的特色。然而，无论是从实际效果来看，还是与 TiSA、TPP 文本相比较，自由贸易试验区的法律服务业开放规则都存在较多限制，主要体现在市场准入、国民待遇和国内规制三个方面。

虽然部分媒体把上述新规称作"上海自由贸易试验区法律服务对外开放迈出重要一步"[①]，但是从实际效果来看，影响并不大。根据司法部公布的统计数据，1992—2012 年，平均每年有 12 家外国律师事务所在中国设立代表处，但是平均每年有 7 家国际

---

① 佚名：《中外律师事务所可在上海自贸区内联营》，载《大众日报》2014 年 11 月 27 日第 9 版。

律师事务所关闭驻华代表机构，主要原因是合并或者破产。例如，2005年8月，美国高特兄弟律师事务所解散；2012年5月，美国杜威路博律师事务所解散。2012年，有174家外国律师事务所在中国设立了228个代表机构。尽管与同年注册的19361家中国律师事务所（数据来自2013年司法部报告）相比，这是一个微不足道的数量，但是与1992年12家外国律师事务所驻华代表机构相比，算是很"庞大"了。其中，57%的外国律师事务所来自美国（81家）和英国（19家），其他国家包括澳大利亚（7家）、德国（9家）、法国（7家）和日本（15家）等。超过九成的外国律师事务所驻华代表机构设立在北京和上海。从2004年起，上海一直是外国律师事务所驻华代表机构设立最多的城市。2013—2017年，司法部登记的外国律师事务所维持在180家左右。同时，这也说明上海自由贸易试验区法律服务业开放未带来外国律师事务所驻华代表机构数量的大幅增加。

根据2017年汤森路透旗下《亚洲法律杂志》（*Asian Legal Business*）发布的"中国国际30强"榜单，单纯从人数规模来看，外国律师事务所在中国的办公人数并不多，团队较为精干，与当前日益扩张、动辄几百上千人的国内律师事务所相去甚远。

表4-4 国内大型律师事务所人数（2017年）[①]

排名	律所	合伙人	律师	律师总数
1	盈科	1860	3602	5462
2	大成	1547	3360	4966
3	德恒	482	1812	2446

---

① 参见王聘远、林戈：《上海自贸区四家联营》，https://www.zhihedongfang.com/49699.html，访问日期：2018年4月11日。

(续表)

排名	律所	合伙人	律师	律师总数
4	锦天城	508	1480	1988
5	中伦	372	1276	1658
6	金杜	326	1275	1645
7	国浩	400	1200	1600
8	中银	303	1109	1412
9	北京德和衡	102	1059	1161
10	中伦文德	402	712	1147
11	隆安	150	850	1100

注:"律师总数"指的是合伙人、律师、法律顾问、咨询顾问和外籍法律顾问的总人数。表 4-5 亦同。

表 4-5 大型外国律师事务所驻华代表机构人数（2017 年）[①]

排名	律所	合伙人	律师	律师总数
1	贝克麦坚时	15	58	77
2	欧华	13	49	62
3	西盟斯	28	12	58
4	年利达	6	51	57
5	摩根路易斯	10	11	56
6	高伟绅	9	37	53
7	霍金路伟	11	41	52
8	众达	10	20	36
9	CMS 中国	6	22	28
10	史密夫斐尔	6	20	27

---

① 参见王聘远、林戈:《上海自贸区四家联营》,https://www.zhihedongfang.com/49699.html,访问日期:2018 年 4 月 11 日。

第四章
全球化时代之中国法律服务业开放

此外,根据上海市司法局 2014 年 12 月公布的数据,上海地区当时有 153 家外国律师事务所驻华代表机构(含港澳地区)。虽然有七成内资律师事务所不符合互派律师担任法律顾问或者联营的要求,但是以超过 1300 家内资律师事务所(含分所)的规模,① 在《法律顾问实施办法》和《联营实施办法》公布后四年的时间里,仅成立五家联营律师事务所:第一家是奋迅·贝克麦坚时联营办公室,成立于 2015 年 4 月,由北京市奋迅律师事务所与美国贝克麦坚时律师事务所合作形成。② 第二家是瀛泰夏礼文联营办公室,于 2016 年 3 月对外营业,由上海瀛泰律师事务所与英国夏礼文律师事务所合作形成。第三家是联合信实·霍金路伟联营所,于 2016 年 9 月 30 日获得上海市司法局批准,申请来自总部位于厦门的福建联合信实律师事务所与霍金路伟律师事务所。③ 第四家是观韬中茂亚司特(上海自由贸易试验区)联营办公室,其开业仪式于 2018 年 2 月 8 日在上海金茂大厦举行,由北京观韬中茂律师事务所与澳大利亚亚司特律师事务所(上海自由贸易试验区)合作而成。④ 2018 年 6 月 28 日,上海昭胜律师事务所与英国年利达国际律师事务所举行了剪彩仪式,于是上海自由贸易试验区出现了第五家中外联营律师事务所。⑤

就国内而言,中资所的国际化道路有六种不同的模式。由于

---

① 参见王风梅:《自贸区中外律所互派律师、联营焦点十问》,http://www.lvshimen.com/news.asp?id=101152,访问日期:2018 年 3 月 11 日。
② 2016 年 4 月,渣打银行中国有限公司为奋迅·贝克麦坚时在上海自贸区开立银行账户。这是《联营实施办法》颁布以来开立的首个中外律所联营办公室账户。
③ 具体信息可见佚名:《联合信实·霍金路伟联营所开业 福建首家》,http://www.acla.org.cn/article/page/detailById/10326,访问日期:2018 年 3 月 11 日。
④ 具体信息可见王聘远、林戈:《上海自贸区四家联营》,https://www.zhihedongfang.com/49699.html,访问日期:2018 年 4 月 11 日。
⑤ 具体信息可见佚名:《第五家中外联营所来了!》,http://tech.ecst.com.cn/itis/201807/weixin_22414.html,访问日期:2018 年 8 月 1 日。

自由贸易试验区法律服务创新规则并未体现自己的优势，因此多年来只有五家联营律师事务所，而且是来自美国或者英国的律师事务所。

第一种模式是坚持以"直投"模式进军国外法律市场，即直接在当地选址、注册，开设办公室。国内一些综合性大所，如君合律师事务所、金杜律师事务所、中伦律师事务所等均采取这一模式。

第二种模式是以"瑞士法人结构"（Swiss Verein Structure）与国外律师事务所联营。2015年1月，大成律师事务所与Dentons律师事务所依照流行的"瑞士法人结构"组成联合体，① 按照"一个律师事务所"的原则组建联合管理团队。新律所的中文名称为"大成"，在英文和其他语言中使用"Dentons"的名称。新律所在全球设有100多个办公室，拥有超过6500名律师，遍及五大洲50多个国家和地区，成为全球人数最多的律师事务所。②"瑞士法人结构"规定在《瑞士民法典》第二章第二节"社团法人"下（第60—79条）。瑞士法人社团的成立并不需要登记，自表示成立意思的章程做成时，社团即可取得独立的法人资格；如果该社团（以自身名义）从事商业营利性活动，则必须在官方的商业登记簿上登记。"瑞士法人结构"下的律师事务所的关系较为松散，类似《瑞士民法通则》第53条规定的"合同型联营"。"瑞士法人结构"为不少大型英美律师事务所和四大会计师事务所在其全球扩张的过程中采用。中资所中，最著名的是"金杜联盟"和"大成联盟"。各个加盟律师事务所在同一名称下保持一

---

① 2004年，美国贝克麦坚时律师事务所最先采用"瑞士法人结构"与其他律师事务所进行合作。此后，有多家大型外国律师事务所采用"瑞士法人结构"。
② 参见佚名：《大成与Dentons联手打造世界最大律师事务所》，http://www.dachengnet.com/cn/news/dachengNews/33589.html，访问日期：2018年2月15日。

定程度的独立性,相互不存在委托代理法律关系,不用为联盟内的其他成员的债务或责任承担连带责任。在整个联盟内部,分权管理、分散控制,只接受成员单位所在国的法律管辖。

第三种模式是与外国律师事务所联盟。这种联盟不是"瑞士法人结构"下的联盟,而是纯粹的协议安排下的联盟。例如,安杰律师事务所与英国肯尼狄律师事务所在2015年年初签订了战略合作协议。① 2015年4月,汉坤律师事务所宣布与意大利GOP律师事务所达成协议联盟。② 汉坤律师事务所采用了与安杰律师事务所近似的方法:外国律师事务所不再开设驻华办公室,而是共用中方办公室。值得一提的是,观韬中茂律师事务所与澳大利亚亚司特律师事务所的联盟协议属于排他协议。这意味着,观韬中茂律师事务所在国际上只有亚司特这一家联盟律师事务所,而亚司特律师事务所在中国也只有观韬中茂律师事务所作为联盟方,双方在业务合作中享有绝对的优先级。2017年5月底,双方的联盟协议到期,观韬中茂律师事务所的管理层赴悉尼,与亚司特律师事务所续签第四期联盟协议,有效期长达6年。2018年已是观韬中茂律师事务所与亚司特律师事务所联盟的第十个年头。③

第四种模式是加入国际律师联盟,与组织成员合作。例如,

---

① 参见佚名:《签订国际合作协议,安杰律师事务所强化国际市场地位》,http://www.anjielaw.com/news_detail/newsId=148.html,访问日期:2018年2月19日。
② 参见佚名:《汉坤宣布与意大利律所Gianni, Origoni, Grippo, Cappelli & Partners 达成联盟》,http://www.hankunlaw.com/newsAndInsights/newsDetail.html? id=531de3894ff81393014ffe64381b021e&keyword=&pageIndex=8,访问日期:2018年2月19日。
③ 参见佚名:《观韬中茂亚司特(上海自贸区)联营办公室正式开业》,http://www.guantao.com/news_view.aspx? TypeId=5&Id=1306&Fid=t2:5:2,访问日期:2018年3月19日。

2010年4月，中伦文德正式加入国际律师联盟（Interlaw）。①再如，君合律师事务所是两大国际律师协作组织 Lex Mundi 和 Multilaw 的中国合作成员，同时还与亚欧主要国家一些优秀的律师事务所建立"好友"（Best Friends）协作伙伴关系。又如，段和段律师事务所于2006年加入国际律师事务所的联盟 US Law Network。该联盟以美国律师事务所为主，大家在此平台上互通有无，交流信息，进行业务上的合作。②

第五种模式是吸引当地小型律师事务所加盟。在这一模式下，双方对外使用中国律师事务所的品牌，对内在财务上彼此独立，每笔业务收入都以加盟律师事务所的贡献率进行共享。③

第六种模式是吸收合并境外一家中小型律师事务所。在这一模式下，境外律师事务所直接被吸收为中国律师事务所在当地的办公室，统一使用中国律师事务所的品牌，由中国律师事务所统一管理。④

表4-6 在中国备案的外国律师事务所数量（1992—2002年）⑤

年份	1992	1993	1994	1995	1996	1997	1998	1999	2000	2001	2002
数量	7	26	26	41	60	61	80	94	105	101	105

---

① 具体信息可见中伦文德律师事务所网站：http://www.zhonglunwende.com/class/112，访问日期：2018年3月19日。

② 具体信息可见君合律师事务所网站：http://www.junhe.com，访问日期：2018年3月19日。

③ 参见王聘远、林戈：《上海自贸区四家联营》，https://www.zhihedongfang.com/49699.html，访问日期：2018年4月11日。

④ 同上。

⑤ 根据司法部的规定，境外律师事务所可在境内多个城市设立代表机构，同时需要年检。司法部每年公布的境外律师事务所代表机构包括外国律师事务所驻华代表机构和港澳律师事务所驻内地代表机构。每年通过年检的外国律师事务所驻华代表机构的名称、地址、数量等具体信息可在下一年于司法部网站上查阅。

表 4-7　外国律师事务所驻华代表机构分布（2013 年和 2016 年）①

地点		上海	北京	广东	辽宁	天津	福建	山东	浙江
代表机构数量	2013 年	125	91	8	2	2	1	1	1
	2016 年	126	85	7	2	2	1	0	0

虽然中国自由贸易试验区法律服务业规则创新来自自由贸易协定，但是就法律服务业开放而言，与其他国家和地区已经实施的自由（服务）贸易协定相比并无创新之处，只是将《内地与香港/澳门关于建立更紧密的经贸关系安排》与自由贸易试验区的内容和措施吸收进协定条款中。

中国—东盟自由贸易区是中国第一个自由贸易区。② 2012 年 5 月 13 日，《中华人民共和国政府、日本国政府及大韩民国政府关于促进、便利和保护投资的协定》于北京正式签署。这是中日韩第一个促进和保护三国间投资行为的法律文件和制度安排。③ 中国还与其他十几个国家签订了自由（服务）贸易协定，既包括发达国家，也包括发展中国家。④ 截至 2018 年 9 月，正在与中国

---

① 该表源自司法部 2014 年 8 月 13 日发布的第 147 号公告，共计 232 家国际律师事务所通过 2013 年度检验，获准在中国境内执业，提供境外法律服务。具体信息可见司法部网站：http://www.moj.gov.cn/lsgzgzzds/content/2014-08/13/content_5719607.htm?node=280，访问日期：2018 年 1 月 12 日。

② 2002 年，中国与东盟启动自由贸易区谈判。2003 年，"早期收获计划"正式实施。双方于 2004 年签署《货物贸易协议》，2007 年签署《服务贸易协议》。2009 年 8 月 15 日，第八次"中国—东盟经贸部长会议"在泰国曼谷举行，时任中国商务部部长陈德铭与东盟 10 国的经贸部长共同签署《中国—东盟自贸区投资协议》，该协议包括 27 个条款。具体信息可见《中国—东盟自贸区〈投资协议〉签署》，http://fta.mofcom.gov.cn/article/zhengwugk/200908/940_1.html，访问日期：2017 年 12 月 13 日。

③ 中日韩投资协定谈判自 2007 年启动后，历时 5 年，三方先后进行了 13 轮正式谈判和数次非正式磋商，于 2012 年 3 月下旬结束。具体信息可见《中日韩三国正式签署投资协定》，http://fta.mofcom.gov.cn/list/zhengwugk/21/catlist.html，访问日期：2017 年 12 月 13 日。

④ 具体信息可见中国自由贸易区服务网：http://fta.mofcom.gov.cn/list/zhengwugk/21/catlist.html，访问日期：2018 年 4 月 13 日。

进行自由贸易谈判的国家有斯里兰卡、以色列、挪威、毛里求斯、摩尔多瓦、巴拿马、巴勒斯坦等。①

表 4-8　与中国签订自由（服务）贸易协定的国家

国家	新西兰	智利	新加坡	巴基斯坦	秘鲁	哥斯达黎加	冰岛	瑞士	韩国	澳大利亚	格鲁吉亚	马尔代夫
签订时间	2008.4.7	2008.4.13	2008.10.23	2009.2.21	2009.4.28	2010.4.8	2013.4.15	2013.7.16	2015.6.1	2015.6.17	2017.5.13	2017.12.7

以 2015 年 12 月 20 日正式生效的《中国—澳大利亚自由贸易协定》②为例，在附件 3-B"服务贸易具体承诺减让表"中，水平承诺包括："在中国，外商投资企业包括外资企业（也称为外商独资企业）和合资企业，合资企业有两种类型：股权式合资企业和契约式合资企业。股权式合资企业中的外资比例不得少于该合资企业注册资本的 25%。由于关于外国企业分支机构的法律和法规正在制定中，因此对于澳大利亚企业在中国设立分支机构不作承诺，除非在具体分部门中另有标明。允许在中国设立外国企业的代表处，但代表处不得从事任何营利性活动，在 CPC 861、862、863、865 下部门具体承诺中的代表处除外。"

在部门承诺中，法律服务（CPC 861）不含中国法律业务。在市场准入限制方面，协定对跨境提供模式和境外消费模式都没有任何限制，而商业存在模式要求："澳大利亚律师事务所仅能以代表处的形式提供法律服务。代表处可从事营利性活动。澳大利亚代表处的业务范围仅限于以下内容：（a）就该律师事务所律师允许从事律师业务的国家/地区的法律及就国际公约和惯例向

---

　　① 具体信息可见中国自由贸易区服务网：http://fta.mofcom.gov.cn/article/zhengwugk/200908/940_1.html，访问日期：2018 年 4 月 13 日。

　　② 全文及附件可见中国自由贸易服务网：http://fta.mofcom.gov.cn/Australia/australia_special.shtml，访问日期：2018 年 4 月 13 日。

客户提供咨询；(b) 应客户或中国律师事务所的委托，处理该律师事务所律师允许从事律师业务的国家/地区的法律事务；(c) 代表外国客户，委托中国律师事务所处理中国法律事务；(d) 订立合同以保持与中国律师事务所有关法律事务的长期委托关系；(e) 提供有关中国法律环境影响的信息。按双方议定，委托允许澳大利亚代表处直接指示受委托的中国律师事务所的律师。澳大利亚律师事务所的代表应为执业律师，为一世贸组织成员的律师协会或律师公会的会员，且在中国境外执业不少于 2 年。首席代表应为澳大利亚律师事务所的合伙人或相同职位人员（如一有限责任公司律师事务所的成员），且在中国境外执业不少于 3 年。"自然人移动模式①保持"除水平承诺中内容外，不作承诺"。在国民待遇限制方面，协定对跨境提供模式和境外消费模式都没有任何限制，而商业存在模式要求："所有代表在华居留时间每年不得少于 6 个月。代表处不得雇用中国国家注册律师。"协定的"其他承诺"反映了国内法律服务业开放的最新规则：一是"根据中国的法律、法规和规章，允许已在中国上海自由贸易试验区设立代表机构的澳大利亚律师事务所在上海自由贸易试验区内与中国律师事务所签订协议，以协议为基础相互派驻律师担任顾问。互派律师是指，中国律师事务所可将其律师派驻到澳大利亚律师事务所担任有关中国法和国际法律实务方面的顾问，澳大利亚律师事务所可将其律师派驻到中国律师事务所担任有关外国法和国际法律实务方面的顾问。双方应在各自独立的商业范围内进行合

---

① 多数中外自由贸易协定把 GATS 第 1 条设计的模式 4 翻译为"自然人流动模式"，如《中国—瑞士自由贸易协定》《中国—哥斯达黎加自由贸易协定》《中国—秘鲁自由贸易协定》《中国—新加坡自由贸易协定》《中国—智利自由贸易协定》和《中国—巴基斯坦自由贸易协定》；而《中国—澳大利亚自由贸易协定》和《中国—韩国自由贸易协定》将模式 4 表述为"自然人移动模式"，《中国—冰岛自由贸易协定》将模式 4 表述为"自然人存在模式"。

作。"二是"根据中国的法律、法规和规章,允许已在中国上海自由贸易试验区设立代表机构的澳大利亚律师事务所在上海自由贸易试验区内与中国律师事务所联营。联营期间,双方的法律地位、名称和财务保持独立,各自独立承担民事责任。联营组织的客户不限于上海。联营组织的澳大利亚律师不得办理中国法律事务。"

《中国—澳大利亚自由贸易协定》之"服务贸易具体承诺减让表"要求:"(a)(澳大利亚)商务访问者每次入境后最长停留期不得超过180天;(b)对于在中华人民共和国领土内已设立代表处、分公司或子公司的澳大利亚公司的经理、高级管理人员和专家等高级雇员,作为公司内部的调任人员临时调动,应允许其入境首期停留3年。"

《中国—韩国自由贸易协定》① 于 2015 年 12 月 20 日正式生效,与《中国—澳大利亚自由贸易协定》相比,虽然在法律服务领域的条款精练很多,但是内容基本一致,也是在 GATS 承诺的基础上,结合《内地与香港/澳门关于建立更紧密经贸关系的安排》和自由贸易试验区的创新规则和实践。

在《中国—韩国自由贸易协定》附件 8-A-2 "中国具体承诺减让表"中,水平承诺包括:"在中国,外商投资企业包括外资企业(也称为外商独资企业)和合资企业,合资企业有两种类型:股权式合资企业和契约式合资企业。股权式合资企业中的外资比例不得少于该合资企业注册资本的 25%。由于关于外国企业分支机构的法律和法规正在制定中,因此对于韩国企业在中国设立分支机构不作承诺,除非在具体分部门中另有标明。允许在中

---

① 全文及附件可见中国自由贸易服务网:http://fta.mofcom.gov.cn/korea/korea_special.shtml,访问日期:2017 年 12 月 20 日。

国设立韩国企业的代表处，但代表处不得从事任何营利性活动，在 CPC 861、862、863、865 下部门具体承诺中的代表处除外。"

在部门承诺中，法律服务（CPC 861）不含中国法律业务。在市场准入限制方面，协定对跨境提供模式和境外消费模式都没有任何限制，而商业存在模式要求："韩国律师事务所仅能以代表处的形式提供法律服务。代表处可从事营利性活动。"《中国—澳大利亚自由贸易协定》附件 3-B "服务贸易具体承诺减让表"中"其他承诺"的内容出现在了商业存在模式的市场准入限制领域："根据中国的法律、法规和规则，允许已在中国上海自由贸易试验区设立代表机构的韩国律师事务所在上海自由贸易试验区内与中国律师事务所联营。联营期间，双方的法律地位、名称和财务保持独立，各自独立承担民事责任。联营组织的客户不限于上海。联营组织的韩国律师不得办理中国法律事务。根据中国的法律、法规和规则，允许已在中国上海自由贸易试验区设立代表机构的韩国律师事务所在上海自由贸易试验区内与中国律师事务所签订协议，以协议为基础相互派驻律师担任法律顾问。"自然人移动模式保持"除水平承诺中内容外，不作承诺"。在国民待遇限制方面，《中国—韩国自由贸易协定》同《中国—澳大利亚自由贸易协定》，对跨境提供模式和境外消费模式都没有任何限制，商业存在模式则要求："所有代表在华居留时间每年不得少于 6 个月。代表处不得雇用中国国家注册律师。"

更早生效的《中国—瑞士自由贸易协定》《中国—冰岛自由贸易协定》《中国—哥斯达黎加自由贸易协定》《中国—秘鲁自由贸易协定》《中国—巴基斯坦自由贸易协定》《中国—新加坡自由贸易协定》《中国—智利自由贸易协定》和《中国—新西兰自由贸易协定》则以 GATS 承诺表为基本内容，并无法律服务规则的创新。

有国外学者根据2013年中国司法部公开的数据，结合三个变量——外国律师事务所驻华代表机构在华时间、全球战略和本地化水平，研究国际律师事务所在中国的发展状况。① 随着改革开放的不断深入和国内经济的发展，外国律师事务所驻华代表机构数量整体上呈现上升趋势，退出国内市场的外国律师事务所较少。然而，进入中国的外国律师事务所有一定程度的增长停滞现象。例如，大型外国律师事务所驻华代表机构合伙人平均约为每家11人左右，平均收入约占各自律师事务所全球收入的5%以下。其重要原因就在于，合作伙伴关系受到限制，政府对法律服务市场开放的意愿较小。虽然自由贸易试验区从上海扩展到广东、天津和福建等地，"先行先试"和"法治引领"在持续，但是自由贸易试验区的积极作用和示范效应有限，根本原因在于法律法规与国际潮流和社会期待存在较大差距。

广东和上海自由贸易试验区的法律服务业开放新规则确属创新，正朝着"一站式"法律服务的目标迈进。《法律顾问实施办法》和《联营实施办法》中的规定能够有效解决前文提到的外国律师事务所聘用"辅助人员"从事涉及中国法律的服务、违规实际参与涉及中国法律事务的业务，外国律师事务所驻华代表机构及其代表间接从事国内诉讼或者仲裁业务，甚至实际控制诉讼的整个业务流程等违规现象。若能将《法律顾问实施办法》和《联营实施办法》推广到全国，效果会更好。然而，无论从法律服务提供的模式，还是从第二章分析的市场准入、国民待遇和国内规制角度来看，以自由贸易试验区为代表的国内法律服务业规则创新与国际新趋势存在较大差距。

---

① See Rachel E. Stern & Su Li, The Outpost Office: How International Law Firms Approach the China Market, http://onlinelibrary.wiley.com/doi/10.1111/lsi.12138/full, last visited on January 5, 2018.

表 4-9　上海自由贸易试验区内中外律师事务所合作的业务范围

中国律师	外国律师
（担任中国法律顾问期间） 1. 向接受派驻的外国律师事务所及其代表机构提供中国法律信息、法律环境等方面的咨询服务； 2. 以中国律师身份向客户提供中国法律咨询服务和涉及适用中国法律的民商事诉讼、非诉讼法律事务的代理服务； 3. 以分工协作方式与外国律师事务所驻上海（含自贸试验区）代表机构合作办理跨境或国际法律事务，可以就重大复杂法律事务提请所在的中国律师事务所与外国律师事务所合作办理。①	（担任外国法律顾问期间） 1. 向接受派驻的中国律师事务所或者分所提供外国法律信息、法律环境等方面的咨询服务； 2. 以外国律师身份向客户提供涉及外国法律适用的咨询和代理服务； 3. 以分工协作方式与中国律师事务所或者分所合作办理跨境或国际法律事务。②
参与试点的中外律师事务所及其双方各自派驻的律师分别或者合作承办法律事务的，应当共同遵守避免利益冲突的规则。	
在各自获准从事律师执业业务范围内，以分工协作方式，办理中国以及外国法律事务，或者合作办理跨境和国际法律事务。参与联营业务的外国律师事务所及其驻华代表机构、代表和雇员不得办理中国法律事务。③	

　　与广东的做法类似，《法律顾问实施办法》和《联营实施办法》对自然人流动模式并未"松绑"，即不允许境外（含港澳）律师以自然人身份提供法律服务。TiSA 和 TPP 文本都针对国际社会较为谨慎的律师服务领域设计了"飞进飞出"制度："（1）如果同意其他缔约方以跨境支付的方式提供外国法律服务，缔约方应当同意以'飞进飞出'为基础的进入和临时逗留，不得要求服务提供者设立或者维持代表处或任何形式的商业存在，或把有本国居民或者定居作为当地执业或者登记的同意或者资质条

---

① 参见《法律顾问实施办法》第 11 条。
② 参见《广东实施办法》第 9 条和《法律顾问实施办法》第 11 条。
③ 参见《联营实施办法》第 9 条。

件。(2) 如果同意其他缔约方以跨境支付的方式提供国际法律服务，缔约方应当同意以'飞进飞出'为基础的进入和临时逗留，不得要求服务提供者设立或者维持代表处或任何形式的商业存在，或把有本国居民或者定居作为当地执业或者登记的同意或者资质条件。(3) 停留的时间在以12个月为周期的总长度里面不能超过90天。"然而，自由贸易试验区并无此类创新，继续封闭以自然人流动模式提供法律服务的做法。

无论是广东的《广东试行办法》和《广东实施办法》，还是上海自由贸易试验区的《法律顾问实施办法》和《联营实施办法》，合作律师事务所律师的业务范围基本相同，中方律师的业务范围大致可分为三类。这些新规的创新点在于，中外双方律师（法律顾问）可以合作处理跨境和国际法律事务。然而，与国内律师相比，中方律师/法律顾问不能在合作中提供涉及刑事和行政事务的代理服务，业务范围反而受限。对被派驻中国内地律师事务所（含分所）的外国律师和港澳律师而言，仅可就当地法律信息和法律环境等涉外因素提供服务与咨询，与中国内地律师事务所就同一案件进行分工合作。这些做法并没有突破中国《律师法》（2017年修正）、《外商投资产业指导目录》（2017年修订）以及GATS承诺的范围。

市场准入方面的限制：法律实体类型方面的限制是GATT/WTO时代最常见的市场准入限制，自由贸易试验区与之前国内的规范性文件内容相比，没有根本性变化。它仍然坚持外国律师事务所设立驻华代表机构的做法就是明显的商业存在模式限制。在GATT/WTO时代，商业存在模式另外两个方面的限制依然反映在上海自由贸易试验区的规范性文件中：一是有关派驻人员资质。例如，职业资格、国内法律执业年限（五年）、职业道德"无污点"（三年）等。二是有关数量的限制。上海自由贸易试验区没有对《司法部关于执行〈外国律师事务所驻华代表机构管理条例〉的规定》第10条"在华最近设立的代表处连续执业满三年"的规定作出修改。因此，即便外国律师事务所驻华代表机构有新设代表处的计划，也要等待三年。

国民待遇方面的限制：自由贸易试验区依然没有突破禁止中外律师事务所合伙或者中外律师合伙的限制，转而以"联营"的方式进行合作。广东、上海自由贸易试验区设置的联营律师事务所接近一半的出资限制与国际/区域/双边贸易协定中"禁止限制外国资本参与的最大比例和设定单个或者总体外资持股比例"的做法不符。《法律顾问实施办法》和《联营实施办法》最大的特色在于通过中外"合作"方式提供法律服务。然而，TiSA专业服务附件第一部分明确禁止缔约方把合作企业作为提供专业服务的一项条件。

此外，《联营实施办法》第12条规定，中外律师事务所联营，"应当共用办公场所、办公设备，实行合署办公，可以共用行政、文秘等辅助人员"。这属于办公形式的创新，表面上符合TPP附件10-A规定的"外国律师和本国（东道国）律师可在提供完全整合的跨国法律服务中一同工作"。然而，《联营实施办法》第2条第1款明确规定："……联营期间，双方的法律地位、名称和财务各自保持独立，各自独立承担民事责任。"因此，中外律师事务所"联营"虽然是一个（新的）律师事务所对外服务，但是在性质上不是《民法通则》规定的"法人型联营"①。加上中外律师事务所具有法人资格且不对合作事务承担连带责任，因此这也不

---

① 《民法通则》第51条规定："企业之间或者企业、事业单位之间联营，组成新的经济实体，独立承担民事责任，具备法人条件的，经主管机关核准登记，取得法人资格。"

是"合伙型联营"①，本质上类似于"合同型联营"②。

国内规制存在一定的障碍。2015年12月20日，中共中央办公厅、国务院办公厅印发《关于完善国家统一法律职业资格制度的意见》③，将现行司法考试制度调整为国家统一法律职业资格考试制度。在司法考试制度确定的法官、检察官、律师和公证员四类法律职业人员的基础上，该意见将部分涉及对公民、法人权利义务的保护和克减、具有准司法性质的法律从业人员纳入法律职业资格考试的范围。然而，外国人和无国籍人士无法参与国家统一法律职业资格考试，因此无法获得中国律师身份，提供"有关中国法律方面事务"的服务。同时，面对长期无法解决的"外国律师在仲裁中适用和解释中国法律"之困境，以及在专利代理人和商标代理人资格问题上，自由贸易试验区并无对应举措或者创新。

此外，笔者认为中国政府对专利代理人/律师和商标代理人/律师的资格要求过严，不符合 GATS 和 TRIPS 追求自由化的精神。TRIPS 一直鼓励 WTO 成员方在知识产权的国民待遇方面实施自由化措施。

在美国，专利从业者可以选择成为一名"专利律师"（patent attorney）或者是"专利代理人"（patent agent）。两者持有相同的许可证，可以在美国专利和商标局（United States Patent and Trademark Office，USPTO）之下从业或者代理客户，可以准备、

---

① 《民法通则》第52条规定："企业之间或者企业、事业单位之间联营，共同经营、不具备法人条件的，由联营各方按照出资比例或者协议的约定，以各自所有的或者经营管理的财产承担民事责任。依照法律的规定或者协议的约定负连带责任的，承担连带责任。"

② 《民法通则》第53条规定："企业之间或者企业、事业单位之间联营，按照合同的约定各自独立经营的，它的权利和义务由合同约定，各自承担民事责任。"

③ 全文可见中国政府网：http://www.gov.cn/xinwen/2015-12/20/content_5025966.htm，访问日期：2018年2月19日。

提交或者"检举"(prosecute)专利申请，甚至依美国联邦最高法院在 Sperry v. Florida 一案中所言，可以提供专利方面的意见。① 拥有美国公民身份、永久居留权（绿卡）或是允许从事与专利相关工作的有效工作签证的人士都可以作为美国专利和商标局注册考试的申请人。持有工作签证的申请人在通过考试后只能获得"有限承认"，即只能为工作签证上的工作单位提供服务。只有美国公民才可以在境外工作的同时保持在美国专利和商标局的注册身份。此外，美国专利和商标局要求注册考试申请人必须已经取得学士学位。申请人被归类为：在认可的科学学科取得学士学位（A 类），在其他学科取得学士学位且所修相关学分足以参加考试（B 类），以及拥有科学或工程的实践经验（C 类）。② 在美国，商标律师不需要参加其他的考试就有资格执业，任何在各州获得执业资格的律师都可以在美国专利和商标局之下代表个人或者公司处理商标事务。③ 这是因为，美国法律界普遍认为，一名成功通过各州律师资格考试的律师所显现出的最低水平已经足以从事法律的任何一个领域。不同于专利律师必须拥有科学或工程学士学位才能在美国专利和商标局之下代表个人和公司处理事务，事务律师的本科学位涉及领域非常宽泛，如商业管理、市场营销和人文科学等。

此外，为美国专利和商标局审核商标注册申请的同样是拥有执业资格的律师，官方称谓为"商标审查律师"（trademark ex-

---

① See Sperry v. Flordia, 373 U. S. 379, 83 S. Ct. 1322 (1963).
② 具体信息可见 How to Become Registered to Practice Before the USPTO in Patent Matters, https://www.uspto.gov/learning-and-resources/ip-policy/becoming-practitioner/registration-examination/how-become，访问日期：2017 年 12 月 10 日。
③ 具体信息可见 Trademark Manual of Examining Procedure, https://mpep.uspto.gov/RDMS/TMEP/current#/current/TMEP-600d1e69.html，访问日期：2017 年 12 月 8 日。

amining attorney)。他们通常会调查所有的联邦商标注册记录，以判定正在申请的商标是否与已经注册或正在申请的其他商标过度相似，有可能使消费者产生混淆。因此，当人们提交商标注册申请时，将与一名律师而不是办公室职员打交道。仅就此而言，在商标注册申请中，找专门的商标律师代理是比较明智的。①

根据全美法律安置协会（The National Association for Law Placement）于 2015 年公布的数据，专利律师的工资通常高于其他律师同行，这一差距在其从业之初就显现出来。② 在美国的顶级律师事务所中，约有 55% 的律师事务所给一年级律师的起薪（单位：年，下同）达到 160000 美元；而在相应的知识产权类律师事务所中，20 家中有 17 家给一年级律师的起薪达到这一数字。就地域而言，美国东北部律师事务所一年级律师的平均起薪为 133744 美元，而知识产权类律师事务所一年级律师的平均起薪为 144969 美元。同样在西部，知识产权类律师的工资中间值和平均工资分别为 145000 美元和 140850 美元，一年级律师的工资中间值和平均工资则是 120000 美元和 123653 美元。专利律师与其他行业律师薪水的差距随着年资的增长逐渐增大。顶级律师事务所付给经验丰富的八年级知识产权律师的工资中间值为 270000 美元，相较于同级行业内律师的工资中间值（225000 美元）多了 16%。南部地区八年级知识产权律师的工资中间值为 268636 美元，比同区域行业内律师多出近 89000 美元。与专利律师一样，

---

① 具体信息可见 Trademark Manual of Examining Procedure，https://mpep.uspto.gov/RDMS/TMEP/current#/current/TMEP-600d1e69.html，访问日期：2017 年 12 月 8 日。
② 具体信息可见 2015 Associate Salary Survey Press Release，http://www.nalp.org/uploads/PressReleases/2015ASSRPressRelease.pdf，访问日期：2017 年 12 月 8 日。

商标律师作为知识产权类律师的工资通常高于其他律师同行。①

商标申请和专利申请主要是以律师事务所和知识产权代理机构为单位的。中国专利代理人资格考试和商标代理人资格考试的要求与欧美发达国家近似，主要区别在于两类考试都要求具有中国国籍：每年的专利代理人资格考试公告都明确要求具有"中国公民"身份；商标代理人资格考试虽然只是要求"年满十八周岁，具有完全民事行为能力"，但是从提交居民身份证的要求来看，也是将外国人和无国籍人士排除在外。

最后，在"企业住所可登记在律师事务所"的创新规则上，从2016年起，上海各区陆续参考《浦东新区关于贯彻〈上海市企业住所登记管理办法〉的实施意见》，发布了《企业住所登记管理办法》《企业住所登记管理细则》等。然而，实际效果并不好，找律师事务所注册的企业凤毛麟角。问题主要有两个方面：一是允许企业注册，涉及转租、分租时，是否会违反律师事务所与业主之间的租赁合同？二是注册企业经营中的风险与律师事务所的责任如何分割？据悉，相关细则目前还在制定中。

---

① 具体信息可见 Andrew Strickler, IP Associate Pay Stays High Above Peers, http://www.law360.com/articles/474852/ip-associate-pay-stays-high-above-peers, 访问日期：2017年12月10日。

第五章

新时期中国法律服务业开放的规则构建

"十二五"期间,中国服务贸易取得了一些新成就,也面临着诸多挑战。新形势下,中国发展呼唤服务贸易的转型和开放。作为商业服务的重要内容,法律服务业逐步放开市场准入限制,既有其必然性,也是现实的需要。韩国法律服务业的发展与中国有诸多相似的地方,通过分阶段开放市场以及自由贸易协定倒逼本土法律服务业开放的方式是韩国的特色,值得中国借鉴。在"一带一路"倡议等的支持下,建议以自由贸易试验区作为创新平台,进一步探索中外律师事务所合作提供法律服务的方式,允许符合条件的外国籍人士参加中国的国家统一法律职业资格考试并取得法律职业资格,推动香港法作为解决争议适用法,建立"临时进入和停留"制度,与FTA缔约国共同建立有关监管和争端解决机构,并将成熟、可行的经验复制推广到全国。

第一节 中国法律服务业开放的特殊性和重要性

"十二五"时期,中国对外开放取得了巨大成就,成为全球第一大货物贸易国和主要对外投资大国,开放型经济实力和水平显著提升。在后金融危机时期,区域经济一体化和世界经济多极化继续向前发展。世界经济既有复苏迹象,也面临着发展速度不均衡问题。中国经济发展进入新常态,发展速度、经济结构和发展动力发生新变化。①

从国际环境来看,一是世界经济低速增长态势难以改变。国际金融危机后,全球经济再平衡步履维艰,增长动能明显不足;需求约束进一步加剧,市场成为各国竞相争夺的稀缺资源。二是国际产业分工格局发生新变化。一些中高端制造业向发达国家回流,替代部分跨境贸易和投资。全球贸易增速已多年低于世界经济增速,跨国投资远未恢复到国际金融危机前的水平。新一轮科技革命和产业变革蓄势待发,全球产业链、供应链、价值链加速整合。三是国际规则体系面临深刻变革。多边贸易体制发展坎坷,WTO多哈回合谈判步履维艰,区域经济合作方兴未艾。发达国家致力于制定新的国际贸易投资规则,试图增加新兴经济体和发展中国家的发展成本,占领未来国际竞争制高点。②

2017年11月商务部发布的《世界经济贸易形势》报告指出:"展望2018年,世界经济环境有望改善,主要经济体增长提速,国际贸易恢复增长动力,金融市场信心稳定。OECD最新的先行指标显示,未来半年至9个月,全球经济将继续保持稳定增长,除英国和俄罗斯预期经济增速放缓外,其他OECD成员和主要新兴经济体前景均较为乐观。IMF预计,2018年世界经济增速为3.7%。这不仅高于2008—2017年年均的3.3%,也高于1980—2017年年均3.4%的历史增速。其中,新兴经济体增长4.9%,发达国家增长2.0%。然而,世界经济增长仍存隐忧。发达国家老龄化加剧,生产力提升放缓,通胀普遍趋于下行,需求增长动力不足。以美国为首的发达国家货币政策正常化步伐加快,财政整固任务艰巨,宏观政策对经济增长的支撑力度减弱。发展中国

---

① 参见高虎城:《完善对外开放战略布局》,载《人民日报》2015年12月10日第7版。

② 同上。

第五章 新时期中国法律服务业开放的规则构建

家经济分化态势加剧,一些新兴经济体资本流入减少,货币贬值风险上升。全球新一轮产业竞争日益激烈,'逆全球化'思潮仍可能再兴波澜,地缘政治局势错综复杂。"①

一方面,就"一带一路"建设而言,法律服务需求与法律服务供给之间的不匹配往往是导致合作失败的重要原因。服务"一带一路"建设,当务之急就是要解决现实的法律服务需求与滞后的法律服务供给之间的矛盾,② 主要表现为:

一是法律规则少。在某些领域,构建"一带一路"缺乏相应的法律规则。就中国国内法而言,事实上缺乏支持企业海外投资贸易的诸多法律规则。与"一带一路"沿线国家相比,在专利制度和知识产权保护水平方面的差距将成为中国对"一带一路"沿线国家的贸易和投资逐渐向纺织、汽车等传统优势产业和医药制造、通信、电子设备制造业等高新技术产业拓展的重要障碍。在扩大自由贸易、建立更广泛的双边和多边经济合作和交流方面,双边协议和多边协议也相对缺乏。例如,亚洲的贸易安排多以双边和区域为主,尚未形成如欧盟和北美自由贸易区那样统一的大市场。

二是法律差异多。相关国家和地区之间的法律差异或冲突屡见不鲜,消除国际投资及经贸合作等方面的法律障碍已成为当务之急。"一带一路"沿线国家主要属于英美法系、大陆法系和伊斯兰法系,法律形式、法律理念、法律适用迥然有异。政治壁垒、标准壁垒、融资模式、知识产权和绿色壁垒成为中国企业"走出去"的五大困局,核心问题是法律问题。此外,很多国家

---

① 商务部国际贸易经济合作研究院:《世界经济贸易形势》,http://images.mofcom.gov.cn/zhs/201711/20171107095504154.pdf,访问日期:2018年4月2日。
② 参见天津市司法局课题组:《"一带一路"背景下推进涉外法律服务业发展的探索与思考》,载《中国司法》2017年第9期,第44页。

都制定了环境保护方面的严格法律,限制或禁止外商投资破坏资源、污染环境的企业项目。尤其是在欧洲,欧盟对于企业从厂房建设、生产环节到产品运输、销售各个环节,都有着高于中国标准的、极为严格的标准与法律规定。

三是标准不统一。相关产品、服务以及基础设施建设规划与标准不一,已经严重制约了"一带一路"经济合作的深入。"一带一路"建设中涉及的贸易伙伴,其设置的商品和服务的准入标准往往与中国不同,尤其是欧盟对食品等商品所设置的标准更为严格。因此,符合中国标准的商品在进入其他国家时,面临着不符合当地标准的风险。此外。"一带一路"沿线大多数国家的基础设施比较落后,各国互联互通的障碍严重制约了亚欧贸易的增长。各国基础设施建设规划缺乏协调,技术标准千差万别,又导致基础设施骨干通道难以畅通,成为制约互联互通的瓶颈。产品、服务、基础设施标准化体系的法律服务供给机制建设已经成为当务之急。

四是法律风险大。相关法律服务供给缺乏,导致法律资源利用率低,法律风险得不到有效控制。一方面,"经贸合作,法律先行"的观念尚未成为"走出去"的企业之基本原则和行为模式,企业利用法律工具防范风险、保护自身的意识还未成为一种群体共识。另一方面,相关法律服务缺乏,使企业难以有效利用各种法律资源保护自身利益。同时,政府仍然缺乏关于"一带一路"沿线国家法律翻译、信息检索等方面的公共产品,企业纯粹以商业化模式购买法律服务的成本又非常高,因此无力也不愿对此给予重视。

即便身处逆全球化的背景下,服务业自由化和跨国转移依旧是国际贸易发展的重要特征。全球化的深入发展离不开服务业以及服务贸易的支撑,发达国家和新兴经济体的发展同样离不开服

第五章
新时期中国法律服务业开放的规则构建

务业以及服务贸易的支撑。服务业在全球经济的生产、分配和消费过程中起着重要的杠杆作用,能帮助产品更多地融入国际供应链,在各国产出和就业方面发挥着越来越重要的作用。服务贸易已经成为各国在国际贸易中获取实际利益多寡的重要决定因素。加快服务贸易发展、增强服务贸易竞争力是各国全面深度参与经济全球化的重要途径,更是发展中国家提高参与国际分工能力和国际贸易水平的战略选择。

据中国商务部统计,2017年以来,中国服务贸易稳中有进,发展势头良好。2017年前九个月,服务进出口总额为34411.8亿元,同比增长8.8%。其中,服务出口占中国外贸出口总额的8.6%,服务进口占中国外贸进口总额的20.8%。以技术、品牌、质量和服务为核心的新兴服务的优势不断显现。2017年,新兴服务进出口总额为14600.1亿元,增长11.1%,高于整体增速4.3个百分点,占比达31.1%,提升1.2个百分点;而旅行、运输和建筑三大传统服务进出口占比下降1.1个百分点。服务进出口规模连续4年保持全球第二位。[1]

同时,中国服务贸易当前的发展面临巨大挑战:

第一,服务贸易整体水平较低,在进出口贸易总额中的比重较小,国际市场占有率较低,与世界第二大经济体的身份不符。进入21世纪,全球服务贸易增长略快于货物贸易增长,服务贸易占对外贸易的比重已经超过20%。由于WTO、世界银行等在统计国际贸易数据时没有包括GATS定义下的所有服务贸易,因此全球服务贸易的实际规模是被低估的。中国商务部的统计数据显示,2005—2015年,中国货物贸易总额占中国贸易总额的比重保

---

[1] 参见商务部国际贸易经济合作研究院:《中国服务贸易状况》,http://images.mofcom.gov.cn/zhs/201711/20171113085410102.pdf,访问日期:2018年4月2日。

持在85％以上，服务贸易比重的平均值约为11％。2015年，中国服务贸易额占全球总量的比例为6％，仅是货物贸易占比的一半。2016年前十个月，中国服务贸易占对外服务贸易总额的18％。2017年的数据稍微高一点，但是没有突破20％，而这已经是改革开放以来中国服务贸易占对外服务贸易总额最高的一次。实际上，这个数据与世界平均水平还有差距，与发达国家的差距更大。根据WTO的统计，2009年，在服务贸易与对外贸易总额的比例上，美国为23.1％，欧盟为23.4％，英国为32.5％。印度是发展中国家中少有的服务贸易顺差国，其服务贸易与对外贸易总额的比例高达28.7％。① 2005—2015年，美国服务贸易占总贸易的比重保持在20％左右，英国服务贸易的比重保持在30％左右。与服务贸易竞争优势较大的国家相比，中国服务贸易在总贸易中的比重不高，服务贸易发展水平仍然较低。②

第二，服务行业结构不平衡，导致服务贸易逆差呈现扩大趋势。有学者从全球价值链的角度出发，运用世界投入产出表和修正的显示性比较优势指数，测算和分析了1995—2011年中美两国服务业的国际竞争力，认为中国服务业表现出整体持续性的比较劣势，美国则表现出持续性的比较优势；虽然中美两国的差距在不断缩小，但是中国劳动密集型和资本密集型服务业处于比较优势地位，美国服务业具有比较优势的部门则是知识密集型服务业。③ 也有学者对中国、美国、德国和日本的服务贸易竞争力进

---

① 参见王丽、韩玉军：《中国服务贸易竞争力与服务业开放度的国际比较》，载《中国流通经济》2016年第8期，第124页。
② 参见尹伟华：《中、美两国服务业国际竞争力比较分析——基于全球价值链视角的研究》，载《上海经济研究》2015年第12期，第41—51页。
③ 具体信息可见佚名：《商务部服贸司负责人谈2015年服务贸易发展情况》，http://www.mofcom.gov.cn/article/ae/ai/201602/20160201251015.shtml，访问日期：2018年3月27日。

第五章
新时期中国法律服务业开放的规则构建

行了计算和分析,结果发现中国的服务贸易竞争力较弱。[①] 还有学者分析了新常态下中国外贸出口面临的困境,认为供给侧结构性改革能够推动中国出口贸易转型与升级。[②] 另有学者运用 Hoekman 频度测量法[③]测算"金砖国家"服务业部门开放度,分别测算了"金砖国家"服务业部门市场准入和国民待遇的覆盖率指数、平均开放指数和完全开放指数等指标。他认为,尽管中国服务贸易规模在"金砖国家"中最大,但是其承诺开放度与事实开放度在"金砖国家"中并不是最高的。此外,中国服务部门的较大开放主要集中在生产性服务上,这与"金砖国家"的实际开放情况有很大不同,"金砖国家"对消费性服务的开放度较大。

2015 年,中国实现服务进出口总额 7130 亿美元,位居世界第二。其中,出口 2881.9 亿美元,同比增长 9.2%,排在世界第五位;进口总额 4248.1 亿美元,增长 18.6%,远超出口,排在世界第二位。然而,服务逆差创新高。[④] 2017 年前九个月,旅行服务、运输服务和建筑服务三大类传统服务进出口合计 22739.4 亿元,占服务贸易总额的 66.1%。其中,旅行服务(含旅游、留学等)15271.2 亿元,同比增长 5%,占服务贸易总额的 44.4%,继续保持中国服务进出口第一大领域地位。同时,由于进口增长

[①] 参见高连廷:《我国服务贸易国际竞争力研究》,载《中国流通经济》2011 年第 10 期,第 88—91 页。

[②] 参见李凯杰:《供给侧改革与新常态下我国出口贸易转型升级》,载《经济学家》2016 年第 4 期,第 96—102 页。

[③] 该方法由世界银行经济学家伯纳德·霍克曼(Bernard Hoekman)于 1995 年首次提出,故而得名,其核心是通过构建指标体系(包括三项指标)度量服务业开放度。在开放因子的确定上,对"没有限制"赋值 1 分,对"有限制"赋值 0.5 分,对"不作承诺"赋值 0 分。参见任靓、林桂军:《金砖国家服务业开放研究》,载《亚太经济》2016 年第 4 期,第 85—89 页。

[④] 具体信息可见佚名:《商务部服贸司负责人谈 2015 年服务贸易发展情况》,http://www.mofcom.gov.cn/article/ae/ai/201602/20160201251015.shtml,访问日期:2018 年 3 月 27 日。

明显快于出口,服务贸易逆差同比扩大9.8%,规模达到13471.0亿元,主要集中在旅行、运输等传统服务领域,新兴服务领域进出口基本平衡。①近几年的服务贸易逆差固然有国内居民收入增加、消费能力增强的因素(旅行是服务贸易逆差的最大来源),但是专业服务等高附加值的现代服务业占比较低(传统服务出口在服务出口总额中占四成),国内服务贸易的内部结构性问题并未得到根本改观是主要原因。相比而言,发达国家在通信、计算机和信息服务、咨询、金融保险等高附加值的现代服务业领域占据优势;而中国服务贸易发展较快且具有相对优势的行业为旅游、建筑、广告、宣传等,大多属于传统的资源与劳动密集型行业。知识、技术、资本密集型行业目前在中国仅处于初步发展阶段。中国服务贸易结构相对单一,容易受国际形势影响。②

第三,服务业开放程度不足。过去十余年,在全球产业结构调整和升级中,国际投资更倾向于服务业,服务业领域的外国直接投资已占全球对外直接投资总流量的2/3,推动世界服务贸易发展活跃。虽然在"入世"谈判以及之后的双边和区域谈判中,中国政府已经作出开放部分行业的承诺,但是对外资准入还存在许多限制,重点集中于GATS第1条涉及的商业存在模式和自然人流动模式,属于有限度的开放。中国对一些竞争性服务行业的市场准入限制较多,同时存在地方保护现象。这就造成尽管外资服务业发展程度较高,但是占中国市场份额相当少。这种状况导致中国服务业市场竞争程度不足,创新动力缺乏,效率低下,在一定程度上影响了服务业的发展速度。

2018年是中国正式加入WTO的第17个年头。经验表明,

---

① 参见商务部国际贸易经济合作研究院:《中国服务贸易状况》,http://images.mofcom.gov.cn/zhs/201711/20171113085410102.pdf,访问日期:2018年4月2日。

② 参见宗泊:《〈服务贸易协定〉介评》,载《河北法学》2016年第2期,第103页。

第五章
新时期中国法律服务业开放的规则构建

不管是制造业还是服务业，凡是对外开放比较彻底、积极参与全球资源配置的领域，都是发展得比较好、竞争力强的领域。因此，当前宜重新全面审视中国加入 WTO 时保留的限制措施，下决心加快改革仍然留有保护和限制措施的行业，特别是加快服务业的改革开放步伐，尽快推出取消限制和保护、进一步扩大开放的实质性举措。

中共十四大确定"我国经济体制改革的目标是建立社会主义市场经济体制"，而加快推进服务业市场化进程的一个步骤就是将政府提供的公共服务与市场竞争业务进行拆分。具体而言，对能够实行市场化经营的服务，可以引导民间资本和外国资本增加市场供给，实现产业化发展；对公益性服务、保障社会公平的基本公共服务，应加快创新公共服务提供方式，从原来政府单一提供、直接提供的方式，转变为政府与社会多元化提供相结合的方式。现代市场经济以法治为基础，自然衍生出大量的法律服务需求。法律服务业既有市场化的部分，也有公益性的部分，可以对市场化的部分，特别是律师服务领域先行开放。在法律服务国际化过程中，中国应引入国际竞争机制，提高法律服务执业的质量与档次，加快中国律师进入国际领域的进程，增强法律服务的国际竞争力。[①]

第二节　中国法律服务业开放宜采取分阶段的方式

确立继续开放法律服务市场的方针后，采取一步到位、全部开放的做法还是渐进式的做法更符合国情，更有利于国家发展服

[①] 参见孙南申：《法律服务业市场开放中的问题与对策》，载《南京大学学报（哲学·人文科学·社会科学）》1998 年第 4 期，第 137 页。

务业？在这方面，经济理论研究以及外国经验具有参考意义。

进入21世纪，国外一些学者已经开始在企业异质性视角下研究服务贸易对企业生产率的影响。① 阿诺德等学者研究发现，印度银行业、通信业、保险业和交通运输业等服务业贸易自由化改革显著地促进了制造业企业全要素生产率的提高。阿诺德等学者认为，捷克的服务贸易自由化通过吸引国外投资者的进入，对本国制造业企业生产率的提高产生了积极效应。费尔南德斯利用智利工业企业数据进行实证分析，研究结果也支持阿诺德等学者的观点。巴斯等学者认为，中国服务贸易自由化改革提升了下游企业的生产率，而且生产率越靠近技术边界，这种效应表现得越显著。

在中国，法律服务与企业出口之间很有可能存在某种互动关系，而学术界对此较少关注。通过对已有文献的梳理和回顾，学者们对国内出口增长的理论解释主要聚焦在企业生产率方面，忽略了法律服务对制造业企业出口的解释。有学者利用世界银行提供的中国微观企业调查数据，以企业异质性为视角，研究法律服务对中国制造业企业出口行为的影响（具体指律师服务对企业出口和出口概率的影响），设计方程式如下：

$$\begin{aligned} \text{Export}_{ij} =& \alpha_0 + \alpha_1 \ln(Etsi_{ij}) + \alpha_2 (\ln Etsi_{ij})^2 + \alpha_3 (\ln Etsi_{ij})^3 \\ & + \alpha_4 \ln TFP_{ij} + \alpha_5 \ln(Etsi_{ij}) \cdot \ln TFP_{ij} + \alpha_6 X_{ij} + \alpha_7 P_{ij} \\ & + \alpha_8 I_{ij} + \alpha_9 O_{ij} + \varepsilon_{ij} \end{aligned}$$

---

① 从国际贸易理论发展来看，传统贸易理论主要研究产业间贸易，新贸易理论主要研究产业内贸易。无论是产业间贸易还是产业内贸易，均假定企业是同质的，某一个（类）企业可以代表所在行业的所有企业，忽视行业内其他企业的具体特征。近些年，以梅里兹、伯纳德、安特拉斯等为代表的经济学者开始在微观层面考察企业异质性及其在国际贸易发展中的重要性，从而开辟了一个新的国际贸易和国际投资研究领域。参见王智新、梁翠、范亦菲：《法律服务能否促进我国制造业企业出口？》，载《西部论坛》2015年第5期，第84页。

第五章 新时期中国法律服务业开放的规则构建

通过模型推导和数据测算，学者们认为，法律服务对企业出口能起到一定的积极作用，在达到某一临界值后，需要有效提高法律服务的质量和数量。此后，法律服务对企业出口又会起到明显的促进作用。① 从这个模型可以看出，法律服务与企业出口存在一定的正相关性，在服务市场开放过程中，不一定需要一步到位、全部开放，可以因地制宜，随着国家经济整体发展而不断扩大开放。

律师事务所属于外商投资的范围和项目之一，一国在服务贸易中既可以出口法律服务（产品），也可以进口法律服务（产品）。梳理中国几十年来的外商投资开放政策和效果，也可以得出类似的结论，即分阶段开放法律服务市场对国家经济发展有利。

为了改变国内不分行业、不分规模的"整体外商投资准入壁垒"和"指导外商投资方向，使外商投资方向与我国国民经济和社会发展规划相适应"，经国务院批准（1995年6月7日），国家计划委员会、国家经济贸易委员会和对外贸易经济合作部于1995年6月20日联合发布《指导外商投资方向暂行规定》和《外商投资产业指导目录》②，明确划分出"鼓励外商投资产业""限制外商投资产业"和"禁止外商投资产业"三类目录。此后，政府多次调整《外商投资产业指导目录》。国务院于2002年2月出台《指导外商投资方向规定》③，取代《指导外商投资方向暂行规定》。2004年7月，为了充分发挥市场配置资源的基础性作用，

---

① 参见王智新、梁翠、范亦非：《法律服务能否促进我国制造业企业出口？》，载《西部论坛》2015年第5期，第84—98页。
② 全文可见商务部网站：http://www.mofcom.gov.cn/aarticle/b/f/200207/20020700031063.html，访问日期：2018年1月15日。
③ 全文可见中国政府网：http://www.gov.cn/gongbao/content/2002/content_61969.htm，访问日期：2018年1月15日。

提高政府投资决策的科学化、民主化水平，增强投资宏观调控和监管的有效性，国务院发布《国务院关于投资体制改革的决定》①。同年10月，根据《行政许可法》和《国务院关于投资体制改革的决定》，国家发展和改革委员会发布《外商投资项目核准暂行管理办法》②，主要目的在于规范对外商投资项目的核准管理。这一系列的规范性文件明确要求外商企业在对指定行业/产业进行投资之前，必须通过主管部门的行政审批，对特定行业必须与本土企业完成合资才可以进行投资和生产经营。根据《行政许可法》《指导外商投资方向规定》《国务院关于投资体制改革的决定》《政府核准的投资项目目录（2013年本）》，国家发展和改革委员会发布《外商投资项目核准和备案管理办法》③，自2014年6月17日起施行（《外商投资项目核准暂行管理办法》同时废止），目的就是进一步深化外商投资管理体制改革。新办法适用于"中外合资、中外合作、外商独资、外商投资合伙、外商并购境内企业、外商投资企业增资及再投资项目等各类外商投资项目"（第2条）。

虽然在自由贸易试验区成立之前，中国对外资准入/外商投资基本上采取核准制的形式，但是从整体上看，政府减少/放松外资准入壁垒，允许境外资本直接或者与本土企业合并后进入国内市场。市场开放之后，在之前封闭的一些行业，如建筑、汽车、银行、保险等，开始出现一批合资公司/企业。从现实来看，新一轮的改革往往是由于之前的改革不够彻底，或者是现有制度

---

① 全文可见中国政府网：http：//www.gov.cn/zwgk/2005-08/12/content_21939.htm，访问日期：2018年1月15日。
② 全文可见中国网：http：//www.china.com.cn/chinese/PI-c/683052.htm，访问日期：2018年1月15日。
③ 全文可见国家发展和改革委员会网站：http：//www.ndrc.gov.cn/zdfbl/201405/W020140521524444536751.pdf，访问日期：2018年1月15日。

第五章
新时期中国法律服务业开放的规则构建

(之前的新制度)还有完善和改进的空间。加入 WTO 后,放开部分管制,撤销部分准入壁垒,在一定程度上提升了国内行业的竞争能力。但是,行业内竞争压力增大的同时,产品价格和企业利润居高不下。根据调查,以汽车行业为例,中国同一型号的合资品牌汽车价格分别比美国、德国高约 51%、30%,进口车的价格比美国、德国高约 130%、80%;2008 年汽车产业的工业增加值比十年前增加 5.21 倍,总利润则增加 14.96 倍,以工业增加值和产品费用核算的利润率分别是降低汽车产业外资准入壁垒前(1998 年)的 2.87 倍和 3.14 倍。为何在引入外资竞争的同时,国内合资产品和进口产品的价格保持高位,利润率却不断上升?今后该如何避免此种现象?[①]

有国内学者沿用新贸易理论[②]中关于外商直接投资(Foreign Direct Investment,FDI)与进出口贸易的不完全竞争模型,借鉴谢建国的序贯博弈思路,将理论模型设定为一个两阶段动态序贯博弈的产量竞争模型,结合 1995—2013 年几个自由贸易试验区成立前国内的外资准入政策和制度,构建了一个动态分布的南北贸易模型,研究外资准入壁垒制度产生的政策效应以及改革后的制度绩效。[③] 研究显示:(1) 政府在鼓励"外商投资产业""限制外商投资产业"的政策中规定外资最高比重是有利的,因为一定程度的外资准入壁垒能提升国家的社会总福利(企业利润总额加消

---

① 参见陈林、罗莉娅:《中国外资壁垒的政策效应研究——兼议上海自由贸易区改革的政策红利》,载《经济研究》2014 年第 4 期,第 105 页。
② 新贸易理论是指 20 世纪 80 年代初以来,以保罗·克鲁格曼为代表的一批经济学家提出的一系列关于国际贸易的原因、国际分工的决定因素、贸易保护主义的效果以及最优贸易政策的思想和观点。新贸易理论起初旨在用实证的方法解释贸易格局,填补传统贸易理论的逻辑空白,后来发展成为以规模经济和非完全竞争市场为两大支柱的完整的经济理论体系。
③ 参见陈林、罗莉娅:《中国外资壁垒的政策效应研究——兼议上海自由贸易区改革的政策红利》,载《经济研究》2014 年第 4 期,第 104—115 页。

费者剩余）。特别是对少数关系国家命脉和安全的重大行业，设置外资准入壁垒是绝对必要的。（2）在外资准入壁垒被取消之前，发展中国家的社会总福利较高。在外资壁垒的作用下，这种社会总福利的提升来自国有公司/企业受到的制度保护，从而使得公司/企业利润大幅提升，总体获利水平远高于外资准入壁垒被取消后的水平。虽然去除外资准入壁垒后，发展中国家公司/企业的利润大幅削减，但是消费者剩余将极大提高。两相比较，政策带来的积极效应完全可以抵消利润削减的"副作用"。外资准入壁垒改革具有"消费者转移支付"和"扩大内需"的作用。（3）在进行外资准入壁垒改革后，由于供给方市场竞争的加剧，发展中国家国内市场产品的价格（国产产品、进口产品和合资产品）通常都会下降，有"价格平抑"的积极作用。（4）进行外资准入壁垒改革，会抑制进口产品消费，同时提高国内产品和合资产品的总消费量，存在明显的"国产化"效应。（5）自由贸易试验区的改革以"负面清单"为代表，逐渐"缩水"的负面清单体现的是渐进式改革，能够保持法律法规的可预测性和稳定性，具有一定的政策合理性。①

因此，可以得出结论：逐步取消法律服务业的外资准入壁垒，分阶段开放法律服务市场，获得经济研究理论的支持，具有可行性。从实践来看，已经有国家尝试这种做法，能够为中国法律服务业开放和创新提供宝贵经验。

韩国政府于 2009 年 3 月 25 日通过、9 月 26 日实施的《韩国外国法律顾问法》（英译"Foreign Legal Consultants Law"，又译《韩国外国法咨询师法》），对其法律服务业开放具有里程碑式的

---

① 参见陈林、罗莉娅：《中国外资壁垒的政策效应研究——兼议上海自由贸易区改革的政策红利》，载《经济研究》2014 年第 4 期，第 104—115 页。

第五章
新时期中国法律服务业开放的规则构建

意义。①

为了确定自由贸易协定中开放韩国法律服务市场的国内法依据，促进韩国法律服务业自由化和适应国际趋势，同时也为了防止法律服务业开放带来的冲击，韩国法务部于2005年8月设立外国法律顾问法特别委员会，旨在着手进行《韩国外国法律顾问法》相关内容的讨论和制定事宜。2006年11月22日，韩国法务部公布《韩国外国法律顾问法》草案内容，并对立法背景等进行介绍；2007年7月17日，进行立法预告；2008年10月，向国会提交《韩国外国法律顾问法》草案。2009年3月2日，韩国第281次临时国会第11次会议正式通过《韩国外国法律顾问法》，自公布之日起6个月后实施。②

自由贸易协定谈判国在法律服务市场开放上通常要求"制定或者实行促进开放的国内法依据"。相应地，《韩国外国法律顾问法》确立了"适应国际法律服务市场开放趋势"的国内法依据。外国律师/法律顾问能否进入国内法律服务市场，取决于韩国与相关国家或地区签订或者加入的FTA是否生效，以及是否要求韩国履行法律服务市场开放的义务。因此，《韩国外国法律顾问法》的通过、修改和实施并不意味着外国律师/法律顾问一定可以进入其法律服务市场执业。③

《韩国外国法律顾问法》实施以前，韩国与智利（2004年4月生效）、韩国与新加坡（2006年3月生效）、韩国与欧洲自由贸

---

① See South Korea: Foreign Legal Consultants Law (May 1, 2009), http://www.loc.gov/law/foreign-news/article/south-korea-foreign-legal-consultants-law/, last visited on January 19, 2018.

② 参见杜相希:《韩国法律市场:"自由贸易协定"下的"开放"与"防范"较量》, http://www.law-lib.com/lw/lw_view.asp?no=10858，访问日期: 2018年1月5日。

③ 同上。

易联盟（European Free Trade Association，EFTA）①（2006年9月生效）、韩国与东盟（2009年5月生效）等均已签订自由贸易协定。当时，等待韩国国会批准的还有《美韩自由贸易协定》《韩国—印度自由贸易协定》等。同时，韩国与欧盟有关自由贸易的双边谈判还在进行中。

根据上述自由贸易协定的内容，《韩国—智利自由贸易协定》未开放韩国法律服务市场，因此不适用《韩国外国法律顾问法》；《韩国—欧洲自由贸易联盟自由贸易协定》和《韩国—印度自由贸易协定》要求开放韩国法律服务市场，并限制在第一阶段；《韩国—东盟自由贸易协定》要求开放韩国法律服务市场，并实施到第二阶段；《欧盟—韩国自由贸易协定》和《美韩自由贸易协定》都要求全面实施韩国法律服务市场开放的三个阶段。② 截至《韩国外国法律顾问法》生效时，韩国法律服务市场正对冰岛、列支敦士登、挪威和瑞士四国进行第一阶段的开放，对东盟十个成员国（菲律宾、老挝、柬埔寨、马来西亚、缅甸、泰国、新加坡、印度尼西亚、越南和文莱）进行第一阶段和第二阶段的开放。

无论是政治关系还是经济关系，美国都是韩国最重要的伙

---

① 欧洲自由贸易联盟又称"小自由贸易区"或者"七国联盟"，最初是由英国、奥地利、丹麦、挪威、瑞典、瑞士和葡萄牙组成的自由贸易区。为与欧洲经济共同体相抗衡，七国于1960年1月4日签订《建立欧洲自由贸易公约》。同年5月3日，欧洲自由贸易联盟正式成立，总部设在瑞士日内瓦。冰岛于1970年加入。英国和丹麦于1972年退出。现在，除了上述六个成员国外，芬兰和列支敦士登为准成员国。

② 作为一个拥有二十多个成员国的区域组织，欧盟内部的法律服务市场开放程度不同。例如，拉脱维亚在《欧盟—韩国自由贸易协定》承诺表中对刑事案件的出庭律师提出国籍要求。这也会影响韩国法律服务市场对欧盟成员国的开放程度。具体信息可见 EU-South Korea Free Trade Agreement, http://www.europarl.europa.eu/sides/getDoc.do?type=REPORT&reference=A7-2011-0034&language=EN，访问日期：2018年1月22日。

伴。《美韩自由贸易协定》① 是美国在亚洲的第一个自由贸易协定，也是韩国迄今为止最重要的自由贸易协定。按照约定，韩国法律服务市场应在该协定生效后五年内分三个阶段进行开放。在《美韩自由贸易协定》生效的同时即开始第一阶段的开放，韩国政府应当允许美国法律顾问从事有关"美国法律及美国缔结的条约以及国际法律事务"的咨询，并允许美国律师事务所在韩国设立代表处。在《美韩自由贸易协定》生效后两年内，进行法律服务市场第二阶段的开放，韩国政府应当允许美国律师事务所和韩国律师事务所进行业务合作。在这个阶段，美韩两国的律师事务所可以共同受理有关各自国家法律解释和适用存在争议的案件，并共同分配收益。在《美韩自由贸易协定》生效后五年内，进行韩国法律服务业最后一个阶段的开放，韩国政府应当允许美国律师事务所和韩国律师事务所进行合伙/同业，并且符合条件的合伙/同业律师事务所可以雇用韩国律师。韩国政府保留限制美国资本在合资律师事务所中持有股权比例或者投票权比例的立法权。

韩国将关于法律服务业的市场准入和国民待遇规则作为本国"服务和投资不符措施"的一部分，并体现在《美韩自由贸易协定》附件一和附件二中。韩国政府在附件一中重申，在《美韩自由贸易协定》生效之前，原本限制外资进入韩国法律服务业的大部分规制措施依然有效。这些规制措施主要包括：（1）只有在韩国律师协会注册且拥有韩国律师执业资格的律师才可以提供法律服务；（2）只有韩国执业律师才可以申请设立律师事务所、合伙制法律服务企业、有限责任形式的法律服务公司等法律实体，非

---

① 全文可见：https://web.archive.org/web/20080916155738/http://ustr.gov/Trade_Agreements/Bilateral/Republic_of_Korea_FTA/Final_Text/Section_Index.html，访问日期：2018年1月22日。

韩国执业律师不得投资这些实体；（3）韩国律师只有挂靠在属于当地法院管辖的律师事务所才可以在该地区执业；（4）在没有协定的情况下，外国律师事务所在韩国境内不能开设代表处或者分所。韩国政府在附件一中同意，上述限制的效力受到附件二中"外国法律顾问"承诺的影响。韩国对美国开放的法律服务业承诺主要体现在附件二中。虽然韩国政府保留对这些开放措施的限制权，但是不会影响这些措施所要求的最低开放程度。

在《美韩自由贸易协定》附件一和附件二之外，由于法律服务属于专业服务的一种，法律服务市场开放也受到协定对国内规制的特别要求、透明度原则、资格承认规则以及其他专业服务规则的影响。韩国和美国决定共同设立联合委员会等专门机构，对上述规则进行执行方面的监督，并提供相关的争端解决机制；双方将设立专业服务工作组，以促进专业资格方面的相互承认。

《韩国外国法律顾问法》引进国际上原本已有的外国法律顾问制度，韩国政府允许与韩国缔结自由贸易协定国家的律师事务所在韩国设立代表处以及与本土律师事务所合伙，同时允许这些国家的律师以"外国法律顾问"身份在韩国从事相关咨询业务。其主要内容如下：

一是明确外国法律顾问的范围和业务。这项制度仅对与韩国缔结自由贸易协定国家的律师事务所和律师开放，业务范围限于有关"其母国法律及母国缔结的条约和国际法律事务"的咨询以及适用"母国法律"的国际仲裁案件的代理业务等，不包括从事诉讼代理或者法庭辩护等韩国法律事务。

二是明确外国法律顾问的资格认证和登记事项。外国律师在韩国从事法律服务业务活动，首先应当取得法务部长官资格认证并在韩国律师协会进行登记。资格申请认证者应当具有在母国从事三年以上法律事务的经历；在韩国从事有关母国法律的调查、

第五章
新时期中国法律服务业开放的规则构建

研究、报告等事务的经历可以被计算到前述要求中，但是最长只能计算为两年；申请者在国外从事相关业务的经历最长可计算为三年。《韩国外国法律顾问法》同时对外国法律顾问拒绝登记和登记取消的事由予以具体规定，对轻微违法行为通过罚款方式进行惩处。

三是规范外国律师事务所的设立和运营。韩国法律服务市场虽然允许 GATS 第 1 条设计的四种模式存在，但是保留诸多限制。《韩国外国法律顾问法》明确要求将"外国律师"改为"外国法律顾问"，从而提供法律服务。外国法律顾问可以附注母国国家名称和律师字样。例如，美国法律顾问可以同时标注"U. S. Attorney-at-law"字样。外国法律顾问在韩国设立的律师事务所应命名为"外国法律顾问法律事务所"。在韩国的外国律师事务所在本所名称后也可附注"外国法律顾问法律事务所"字样。

四是规定外国法律顾问的义务。为了确保外国法律顾问忠实履行义务和保护委托当事人的利益，《韩国外国法律顾问法》规定，外国法律顾问每年在韩国的时间不得少于 180 日，不得侵害或者泄露与业务有关的秘密。《韩国外国法律顾问法》禁止"跨行业实践"——禁止外国法律顾问与韩国律师、法务士、注册会计师、税务士、关税士等进行收益分配、合伙（同业）及雇佣等业务合作。此外，外国法律顾问法律事务所合伙人被强制要求加入事务所，运营损害赔偿责任保险，从而进一步保护案件委托当事人的利益。

五是区分外国法律顾问与外国律师。根据《韩国外国法律顾问法》，外国法律顾问与使用"×国律师"或者"国际律师"等名称在韩国开展业务的外国律师相比，存在诸多差异。拥有"外国法律顾问"称谓的专业人士可以直接向韩国国民或者企业提供母国法律或者母国缔结或参加的条约、国际惯例的法律解释和适用，并且可以代理相应的国际仲裁案件，还可以以自己的名义直接提供和制作相关文书。在韩国，"外国律师"是指企业或者韩国律师事务所以普通职员形式雇用的人士，只能向雇主提供有关外国法律的调查结果和法律意见，不得向自然人或者法人（如企业）提供任何形式的法律服务，也不能向法院等机构提交以自己的名义制作的法律文书。行为违反上述规定的，此前会被以违反《韩国律师法》为由予以处罚。自2009年9月26日起，行为违反上述规定的，韩国政府可同时依据《韩国外国法律顾问法》予以处罚。

韩国政府分阶段开放法律服务市场是基于对国内市场和国际经验的双重考量。就国内市场而言，近几年，韩国国内经济发展放缓，市场低迷，想成为律师这一中高收入群体的人数量大增。韩国律师协会的资料显示，第两万名律师于2014年9月24日诞生。当年在册活动的韩国律师共有14980名，比2007年的人数（8143）增加84％。作为一个人口超5000万的国家，韩国律师协会预计未来每年将有约2300名法律专业毕业生继续加入律师行业。统计显示，自2007年以来，韩国律师年平均接案率下降了近36％——2007年平均每个律师能够接案52.2件，2013年降至33.3件。韩国本土大型律师事务所在21世纪初的年营业额增长率为10％，2014年衰减到5％的水平。律师人数逐年增加，律师事务所的年营业额增长放缓，办公费、租赁费、车辆维护费等开支却基本没有减少。为节省经费，韩国本土律师事务所只能削减（合伙）律师薪水，平均降低一成到两成。韩国2012年申报年薪不足2400万韩元的律师比率达到17.2％，2011年为16.1％，2009年为14.4％。据此，平均月薪不到200万韩元的律师比例呈

第五章
新时期中国法律服务业开放的规则构建

连年上升的趋势。[①]

就国际经验而言,如第二章所述,在 GATT/WTO 时期,来自美国和英国的律师事务所和专业人士不仅是法律服务业自由化的重要推动力量,而且在其他发达国家的法律服务市场上也占据优势地位。根据签署的 FTA 承诺,韩国国内法律服务市场在 2011 年、2012 年分别向英国和美国开放。2014 年,共有来自英美的 19 家国际律师事务所在韩国设立分支机构,这些律师事务所的年营业额已达到 2 万亿韩元。然而,2012 年,韩国整个法律服务市场价值只有 2 万亿至 3 万亿韩元。韩国法律服务的贸易逆差从 2012 年的 6 亿美元上升到 2013 年的 7 亿美元。[②] 据统计,2015 年前 9 个月,韩国国内接受企业并案(945 件,858 亿美元)咨询的前 20 家律师事务所中有 14 家是外国事务所,前 10 家中也有 6 家外国律师事务所的身影。在美国与苹果公司进行的专利诉讼(2012—2014 年)案件中,韩国三星电子公司聘任的是当地律师事务所昆鹰,韩国国内律师事务所一家都没能入围。甚至可以说,一直发挥韩国法律市场核心引擎作用的国内律师事务所受到了冲击。包括当时世界第一位、第二位律师事务所贝克麦坚时和欧华在内的 26 家超大型外国律师事务所登陆韩国开展业务后,韩国国内法律市场面临着第三次开放。最近几年,韩国法律服务贸易收支逆差逐年攀升,其中 2011—2014 年已经累计逆差达 27.839 亿美元(约 3.285 万亿韩元)。加上国内法律市场萧条长期化、大企业律师大幅增加、韩国最高法院的"刑事案件成功酬金废止"判决等接踵而至,韩国国内律师事务所"四面楚歌"。

[①] 参见单士磊:《韩国:律师业竞争激烈滋生创收乱象》,载《法制日报》2014 年 11 月 11 日第 6 版。

[②] See Legal Times, BOK Disclosed Legal Services Deficit Surpassed US $ 700 Million, quoted from Legal Services Market, http://koreanlii.or kr/w/index.php/Legal_services_market, last visited on January 20, 2018.

韩国首尔大学申熙泽教授指出:"为使国内律师事务所在国际仲裁和金融等国际交易领域具有全面的竞争力,现在需要政府出台系列支援政策。"①

受到大型跨国律师事务所的强劲冲击,韩国本土律师事务所的营业赤字逐年增加,收益前景不容乐观。随着 2016 年 7 月《欧盟—韩国自由贸易协定》② 生效,以及 2017 年 3 月《美韩自由贸易协定》生效,除企业并购、特许权、著作权业务以外,其他的法律诉讼领域将陆续对来自欧美的律师事务所开放,这对韩国本土法律机构将是进一步的打击。最近几年,韩国律师倾向于离开个人事务所而投身大型律师事务所,中小型律师事务所也兴起合并之风,目的都是积蓄力量,准备和外国律师事务所/律师展开竞争。《韩国律师法》修订期间,韩国本土排名前 20 的律师事务所中已经有 4 家进行了合并。③

韩国政府吸收近邻日本的经验,制订"分步走"的实施方案。日本法律服务业同样面临美国等的压力,其国内市场于 1987 年首次开放,至 2004 年走向完全开放,允许外国律师事务所雇用日本律师,允许国内外律师事务所同业。日本政府在这 17 年中采取各种措施保护本国法律服务市场,甚至一些已经进入日本的国际大型律师事务所,如格信律师事务所不得不退出日本市场。此外,日本律师事务所大型化、专业化发展模式也相应减轻了英美国际律师事务所进驻日本带来的冲击。

---

① 具体信息可见:http://www.europarl.europa.eu/sides/getDoc.do?type=REPORT&reference=A7-2011-0034&language=EN,访问日期:2018 年 1 月 22 日。

② See EU-South Korea Free Trade Agreement, http://eur-lex.europa.eu/legal-content/EN/TXT/PDF/?uri=OJ:L:2011:127:FULL&from=EN, last visited on January 20, 2018.

③ 参见杜相希:《韩国法律市场:"自由贸易协定"下的"开放"与"防范"较量》,http://www.law-lib.com/lw/lw_view.asp?no=10858,访问日期:2018 年 1 月 5 日。

第五章
新时期中国法律服务业开放的规则构建

20 世纪 90 年代初，美国和日本曾就《日本外国律师法》中阻碍美国法律服务提供者进入日本市场问题进行过激烈的谈判。美国认为，该法存在五项障碍：一是禁止外国法律师（foreign law consultants）与日本执业律师（bengoshi）合伙；二是禁止雇用日本执业律师；三是颁发外国法律师许可证的条件是该律师在其母国有五年的执业经验（五年期规则）；四是外国律师事务所在日本设立分所只能使用日本颁发的"外国法律师许可证"所用的名称；五是对外国法律师代表外国当事人在商事仲裁庭出庭的权利加以限制。美国认为，日本执业律师虽然精通日本法律，但是不会像美国律师那样有为客户提供全方位服务的主动性；同时，日本法的这些限制实际上降低了在日本运营或经商的各类美国公司的竞争力。①

日本就《日本外国律师法》中关于五年期规则、名称限制、商事仲裁限制这三方面的规定曾表现出"灵活"的态度。但是，美国声称，如果日本不解决合伙和雇佣问题，就没有实质意义，因为美国公司只信赖"全面西方式的"法律服务。对此，日本不肯让步，谈判陷入僵局。之后，日本在合伙问题上作出一定的妥协，允许外国法律师与日本执业律师"共享办公室"，并在共同提供法律服务方面进行合作，但是相关的措辞是模糊的，而且没有进一步的细化规则。这种"妥协"遭到美国的拒绝。日本强硬地指出，既然合伙和雇佣问题谈不下去，那么另外三个问题也就统统搁置不谈了。时任美国总统克林顿于 1993 年 7 月访问日本时的一项特殊议题就是日本的法律服务市场开放问题。当时的舆论认为，这是日本产业中"堡垒最为坚固的卡特尔之一"。1994 年 6

---

① 参见贾午光、何敏：《国际法律服务业的发展趋势与中国法律服务业的进一步开放》，载《环球法律评论》2001 年第 4 期，第 484 页。

月，日本在压力之下通过新立法：准许外国律师使用其母国律师事务所的名称，可雇用日本执业律师或与之合伙。不过，合伙的条件被严格限制于"为特定的共同客户服务并分担费用和分享利润"。这次的立法被视为日本基于当时拟议中的 GATS 而应该付出的最低限度的代价。但是，实质性改变仍然要假以时日，外国律师对日本市场开放的预期也曾经相当悲观。日本在 GATS 中的承诺相对而言是非常全面的，尽管遭到日本律师业的不断抵制，法律服务市场的大门还是被打开了。毕竟日本作为当时世界经济主要三极中的一极，其法律服务业开放的程度必须与其经济发展程度相适应，否则美国和欧盟等主要贸易和投资伙伴在 WTO 的谈判桌上是不会答应的。①

分析韩国法律服务业开放，不能只关注其自身变化，也要结合韩国自由贸易（港）区建设的大环境。在 GATT/WTO 时代，法律服务业对大多数成员而言，毕竟属于"谨小慎微"的开放领域。

与逐步开放的法律服务业类似，韩国自由贸易（港）区建设整体上也可以分成三个阶段：第一阶段（1998—2004 年），从政府决定进行自由贸易协定谈判到《韩国—智利自由贸易协定》生效为止。《韩国—智利自由贸易协定》是韩国签署并生效的第一个自由贸易协定。第二阶段（2004—2012 年），又被称为"实施 FTA 路线图阶段"。在"FTA 路线图"的指引下，韩国实现了与新加坡等发达经济体共同实施自由贸易协定、建立自由贸易（港）区的短期目标，也为实现与欧盟、美国和东盟等大型经济体共同实施自由贸易协定、建立自由贸易（港）区的长期目标奠

---

① 参见陈东：《论〈服务贸易总协定〉框架下的法律服务对外开放——兼论中国的立法取向》，载《国际经济法论丛》2002 年第 2 期，第 126 页。

定了基础。第三阶段（2012年至今），包括制定"新通商路线图"和应对东亚经济一体化趋势。这一时期，韩国参与签订了《中华人民共和国政府、日本国政府及大韩民国政府关于促进、便利和保护投资的协定》和 TPP，并积极参与《区域全面经济伙伴关系协定》（RCEP）和 TiSA 的谈判。①

在第一阶段，韩国选择智利作为第一个自由贸易协定的谈判对象主要有三个方面的原因：一是双方贸易存在互补性，韩国对智利出口工业产品，进口原材料。二是韩国和智利分别处于不同半球，季节相反，智利的农产品种植时间与韩国不同，不会对韩国较为脆弱的农业造成冲击。三是相比美国、欧盟等国际经济秩序的主导者，智利是比较理想的谈判对象，能够为韩国今后的自由贸易协定谈判积累经验。两国于 1999 年 12 月进行首轮自由贸易谈判，于 2002 年 8 月正式签署最终文本。② 由于法律服务不是两国关注的主要议题，在贸易领域也不占据特别位置，因此韩国未对智利开放法律服务市场。

经过与智利近三年的谈判，韩国充分认识到自由贸易（港）区建设制度化和法治化的重要性，于 2003 年 8 月制定"FTA 路线图"，启动自由贸易（港）区第二阶段建设。在 WTO 多哈回合谈判陷入僵局的时候，韩国政府于 2004 年 5 月对"FTA 路线图"作出相应调整：长期目标是与美国、欧盟、中国、东盟等大型经济体签署自由贸易协定和共同建设自由贸易（港）区，短期目标是继续挑选合适的国家推进自由贸易协定的谈判。除了墨西哥、印度这样的发展中国家，韩国还与若干发达国家进行谈判，如新

---

① 参见王琳：《韩国自贸区制度化建设的经验与借鉴》，载《对外经贸实务》2015 年第 5 期，第 10 页。

② 同上文，第 12 页。

加坡和加拿大。《韩国—新加坡自由贸易协定》（2005年8月签订）是韩国签署并生效的第二个自由贸易协定。当时，新加坡是韩国第七大出口对象国、第十四大进口来源国。新加坡的关税本来就很低，签署《韩国—新加坡自由贸易协定》的目标不在于增加韩国和新加坡两国之间的贸易，而是希望通过开放金融、物流等领域，实现韩国竞争力的提升和加强相互投资。① 韩国和加拿大也于2005年开始进行谈判，后因在汽车出口方面存在争议，以及韩国推迟取消对加拿大牛肉的禁令而陷入停滞。直到2014年3月，两国才共同宣布完成自由贸易协定的谈判，《韩国—加拿大自由贸易协定》于次年生效。② 韩国和印度于2006年启动自由贸易协定谈判，2009年8月正式签署自由贸易协定的最终文本。这是印度与发达经济体之间签署的第一个自由贸易协定，是韩国签署的第八个自由贸易协定。③ 统计数据显示，在当时，韩国是亚洲第三大经济体，印度是亚洲第四大经济体，两国之间的贸易量从2000年到2009年，年平均增长率稳定在20%左右。但是，在《韩国—印度自由贸易协定》生效当年（2010年），两国贸易量比上年同期增加40.8%。2010年，韩国对印度的贸易出口量比上年增加42.7%，比韩国对世界总体出口增长率28.3%高出一截，对

---

① 根据《韩国—新加坡自由贸易协定》，在商品贸易领域，韩国在十年内对91.6%的新加坡商品撤销关税，新加坡则免除韩国所有商品的关税。在服务领域，两国在GATS框架内实现一揽子自由化。在投资领域，两国除军工、广播、电力和天然气以外，实现一揽子自由化，彼此向对方投资者提供国民待遇。韩新相互承认附加值超过一半的对方产品为原产地产品。新加坡同意朝鲜开城工业园区生产的产品标注"韩国产"，并给予关税优惠。具体信息可见张锦芳：《韩国和新加坡自由贸易协定生效》，http：//news. xinhuanet.com/world/2006-03/02/content_4250360.htm，访问日期：2018年1月20日。

② 具体信息可见佚名：《加拿大与韩国签署自由贸易协定》，http：//news.xinhuanet.com/world/2014-09/23/c_1112589296.htm，访问日期：2018年1月20日。

③ 具体信息可见佚名：《韩国和印度签署自由贸易协定》，http：//www.mofcom.gov.cn/aarticle/i/jyjl/m/200908/20090806449956.html，访问日期：2018年1月20日。

第五章　新时期中国法律服务业开放的规则构建

印度的贸易进口量增加37%。① 韩国和墨西哥于2007年启动自由贸易协定谈判，后因韩国对墨西哥投资不足以及墨西哥石油化工、钢铁和汽车等行业的反对，谈判于2008年中断。② 《美韩自由贸易协定》是美国与亚洲主要国家签署的第一个自由贸易协定，也是继1993年与加拿大、墨西哥签署NAFTA之后签署的第二大自由贸易协定。对韩国而言，该协定是继《欧盟—韩国自由贸易协定》之后签署的第二大自由贸易协定。《美韩自由贸易协定》的谈判、签署和生效过程十分曲折。2007年6月，美韩两国签署协定的最终文本。然而，直到2012年3月，《美韩自由贸易协定》才正式生效。

在自由贸易（港）区建设的第二阶段，韩国政府的注意力从货物贸易转向服务贸易等领域，对接国际高标准，法律服务业问题也成为谈判的议题之一。通过与不同谈判对象的反复磋商以及借鉴国际经验，韩国政府对法律服务业制订"三步走"计划，并通过立法以实现国际承诺与国内建设的对接。

总而言之，韩国法律服务业开放有三大特色：一是法律服务市场的开放动力源自韩国与其他国家或地区签订或者加入的FTA承诺。二是韩国法律服务市场开放以分阶段形式进行，政府制定《韩国外国法律顾问法》作为法律服务市场开放的重要依据，并以对《韩国外国法律顾问法》和《韩国律师法》等进行修订的方式确立不同阶段/进程。三是韩国政府结合签订或者加入的FTA内容，逐步开放法律服务市场——对某些缔约方可能按照三个阶段逐步开放，而对有些缔约方则只开放其中一个或者两个阶段，

---

① 具体信息可见佚名：《韩国和印度签署自由贸易协定》，http://www.mofcom.gov.cn/aarticle/i/jyjl/m/200908/20090806449956.html，访问日期：2018年1月20日。

② 具体信息可见佚名：《韩国发展报告2012》，http://www.lieguozhi.com/skwx_lgz/book/initChapter?siteId=45&contentId=1610&contentType=Knowledge，访问日期：2018年1月20日。

甚至不予开放。考虑到中韩之间法律服务市场保护的相似度、韩国在自由贸易协定和自由贸易（港）区建设中的发展路径和目标以及中韩贸易关系等因素，韩国分阶段开放法律服务市场的做法对中国，特别是通过自由贸易试验区进行法律服务业开放规则"先行先试"具有重要的借鉴意义。

2017年1月，经中央全面深化改革领导小组第二十四次会议审议通过（2016年5月20日），中国司法部、外交部、商务部、国务院法制办联合印发《关于发展涉外法律服务业的意见》①。该意见就涉外法律服务业发展的重要性和必要性、总体要求、主要任务、主要措施、组织领导等作了全方位的战略部署。该意见的颁布预示着中国涉外法律服务业发展又一新的机遇期的到来。②

《关于发展涉外法律服务业的意见》指出："发展涉外法律服务业，是适应经济全球化进程、形成对外开放新体制、应对维护国家安全稳定新挑战的需要，对于增强我国在国际法律事务中的话语权和影响力，维护我国公民、法人在海外及外国公民、法人在我国的正当权益具有重要作用。""将发展涉外法律服务业纳入国家和地方'十三五'服务业发展规划，纳入实施'一带一路'、自贸区建设等重大国家发展战略。""支持并规范国内律师事务所与境外律师事务所以业务联盟等方式开展业务合作，探索建立律师事务所聘请外籍律师担任法律顾问制度。以上海、广东、天津、福建自由贸易试验区建设为契机，探索中国律师事务所与外国律师事务所业务合作的方式和机制。"

2017年5月27日，司法部召开由外交部、国家发改委、商

---

① 全文可见司法部网站：http://www.moj.gov.cn/index/content/2017-01/09/content_6946567.htm，访问日期：2018年1月25日。
② 参见龚柏华：《涉外法律服务业发展将迎来新的机遇期》，载《光明日报》2017年1月10日第4版。

第五章
新时期中国法律服务业开放的规则构建

务部、全国律协等13个成员单位相关负责人参加的发展涉外法律服务业联席会议第一次会议，力求通过联席会议这个平台，共同促进涉外法律服务业发展，推动"一带一路"建设迈上新台阶。

如前所述，广东和上海自由贸易试验区已经在法律服务业开放方面作出一定的探索。《关于发展涉外法律服务业的意见》明确了继续通过自由贸易试验区加大法律服务市场开放的方针。

改革开放是宪法确立的基本国策。1993年《宪法修正案》将市场经济体制写入宪法，进一步推动了改革开放的快速发展。2013年9月，上海自由贸易试验区成立。① 在广东、天津、福建自由贸易试验区以及上海自由贸易试验区扩展区域运行满"周岁"之际，党中央、国务院决定在重庆市、河南省、湖北省、辽宁省、陕西省、四川省、浙江省新设立七个自由贸易试验区。在中国改革开放40周年、海南建省办经济特区30周年之际，海南迎来了新的四大战略定位：全面深化改革开放试验区、国家生态文明试验区、国际旅游消费中心、国家重大战略服务保障区。海南全面深化改革开放，建设自由贸易试验区和中国特色自由贸易港是重要举措之一。《中共中央国务院关于支持海南全面深化改革开放的指导意见》特别提出，坚持全方位对外开放，按照"先行先试、风险可控、分步推进、突出特色"的原则：第一步，在海南全境建设自由贸易试验区，赋予其现行自由贸易试验区试点政策；第二步，探索实行符合海南发展定位的自由贸易港政策。自由贸易港是当今世界最高水平的开放形态。它依托独特的港口优势，实行比一般自由区形式（如自由贸易区）更为自由的投资、贸易、金融和人员进出政策，是自由区发展的最高形态。中

---

① 具体信息可见上海自由贸易试验区网站：http://www.china-shftz.gov.cn/workserviceDetail.aspx?NID=cd545a74-7e58-414b-9138-9aea27a719b7&Type=0，访问日期：2018年1月25日。

央决定在海南探索建设自由贸易港,有利于给外来资本创造更多的市场空间,是中国主动扩大开放的举措之一。① 七个新设立的自由贸易试验区以及海南自由贸易试验区/自由贸易港代表着中国自由贸易试验区整体战略进入持续探索的新航程。

从历史上看,中国自由贸易试验区的设立源自海关特殊监管区域的探索。② 第一个自由贸易试验区位于上海,由外高桥保税区、外高桥保税物流园区、洋山保税港区以及浦东机场综合保税区等四个海关特殊监管区域构成。③ 2008年5月9日,商务部与海关总署联合发出《关于规范"自由贸易区"表述的函》④,明确指出:"所谓'自由贸易区',是指两个以上的主权国家或单独关税区通过签署协定,在世贸组织最惠国待遇基础上,相互进一步开放市场,分阶段取消绝大部分货物的关税和非关税壁垒,改善服务和投资的市场准入条件,从而形成的实现贸易和投资自由化的特定区域。'自由贸易区'所涵盖的范围是签署自由贸易协定的所有成员的全部关税领土,而非其中的某一部分。""'自由贸易区'对应的英文是Free Trade Area(FTA)。""自由贸易园区"

---

① 参见邱海峰:《海南新定位令全球瞩目》,载《人民日报(海外版)》2018年4月18日第11版。
② 《海关法》第34条规定:"经国务院批准在中华人民共和国境内设立的保税区等海关特殊监管区域,由海关按照国家有关规定实施监管。"《海关对保税物流园区的管理办法》第55条规定:"……海关特殊监管区域是指经国务院批准的保税区、出口加工区、园区、保税港区及其他特殊区域。……"
③ 上海外高桥保税区是中国第一个海关特殊监管区域。外高桥保税物流园区是中国第一个保税物流园区,是跨国公司面向东北亚的出口采购中心和有色金属、IT零部件进口分拨基地。洋山保税港区是中国第一个保税港区,是全国保税港区中发展最快、产出效益最高的海关特殊监管区域。成立时间较晚的浦东机场综合保税区借助亚太航空复合枢纽港的优势,引进了包括电子产品、医疗器械、高档消费品等全球著名跨国公司空运分拨中心以及相关融资租赁项目,逐步构建起空运亚太分拨中心、融资租赁、快件转运中心、高端消费品保税展销等临空功能服务产业链。参见周阳:《我国自由贸易试验区的性质分析》,载《上海经济研究》2016年第7期,第17页。
④ 全文可见商务部网站:http://www.mofcom.gov.cn/aarticle/b/e/200805/20080505531434.html,访问日期:2018年1月25日。

(Free Trade Zone，FTZ）则是指"在某一国家或地区境内设立的实行优惠税收和特殊监管政策的小块特定区域，类似于世界海关组织的前身——海关合作理事会所解释的'自由区'。"

这三批自由贸易试验区以及海南自由贸易港的法律属性与自由贸易区不同，是根据国家法律法规，在境内设立的区域性经济特区。"先行先试"和"法治引领"是自由贸易试验区的两大突出属性。国务院批准的《中国（上海）自由贸易试验区总体方案》对自由贸易试验区的功能作了明确规定，将其总体目标确定为："经过两至三年的改革试验，加快转变政府职能，积极推进服务业扩大开放和外商投资管理体制改革，大力发展总部经济和新型贸易业态，加快探索资本项目可兑换和金融服务业全面开放，探索建立货物状态分类监管模式，努力形成促进投资和创新的政策支持体系，着力培育国际化和法治化的营商环境，力争建设成为具有国际水准的投资贸易便利、货币兑换自由、监管高效便捷、法制环境规范的自由贸易试验区，为我国扩大开放和深化改革探索新思路和新途径，更好地为全国服务。"上海市人民政府 2013 年 9 月 29 日公布的《中国（上海）自由贸易试验区管理办法》[①] 第 3 条规定了区域功能："自贸试验区推进服务业扩大开放和投资管理体制改革，推动贸易转型升级，深化金融领域开放，创新监管服务模式，探索建立与国际投资和贸易规则体系相适应的行政管理体系，培育国际化、法治化的营商环境，发挥示范带动、服务全国的积极作用。"

作为中国积极主动对外开放的"试验田"，自由贸易试验区是政府积极应对国内外经济新形势的必然选择。这主要体现在两

---

① 全文可见中国上海网：http：//www.shanghai.gov.cn/nw2/nw2314/nw2319/nw2407/nw31294/u26aw37037.html，访问日期：2018 年 2 月 26 日。

个方面:一方面,国际经济格局出现变化,促使中国设立自由贸易试验区。随着加入WTO和全面融入经济全球化,中国对外贸易发展迅速,成为世界第二大经济体。美国为捍卫自己"世界霸主"的地位,重新制定国际经济贸易规则,试图继续控制世界政治和经济格局。中国需要认真应对新形势下的冲击,建立自由贸易试验区表明政府全面深化改革、构建开放型经济新体制和对外开放的决心,为"二次入市"破除市场壁垒和体制机制障碍,为开展国际贸易新格局的相关谈判积累经验,为参与国际贸易规则的制定铺平道路。另一方面,中国经济发展亟须转型,促使政府设立自由贸易试验区。国际需求疲弱以及人民币对外升值致使中国外贸出口回落,过去严重依赖出口的发展模式面临挑战。同时,内需增长缓慢,产能过剩矛盾突出,国内面临产业升级、结构调整等压力,需要用开放扩大内需、用开放形成倒逼机制,以促进新一轮改革。①

未来自由贸易试验区法律服务业开放应朝着逐步放宽市场准入限制和实现国民待遇的方向,重点是在业务范围、商业存在模式和自然人流动模式等方面放宽限制,并在时机成熟之后,把经验复制推广到全国。

从整体经济发展的角度来看,中国35年发展(1979—2013年)与韩国30年发展(1961—1990年)具有若干共性:第一,两国都具有政府主导型市场经济体制的特点。改革开放以来,中国逐步建立了社会主义市场经济体制,政府推行五年经济计划,在资源配置中仍然发挥重要作用。1961年,韩国朴正熙军政府上台,实行政府主导型市场经济体制,同样通过五年经济发展规划

---

① 参见林晓伟、李非:《福建自贸区建设现状及战略思考》,载《国际贸易》2015年第1期,第11—14页。

第五章
新时期中国法律服务业开放的规则构建

主导经济运行。第二，两国都采用出口导向型发展战略，通过参与国际分工获得利益，同时充分发挥后发优势，实现"跨越式发展"。第三，两国都实现了年均接近两位数的经济增长率，堪称世界奇迹。[①] 第四，两国都有意识地进行经济和贸易发展的转型，强调服务贸易在国家发展中的重要作用。

就法律服务业开放而言，韩国面临的局面比中国更严峻，其法律服务市场规模较小，限制程度比中国更大。例如，韩国律师执业受到地域限制，而中国律师可在任一地区自由执业。由于历史和政治的原因，韩国较容易屈服于外部的压力，特别是来自美国的压力。在开放法律服务业之前，韩国政府与本土律师界人士持怀疑态度，担心韩国法律服务市场被更具竞争力和更有经验的英美大型律师事务所"占领"，优秀的本土法律人才向国际律师事务所聚集。因此，为了在充分享受自由贸易协定红利的同时将开放带来的消极影响降到最低，韩国政府通过"分步走"的方式，一边对接国际高标准、符合国际趋势，另一边为本土法律服务提供者设置一个缓冲期。[②]

对中国而言，韩国政府的做法具有以下借鉴意义：

首先，通过法治的道路开放法律服务市场。这具体表现在两个方面：一是制定自由贸易（港）区发展大战略，通过签订自由贸易协定，对接国际新标准和新潮流，对外承诺开放，以开放倒逼改革；二是通过制定、修改和实施国内法律法规，将国际义务转化为国内依据，自上而下地推动改革，并使得创新"有法可依"。

---

① 参见孙明华：《从中韩对比看未来二十年我国经济发展前景》，http://www.aisixiang.com/data/86746.html，访问日期：2018 年 1 月 22 日。
② See Jeanne Lee John, The KORUS FTA on Foreign Law Firms and Attorneys in South Korea—A Contemporary Analysis on Expansion into East Asia, *Northwestern Journal of International Law & Busin*ess, 2012, 33 (1): 240.

223

其次，因地制宜地进行法律服务业开放。这既不是继续封闭市场，也不是"毕其功于一役"，追求"一步到位"，而是在适当的时候，或者选择合适的国家，开放法律服务市场。作为阶段性开放措施之一，《韩国外国法律顾问法》规定，外国法律顾问不得与国内律师事务所进行业务协助、合伙以及雇用韩国律师，以减少对本土法律服务市场的冲击。比较上海自由贸易试验区法律服务业开放规则和韩国法律服务市场开放三个阶段的内容，上海自由贸易试验区已经实现韩国法律服务市场开放前两个阶段的内容，甚至不用考虑律师事务所/律师是否来自与中国签订自由贸易协定的国家。然而，就中外律师事务所合伙而言，国内尚未对此开放；同时，允许合伙以及对合伙作出限制的要求已经落后于TiSA等国际贸易新协定。对此，韩国虽然在 TiSA 谈判中反对进一步开放商业存在模式、自然人移动模式的内容，但是政府已经启动新一轮的韩美自由贸易协定谈判，共同商定未来法律服务业开放的规则。

再次，中国在制定开放规则的框架性和原则性规定时，应当学习韩国政府，使用更加明确的法律语言，给予缔约方更明确的回答。作为主要利益相关方的外国律师事务所/律师关注的是一些具体法律问题，如"能否和中国律师事务所实现合伙/合资"，概念上不是目前广东和上海自由贸易试验区这种简单的合作；"雇用的中国律师能否代表律师事务所以律师身份出庭"；"外国律师能否以律师身份或者外国法律顾问身份参与仲裁案件"；等等。上海自由贸易试验区等在表述法律服务领域开放的宗旨时，使用的是"探索密切中国律师事务所与外国及港澳台地区律师事务所业务合作的方式和机制"。这种表述固然可以增强立法的灵活性，但是牺牲了立法的明确性和可预见性。这些问题涉及法律服务业开放的市场准入和国民待遇等方面的实质变化。①

最后，法律服务业开放的实施问题。广东和上海自由贸易试验区在监管权的合理、透明行使方面还有很多不足。法律服务业作为提供专业服务的行业，其实质意义上的开放程度受国家监管的影响极大。如果国家监管权的行使不够透明，或者给服务贸易发展制造了不必要的实践障碍，那么即使文本上欢迎外国资本和服务提供者进入国内市场，该市场本质上仍然不是开放的。与《美韩自由贸易协定》设立的联合委员会相比，中国在服务贸易政策审议、贸易救济方面的规定还显得非常单薄。《中国（上海）自由贸易试验区条例》第 52 条和第 53 条看似保障了行政监管权按照合理、透明的原则行使，② 实质上都是宣示性条款，缺乏实际操作性。

第三节 中国法律服务业开放的具体设计

律师服务是法律服务的重要组成部分，中国法律服务业开放的规则设计首先应注意到律师服务领域。国内法律服务业开放应当与现阶段律师服务的发展同步。根据 2017 年《司法部关于进一

---

① 参见张方舟：《论中国法律服务市场开放的新标准——以上海自贸区的实践为视角》，载《研究生法学》2016 年第 1 期，第 142 页。

② 《中国（上海）自由贸易试验区条例》第 52 条规定："本市制定有关自贸试验区的地方性法规、政府规章、规范性文件，应当主动公开草案内容，征求社会公众、相关行业组织和企业等方面的意见；通过并公布后，应当对社会各方意见的处理情况作出说明；在公布和实施之间，应当预留合理期限，作为实施准备期。但因紧急情况等原因需要立即制定和施行的除外。本市制定的有关自贸试验区的地方性法规、政府规章、规范性文件，应当在通过后及时公开，并予以解读和说明。"第 53 条："公民、法人和其他组织对管委会制定的规范性文件有异议的，可以提请市人民政府进行审查。审查规则由市人民政府制定。"《中国（上海）自由贸易试验区条例》全文可见上海政务网站：http://shzw.eastday.com/shzw/G/20140726/u1ai133283.html，访问日期：2018 年 1 月 22 日。

步加强律师协会建设的意见》座谈会上的信息，近年来，中国律师人数保持年均 9.5% 的增速，以每年 2 万左右的速度增长；律师事务所达到 2.5 万多家，保持年均 7.5% 的增速。据统计，2015 年，全国律师业务总收入为 679 亿元，连续 8 年保持年均 12.8% 的增速。2016 年，中国 30 万律师的整体创收为近 800 亿元，其中北京和上海各 150 亿以上，接下来是广东、浙江、江苏和重庆。以上六省市的法律人才最为集中，法律服务行业最为发达。中国法律市场的发展存在较为严重的区域不平衡。可以认为，律师行业遵循的不是"二八定律"，而是"一九定律"。①

美国国际贸易委员会（United States International Trade Commission，USITC）发布的《美国服务贸易最新趋势：2017 年度报告》（Recent Trends in U. S. Services Trade：2017 Annual Report）②，将美国法律服务贸易领域作为其中的一章。报告显示，2015 年，全球法律服务市场总收入约 5934 亿美元，美国是市场中当之无愧的第一，占据 48.8% 的份额，达到 2895.8 亿美元，同比增长 4.0%。报告指出，在经历了 2008—2009 年经济衰退期间的缓慢增长后，2011—2015 年，美国法律服务市场的年度复合增长率（Compound Annual Growth Rate，CAGR）达到 4.2%。尽管这一数字仍然低于 2004—2007 年的 5.0%，但是显示出美国在法律服务领域的需求正稳步增长。

从地域角度来看，美国法律服务出口的主要地区集中在欧洲和亚太地区，前者占据 2015 年全年 47.9% 的份额，而后者则为 30.2%。2015 年，美国法律服务出口的前五大国家依次是英国、

---

① 参见孙莹：《全国执业律师人数已超过 29.7 万人 全行业业务收入 2000 多亿》，http://news.ifeng.com/a/20160331/48278741_0.shtml，访问日期：2018 年 2 月 26 日。

② 全文可见美国国际贸易委员会：https://www.usitc.gov/publications/332/pub4682_1.pdf，访问日期：2018 年 7 月 26 日。

日本、加拿大、德国、瑞士,其份额合计占据总量的一半以上。2010—2015 年,日本的年度占比从 14.7% 下滑到了 12.1%。在法律服务的进口数据方面,欧洲和亚太地区也是美国法律服务的主要进口地区。2015 年,欧洲占据向美国进口法律服务总额的 47.3%,亚太地区为 31.7%。向美国提供法律服务出口的前五大国家依次是英国、德国、加拿大、中国、日本,超过了总量的一半。向美国提供法律服务进口的五大国家从 2010 年起,其份额相对稳定,最显著的变化是中国已经取代日本,排名第四。中国向美国提供法律服务的份额从 2010 年的 4.7% 增长到了 2015 年的 7.1%,而日本则从 2010 年的 10.9% 下滑到了 2015 年的 6.6%。

报告还显示,亚太地区正在成为全球法律服务增长最快的区域。2011—2015 年,亚太地区的法律服务市场以 5.0% 的年度复合增长率快速提高(这种提高主要依赖中国市场的动力);而同一时期,欧洲地区的这一数据仅为 2.7%,远低于亚太地区和美国。

以国家论,中国 2011—2015 年的年度复合增长率高达 7.1%,同一时期的法国和德国则分别为 2.1% 和 2.0%。但是,同样位于亚太地区的澳大利亚和日本出现了市场萎缩。澳大利亚 2011—2015 年的年度复合增长率为 -0.9%。日本萎缩得更加明显,同一时期年度复合增长率为 -2.4%。报告认为,中国在全球法律服务市场中的高速增长主要是因为其持续的整体经济增长,尽管这一增长正在减速。数据显示,2016 年,在全世界收入最高的前 100 家律师事务所中,有 93 家来自美国和英国;而在排名前十的律师事务所中,有 9 家是美英两国的,另一家则是 2015 年 1 月由大成和 Dentons 两大律师事务所合并而成的。2016 年,法律服务市场收入紧随在美国之后的是英国,占到全球市场份额的 8.3%,约 495 亿美元;中国位居第三,占到全球市场份额的

6.7%，约 398 亿美元。这个规模不算小，而且将来还会更大。

在美国，大部分律师从事的是全职工作，许多律师每周工作超过 40 小时。自由执业的律师和在大公司工作的律师往往需要额外进行工作、研究以及准备和审查文件。根据美国劳工部 2017 年 5 月的统计，法律职业年薪酬中位数（median annual）为 80080 美元，远高于全美职业年薪酬中位数（37690 美元）。① 作为全美法律职业中最挣钱的行业，收入最少的律师（10%）年薪酬中位数为 57430 美元，收入最多的律师（10%）年薪酬中位数高达 208000 美元。统计数据还显示，如果把律师从事的行业分成 4 个部门，年收入最高的是在联邦政府工作的律师（141900 美元），其次是在法律服务行业工作的律师（120280 美元），再次是在当地政府工作（排除教育和医院）的律师（93020 美元），最后是在州政府工作的律师（85260 美元）。一般而言，自由执业的律师通常比在律师事务所或者其他商业机构工作的律师收入少。美国劳工部之职业就业统计（OES）调查得到的薪酬数据仅包括在商业机构工作的律师。②

继 2015 年律师界权威杂志《律师》（The Lawyer）第一次根据美国国内律师事务所收入进行排名后，《美国律师》杂志在 2016 年 9 月公布了主要由美国国内律师事务所自行填报的最新国内律师事务所收入排行榜。《美国律师》杂志将 2015 年国内律师事务所收入榜单名额从 2014 年的 25 家扩展到 35 家，入榜律师事务所收入总计达到 550 亿美元。③ 2015 年，大成律师事务所和金

---

① 具体信息可见美国劳工部网站：Legal Occupations, http://www.bls.gov/ooh/legal/home.htm，访问日期：2018 年 5 月 12 日。

② See Lawyers-Pay, https://www.bls.gov/ooh/legal/lawyers.htm#tab-5, last visited on May 10, 2018.

③ 参见查君：《2017 年钱伯斯排名：中国最牛的国际所有哪些？》，http://zhihe-dongfang.com/article-25857/，访问日期：2018 年 1 月 26 日。

杜律师事务所是中国两家收入最高的律师事务所,总收入分别为21亿美元和10.2亿美元。大成律师事务所和金杜律师事务所在国内的收入分别为4.5亿美元和3.5亿美元,这两个数字也足以登上美国收入百强的律师事务所榜单。此外,还有9家律师事务所收入破亿美元,依次是中伦律师事务所、国浩律师事务所、锦天城律师事务所、盈科律师事务所、君合律师事务所、德恒律师事务所、方达律师事务所、竞天公诚律师事务所和北京康达律师事务所。

在2015年中国律师事务所的收入表现中,较引人注目的是律师事务所收入的年增长率。少数律师事务所收入的年增长率达到历年最高。例如,上海通力律师事务所总收入为3750万美元,而其前一年总收入为2180万美元,涨幅为72%。另一家总部位于上海的律师事务所——锦天城律师事务所收入的年增长率为44%。在北京地区,在资本市场深耕多年的竞天公诚律师事务所的数据显示,其总收入的年增长率为39%;国内"巨无霸"盈科律师事务所总收入的年增长率也达到38%。值得一提的是,所有这些律师事务所律师人数的年增长率都低于30%。也就是说,虽然是少数,但是这些律师事务所收入增长并不是因为人数增长,而是通过业务量上的绝对增长实现的。位于中国榜单前列的律师事务所的人均创收与全美前百强律师事务所相比几乎没有差距。2015年,拥有67位律师的上海通力律师事务所以人均创收56万美元高居国内律师事务所榜首,超过人均创收55.5万美元的美国律师事务所贝克麦坚时。紧随其后的是君合律师事务所,律师多达404人,人均创收也达到46.04万美元。金杜律师事务所排名第三,律师人均创收45.43万美元。汉坤律师事务所以人均创收

41.46万美元的成绩位居第四。[1]

一般而言,境外律师事务所本土化主要通过两种方式实现:一是境外律师事务所和本地律师事务所合伙/合作,二是聘请本土律师到分支机构工作。境外律师事务所分支机构的本土化程度越高,经营成本越低,业务越有保障,在当地也就越能获得发展。外国法律服务机构本土化的直接结果是,外国律师事务所在更大范围内和更深层次上参与当地法律服务市场的竞争,具体体现为业务上的竞争和人才的竞争。对此,国内法律服务行业不必惊慌失措,更没有必要惊呼"狼来了",因为本土化的结果应该是双赢。境外律师事务所分支机构在本土化过程中获得了更大的发展,而本地的法律服务消费者也获得了高质量的法律服务;同时,本地的法律服务机构和法律人才通过与境外律师事务所合作学到了先进经验,提高了在法律服务市场上的竞争能力。从总体上看,境外律师事务所分支机构的本土化并不会给本地的法律服务市场造成本质上的损害。当然,在这一过程中,行业管理部门对国外法律服务机构的有效监管显得非常重要。[2]

从中美两国在GATS下的服务贸易减让承诺表以及服务贸易保护频度指标的计算过程可以看出,中美两国对跨境支付模式和境外消费模式限制较少,对商业存在模式限制较多,对自然人流动模式的限制差异较大。商业存在模式对一国经济的影响比跨境交付模式和境外消费模式更加广泛和深入,给予境外投资者商业存在的承诺意味着外资可以在本国开办企业/公司或者合伙。这不仅导致国内产业面临直接的竞争,而且对本国经济发展、就业

---

[1] 参见查君:《2017年钱伯斯排名:中国最牛的国际所有哪些?》,http://zhihe-dongfang.com/article-25857/,访问日期:2018年1月26日。

[2] 参见张晓明:《中国法律服务业:区域特征与市场结构》,载《上海经济研究》2007年第3期,第37—42页;李本森:《经济全球化背景下的法律服务自由化》,载《法学》2004年第1期,第104—111页。

第五章
新时期中国法律服务业开放的规则构建

甚至国家安全都会产生重要影响。因此，中美两国对商业存在模式都给予一定限制。美国在市场准入限制方面对自然人流动模式的限制水平较高，而在国民待遇方面的限制水平较低，除个别行业之外，其余领域是完全承诺开放的。中国对自然人流动模式的限制水平非常高，大部分领域是不予承诺开放的。[①]

在部分律师事务所逐渐"做大""做强"，一些领域已经接近甚至超过英美大型律师事务所水准的情况下，中国进一步探索中外律师事务所合作提供法律服务的途径和方式，一方面可以实现"强强联合"，另一方面也可以实现国内外律师事务所优秀管理经验、资源的分享和融合。未来宜融合《广东试行办法》与《联营实施办法》的有关规则，通过广东、上海自由贸易试验区的"先行先试"，将有利经验扩展到全国。

对于一些律师事务所合并采用的"瑞士法人结构"，有业内人士分析指出，这一模式存在若干优势：一是联盟内部成员相互独立，不用为其他成员的债务或者责任承担连带责任。联盟内部分权管理，成员只受其所在国的法律监管。同时，联盟内部的资源可以共享。二是联盟内部成员实行独立核算，彼此之间可以相互介绍客户和业务，通过共享业务网络，实现业务收入的增长。三是由于联盟内部实行多元化政策，各成员保持相对独立。四是联盟实行多中心政策，形式上虽合并为一家事务所，但并不会失去各自的主体地位，操作程序简便。成员虽在一个品牌下经营，但保持各自的相对独立，财务不混合，管理也可以各有特点。五是各办公室之间提供的本土化服务可以适应和满足客户对全球经

[①] 参见白洁：《中美服务贸易开放度的比较与启示——基于频度分析的方法》，载《亚太经济》2015年第6期，第82页。

济一体化和跨区业务统一服务的多元化需求。①

不过，这一模式也被很多人诟病。有实务界人士指出，在"瑞士法人结构"下，这一模式最大的缺点在于"营收利润其实并不能在律师事务所成员之间共享"（no sharing of revenue or profits），这将严重削弱成员律师事务所/律师相互间共享客户及业务的动力。美国高盖茨律师事务所的彼得·卡利斯于2011年在《美国律师》杂志上指出："'瑞士法人结构'下的律师事务所成员仍然是独立对外提供法律服务，并且独自接受并承担其法律服务带来的回报及风险；各个律师事务所成员之间没有共享同一个'利润资金池'（profit pool）。"②

在广东省和上海市已经有不同境内外律师事务所联营制度的基础上，借鉴韩日合伙律师事务所的经验，宜进一步融合两者的优点，进一步探索中外律师事务所合伙/合作制度。比较《广东试行办法》与《联营实施办法》的内容可知，前者突出的是合伙联营，后者突出的是合作联营；前者突出合伙的"深度"，后者突出合作的"广度"。一方面，可以将《广东试行办法》第二章"联营条件"中的要求"移植"到《联营实施办法》中，将对港澳律师事务所联营的要求扩大为对外国律师事务所驻华代表机构联营的要求，同时将"合伙联营各方的出资额合计不得少于人民币500万元"之"500万元"修改为"1000万元"。这主要是基于对有关法规和外国律师事务所驻华代表机构收入的考量。中外律师事务所合伙/合作之后，在国内形成除个人律师事务所和合资律师事务所之外的第三种律师事务所，在法律上是"特殊"的律师事务所，对这种"新事物"应该有较严格的要求和风险防范规

---

① 参见佚名：《全球最大的律所，不止于大》，http://blog.sina.com.cn/s/blog_dbc99ea60102wbwd.html，访问日期：2018年1月26日。

② 同上。

第五章
新时期中国法律服务业开放的规则构建

则。《律师事务所管理办法》^① 对这类律师事务所资产的要求是"人民币一千万元以上"。虽然此种"特殊"与中外律师事务所联营性质的"特殊"有区别,但是可以作为参考。

此外,政府亟须完善律师责任险制度,^② 作为探索中外律师事务所合伙/合作提供法律服务的重要配套措施。

在中国,律师责任险在20世纪末并未随着律师责任赔偿制度的建立而得到有效推行。《律师法》第54条规定:"律师违法执业或者因过错给当事人造成损失的,由其所在的律师事务所承担赔偿责任。律师事务所赔偿后,可以向有故意或者重大过失行为的律师追偿。"该条将律师执业赔偿责任上升至法律的高度,标志着中国律师责任赔偿制度的建立。虽然《律师法》已经过三次修正,但是对该条未作改动。同一时期,中国律师行业体制正由合作制逐步向合伙制转轨,转轨后的合伙制律师事务所全面对外承担无限责任和连带责任,律师执业风险增大。由于《律师法》第54条缺乏具有可操作性的实施细则,因此律师责任险并未得到有效推行。

进入21世纪以来,律师责任险的发展不仅始终缺乏相关法律、行政法规的支撑,而且2009年《保险法》^③ 的修改使得强制

---

① 《律师事务所管理条例》(2016年司法部令第133号)全文可见中国政府网:http://www.gov.cn/gongbao/content/2016/content_5109321.htm,访问日期:2018年1月26日。

② 中国理论界和实务界对律师责任险有"律师职业责任保险"与"律师执业责任保险"两种表达方式,在美国法上则统一表述为"lawyers' professional liability insurance"。笔者采用韩长印教授的观点,认为"律师职业责任保险"着眼于具体险种归属,"律师执业责任保险"则凸显这种保险承保的保险事故的性质。本书采用"律师责任险"的表述。此外,中国立法及实务中散见"职业责任保险""执业责任保险"等不同的表述方式。参见韩长印、郑丹妮:《我国律师责任险的现状与出路》,载《法学》2014年第12期,第138—149页。

③ 全文可见中国人大网:http://www.npc.gov.cn/wxzl/gongbao/2014-11/17/content_1892157.htm,访问日期:2018年1月27日。

律师责任险丧失了合法性依据。2009 年《保险法》第 65 条和第 66 条对责任保险作出概括性规定；第 124 条和第 167 条虽涉及职业责任保险，但仅适用于保险代理机构、保险经纪人，与律师责任险无关。尤其值得注意的是，《保险法》第 11 条第 2 款明确规定："除法律、行政法规规定必须保险的外，保险合同自愿订立。"这意味着，当且仅当法律、行政法规作出明文规定时，方可施行特定的强制保险；同时，由于缺乏相关法律、行政法规的支持，司法部和中华全国律师协会力图推行的律师职业责任强制保险丧失了合法性依据。

有学者归纳了中国律师责任险的缺陷：在实施背景方面，职业责任保险本身发展不充分，律师事务所已普遍为律师提供"两险一金"（律师责任险、律师人身意外伤害险和律师互助金），律师执业纠纷多而理赔少，律师负赔偿责任的事由相似；在宏观格局方面，各地律师责任险统保进程不一，保险公司形成地域性垄断；在具体条款方面，被保险人范围约定不一，保险标的排除侵权责任，多重赔偿限额十年不变，保险条款简单模仿。[1]

"中国律师责任险的改革首先在于立法改革。"[2] 在没有现行法律或者行政法规尚未对律师责任险作出明确规定的情况下，国内律师责任险市场实际上处于失灵状态。结合法律服务业开放的进展，笔者建议通过行政法规要求自由贸易试验区联营律师事务所的律师在购买自愿律师责任险的前提下，通过设置辅助的激励机制，弥补自愿保险的缺陷，保证法律服务市场的健康运行和相关当事人的合法权益。具体措施包括：一是将投保律师责任险作

---

[1] 参见韩长印、郑丹妮：《我国律师责任险的现状与出路》，载《法学》2014 年第 12 期，第 138—149 页。

[2] 马宏俊主编：《〈律师法〉修改中的重大理论问题研究》，法律出版社 2006 年版，第 239 页。

为行业标准。英国律师行业将投保职业责任险作为行业标准,使得该行业的投保率非常高。德国将"参加职业责任保险证明"作为外国律师申请执业许可必需的三份证明之一。中国香港地区规定律师或者律师机构必须交纳一定的保险金,作为大律师从事执业活动的一个必备条件。因此,是否投保律师责任险已成为一些律师事务所是否能经营的硬性准则。二是采用律师责任险信息强制披露制度。在该制度下,对于标的较大、风险较高的案件,委托人将更倾向于选择已投保律师责任险的律师事务所和律师。这样,既可保护委托人的权益,又可有效激励律师事务所和律师投保。美国多数州采用律师责任险信息强制披露制度,其中一种模式是由律协将律师事务所的保险情况披露给州最高法院,由州最高法院决定采用何种方式将这些信息公布;另一种模式为宾夕法尼亚州模式,由律师向委托人披露自身保险情况,包括保险年限、赔偿限额、保险纠纷情况等。三是改进律师责任险合同条款。中国律师责任险市场实际上处于失灵状态,只有少数几家保险公司提供律师责任险。有的保险公司干脆放弃该业务,转而大力推行其他财产保险或人身保险。各大保险公司的律师责任险条款不仅大致雷同,而且与律师业的特点和需求不相吻合;权利义务的失衡导致该险种并未起到应有的保障作用,亟须加以改进。[①]

《律师法》第 5 条第 1 款规定:"申请律师执业,应当具备下列条件:(一)拥护中华人民共和国宪法;(二)通过国家统一法律职业资格考试取得法律职业资格;(三)在律师事务所实习满一年;(四)品行良好。"第 6 条规定:"申请律师执业,应当向设区的市级或者直辖市的区人民政府司法行政部门提出申请,并提

[①] 参见韩长印、郑丹妮:《我国律师责任险的现状与出路》,载《法学》2014 年第 12 期,第 138—149 页。

交下列材料：（一）国家统一法律职业资格格证书；（二）律师协会出具的申请人实习考核合格的材料；（三）申请人的身份证明；（四）律师事务所出具的同意接收申请人的证明。申请兼职律师执业的，还应当提交所在单位同意申请人兼职从事律师职业的证明。受理申请的部门应当自受理之日起二十日内予以审查，并将审查意见和全部申请材料报送省、自治区、直辖市人民政府司法行政部门。省、自治区、直辖市人民政府司法行政部门应当自收到报送材料之日起十日内予以审核，作出是否准予执业的决定。准予执业的，向申请人颁发律师执业证书；不准予执业的，向申请人书面说明理由。"就《律师法》的要求而言，限制外国籍自然人在中国执业的障碍主要体现在通过在律师事务所实习取得律师职业资格和律师事务所执业两个方面。国籍不是《律师法》明确要求取得中国律师职业资格的必备条件。中国国籍作为参加国家统一法律职业资格考试的要求来自司法部出台的《国家司法考试实施办法》①和历年公告。因此，可以由司法部修改规范性文件，允许符合要求的外国籍自然人参加国家统一法律职业资格考试。

由于考试涉及国家司法主权，在身份问题的证明上，建议参考国家工商行政管理总局、商务部、海关总署、国家外汇管理局于 2006 年 4 月 24 日联合印发的《关于外商投资的公司审批登记管理法律适用若干问题的执行意见》②，对没有办妥签证和入境手续的外国籍人士，其护照不能作为有效"身份证明"，仍应以经公证认证的该国有权部门签发的文件作为其身份证明。

---

① 全文可见中国政府网：http://www.gov.cn/gzdt/2008-08/15/content_1072499.htm，访问日期：2018 年 1 月 23 日。
② 全文可见国家工商总局网站：http://www.mofcom.gov.cn/article/b/f/200605/20060502217182.shtml，访问日期：2018 年 1 月 26 日。

第五章
新时期中国法律服务业开放的规则构建

2015年12月,中共中央办公厅、国务院办公厅印发《关于完善国家统一法律职业资格制度的意见》①,将2002年开始实行的"国家统一司法考试"更名为"国家统一法律职业资格考试",明确了法律职业的范围和取得法律职业资格的条件。在国家统一司法考试制度确定的法官、检察官、律师和公证员四类法律职业人员的基础上,《关于完善国家统一法律职业资格制度的意见》将部分涉及对公民、法人权利义务的保护和克减、具有准司法性质的法律从业人员纳入法律职业资格考试的范围。鉴于《法官法》(第9条)、《检察官法》(第10条)和《公证员法》(第18条)都有明确的中国国籍要求,同时参考国际惯例,建议未来将通过国家统一法律职业资格考试的外国籍自然人申请的法律职业限定在律师行业。

《关于完善国家统一法律职业资格制度的意见》规定,取得国家统一法律职业资格必须同时具备下列条件:"拥护中华人民共和国宪法,具有良好的政治、业务素质和道德品行;具备全日制普通高等学校法学类本科学历并获得学士及以上学位,或者全日制普通高等学校非法学类本科及以上学历并获得法律硕士、法学硕士及以上学位或获得其他相应学位从事法律工作三年以上;参加国家统一法律职业资格考试并获得通过,法律法规另有规定的除外。"符合上述要求的外国籍自然人可以参与国家统一法律职业资格考试。根据《内地与香港/澳门关于建立更紧密经贸关系的安排》,司法部一直允许符合条件的港澳台人士参加国家统一法律职业资格考试,作为国内学历认证的变通条件,要求"持香港、澳门、台湾地区或者国外高等学校学历(学位)证书报名

---

① 全文可见国务院网站:http://www.gov.cn/xinwen/2015-12/20/content_5025966.htm,访问日期:2018年1月26日。

的，其学历（学位）证书须经教育部留学服务中心认证，符合报考学历（学位）条件的，可以报名参加考试"。这样的要求可以适用在外国籍考生身上。

根据司法部2018年第181号公告①，国家统一法律职业资格考试采用客观题、主观题两种考试形式。除了中文之外，报考人员可以选择使用蒙古文、藏文、维吾尔文、哈萨克文、朝鲜文试卷参加考试。相应地，司法部在"内蒙古自治区设蒙古文考点考场，西藏自治区、青海省设藏文考点考场，新疆维吾尔自治区设蒙古文、维吾尔文、哈萨克文考点考场，吉林省设朝鲜文考点考场"。司法部在香港、澳门特别行政区设立考区，举行考试。台湾居民可以选择在深圳市或厦门市考区参加考试。笔者建议，在原有考点考场之外，可以加入上海市作为符合条件的境外人士参加国家统一法律职业资格考试的地域。

截至2018年9月27日，根据司法部发布的批准通知，95%以上的外国律师事务所驻华代表机构设在上海、北京和广东三地。特别是上海，拥有超过一半的外国律师事务所驻华代表机构。虽然只有不到5%的外国律师事务所驻华代表机构设在广东，但是广东比邻港澳，和上海同属于经济发达地区，而且具有自由贸易试验区的有利条件。建议允许未来通过国家统一法律职业资格考试的外国籍考生在广东和上海自由贸易试验区的联营律师事务所实习，对符合条件的人士授予律师职业资格证书。对于联营律师事务所拥有律师职业资格证书的外国籍人士，允许其以中国律师的身份代理案件和出庭，这也符合《律师法》第10条"只能在一个律师事务所执业"的要求。就业务范围而言，可以先开放

---

① 全文可见司法部网站：http://www.moj.gov.cn/organization/2018-06/08/kszx-dt_20565.html，访问日期：2018年10月15日。

律师母国法律服务市场和国际法律服务市场，施行三年或者五年后再开放国内法律服务市场和其他法律服务市场。从欧美的情况来看，婚姻继承以及行政、刑事法律事务是受到限制的领域。[①] 具有中国律师职业资格的外国籍人士可被纳入相应的律师协会管理，并报司法部备案。

由于上述修改不涉及《律师法》，因此可以通过由司法部出台规范性文件的形式开放法律服务市场。通过广东、上海自由贸易试验区 3—5 年的尝试，再考虑是否在全国其他地方施行或者修改相应的法律。

鉴于汉语自身的特点和在国际上的普及程度，加上中国法律法规的特殊性，可以预见，未来参加并通过国家统一法律职业资格考试的外国籍自然人数量有限。可供参考的是，通过国家统一法律职业资格考试并在内地注册的港澳台人数一直很有限。2004年，根据《内地与香港/澳门关于建立更紧密经贸关系的安排》，司法部第一次允许香港、澳门居民参加国家统一司法考试。受司法部、广东省司法厅的委托，深圳市司法局承担港澳居民参加国家统一司法考试的组织实施工作。十多年来，全国共有一千余名港澳考生在深圳报名参加国家考试。自 2008 年起，司法部确定居住在台湾岛内或者国外的台湾居民可以选择在深圳市、厦门市报名参加考试。截至 2016 年，共有一千余名台湾居民在深圳参加考试。但是，加上 2015 年公布的数据，仅有 46 名通过国家统一法律职业资格考试的港澳台籍律师在深圳注册，其中香港籍 43 名，台湾籍 2 名，澳门籍 1 名。

最后，中国还应设计和建设法律服务业开放的配套措施，具

[①] 参见鲍晓华、高磊：《中国专业服务贸易：发展现状、国际经验及政策建议》，载《外国经济与管理》2014 年第 9 期，第 66 页。

体如下：

第一，重视国际化人才队伍培养，加大对法律服务教育的投入，从总体上提高中国法律服务业的质量和国际竞争力。当前，中国法律服务市场在"走出去"的进程中存在严重的人才制约等限制因素，而同为"金砖国家"之一的印度，其人才的国际化程度要远高于中国。因此，相关各方须需建立起相对应的人才培育机制。①

第二，通过与"一带一路"沿线国家签订FTA，以自由贸易试验区为试点，有限地适用律师"飞进飞出"规则，为今后自然人流动模式的适用进行压力测试。鉴于大多数WTO成员方长期封闭法律服务市场，以TiSA为代表的新时期国际经济协定提出了涉及律师服务的"飞进飞出"规则，主要内容包括：（1）如果同意其他缔约方以跨境支付的方式提供外国法律服务或者国际法律服务，缔约方应当同意以"飞进飞出"作为基础的进入和临时停留制度，不得要求服务提供者设立或者维持代表处或任何形式的商业存在，或把有本国居民或者定居作为当地执业或者登记的同意或者资质条件。（2）停留的时间在以12个月为周期的总长度中不能超过90天。（3）有关于"飞进飞出"或者临时执业的方法，不管有无明确的法律规定，都视为允许外国律师临时提供外国法律服务以及国际法律服务，而不需要在缔约国登记。这三项内容属于少数国家的提议和做法，主要存在于英美法系国家，即便是日本和韩国这样的OECD成员也表示反对。鉴于上述三项内容以及TiSA自然人流动模式附件"临时进入和停留制度"的创新性和适用范围，中国可以通过"一带一路"建设的布局，将上

---

① 参见姚战琪：《中国服务业开放的现状、问题和对策：基于中国服务业FDI视角的研究》，载《国际贸易》2013年第8期，第17页。

述制度加入双边或者区域经济协定中,以"互惠原则"为基础,加快法律服务等专业服务开放的步伐。

第三,自由贸易试验区在对"一带一路"沿线国家提供法律服务时,可以推动香港法作为"适用法"(governing law)。一方面,"一带一路"沿线国家中有二十多个普通法系国家。香港法源自普通法,如以香港法为适用法,则当事人对处理结果具有可预测性和信任感。另一方面,"一带一路"沿线有多个不同法系的国家,包括伊斯兰法系、普通法系、大陆法系、社会主义法系、混合法系等。由于法律体系之间的差异会招致法律风险,因此在进行跨境投资前,投资者必须充分了解不同法律体系以及当地实体法和程序法的风险。香港地区法律界承袭英国普通法传统,高度国际化,有能力协助境内外人士解决"一带一路"建设带来的法律问题。

目前,虽然香港与内地的仲裁机构之间没有太多合作,但是在实务中适用香港法于内地仲裁机构仲裁以及适用中国法于香港仲裁机构仲裁的案件并不少。如果能把各仲裁机构的资源集中到一个常设仲裁机构中,也就意味着这个机构能提供香港与内地任何一个管辖区的相关法律服务。不管仲裁所适用的规则是哪个机构的,实体法是中国法还是香港法,常设仲裁机构都能提供一体化的法律服务。基于国际仲裁的特性,仲裁程序中遇到的很多法律问题都是跨境的,如取证、临时措施的颁布和执行、仲裁裁决的执行等。这些不同管辖区的程序当前都要由仲裁方自行解决。如果设立常设机构,也许可以对仲裁方提供一定的法律援助,简化程序。举个例子,中国的临时保全措施需要通过仲裁委员向法院提出申请,如果仲裁机构在境外,则无法向中国法院申请国内的临时措施。如果存在一个跨境的常设机构,也许可以通过常设机构向法院提出申请,解决目前境外仲裁的难题。①

第四,在自由贸易试验区内有限度地放开专利代理人考试资格要求。根据 GATS 和 TRIPS 追求自由化的精神,可以允许符合条件的外国籍人士参加专利代理人资格考试。根据《专利法》《专利代理条例》及相关部门规章的规定,国家专利局于 2018 年 4 月 26 日发布了《关于 2018 年全国专利代理人资格考试有关事项的公告》,规定了报名条件:"拥护中华人民共和国宪法,并且具备下列条件的中国公民,可以报名参加全国专利代理人资格考试:1. 18 周岁以上,具有完全民事行为能力;2. 高等院校理工科专业毕业或者具有同等学历;3. 熟悉专利法和有关的法律知识;4. 从事过两年以上科学技术工作或者法律工作。高等院校理工科专业毕业是指取得国家承认的理工科大专以上学历,并获得毕业文凭或者学位证书。"该公告还规定:"持香港、澳门、台湾地区或者国外高等学校学历或者学位证书报名的,其学历或者学位证书须经教育部留学服务中心认证,符合报考学历或者学位条件的,可以报名参加考试。高等院校在读硕士研究生学习期满一年的以及高等院校在读博士研究生,视为从事过两年以上科学技术工作。"类似之前的国家统一司法考试,国家知识产权局自 2004 年起允许香港、澳门特区居民参加内地专利代理人资格考试,2011 年向台湾地区居民开放考试。截至 2017 年,共有 56 名香港考生、1 名澳门考生和 436 名台湾考生通过了考试。② 相应地,可以在自由贸易试验区放开专利律师的考试资格要求,允许

---

① 参见王鸣峰、彭禧雯:《共建"一带一路"常设仲裁机构 可考虑在香港设立专门机构,化竞争为合作,处理相关争议》,http://www.lawyers.org.cn/info/f0260a4d5af54e9d9c83d2ed7d018ffc,访问日期:2018 年 4 月 2 日。

② 参见孙自法:《国家知识产权局:493 名港澳台考生已通过专利代理人资格考试》,http://www.taihainet.com/news/twnews/bilateral/2018-04-26/2126902.html,访问日期:2018 年 4 月 2 日。

符合国籍要求之外所有条件的外国籍人士参加全国专利人资格考试。在身份证明问题上，建议参考国家工商行政管理总局、商务部、海关总署、国家外汇管理局于2006年4月24日联合印发的《关于外商投资的公司审批登记管理法律适用若干问题的执行意见》，对没有办妥签证和入境手续的外国籍人士，其护照不能作为有效身份证明，仍应以经公证认证的该国有权部门签发的文件作为其身份证明。

第五，修改规则以方便外籍律师参与涉外仲裁案件。仲裁与调解、诉讼等其他纠纷解决机制相比，具有以下优点：一是公正性。仲裁委员会依法独立行使仲裁权，不受行政机关、社会团体和个人的干涉。二是自愿性。仲裁实行当事人自愿原则，主要表现为：（1）当事人自行决定是否仲裁；（2）当事人自愿选择仲裁委员会，不受地域限制；（3）当事人自愿选择仲裁员；（4）当事人自愿决定开庭方式和审理方式。三是保密性。仲裁一般不公开审理，可为当事人保守商业秘密，维护当事人的形象和声誉。四是及时性。仲裁机构原则上在仲裁庭组成后的规定时间内作出裁决，而且一裁终局。当事人对仲裁裁决不服的，不得再向法院起诉。仲裁作为跨国法律纠纷解决机制，已经得到国内外法律界以及当事人的高度认可。然而，按照《外国律师事务所驻华代表机构管理条例》和《司法部关于执行〈外国律师事务所驻华代表机构管理条例〉的规定》的规定，外国律师在中国代理仲裁案件时，不得对中国法律的适用发表代理意见。当前，越来越多的外国律师参与在中国进行的仲裁案件/程序，这是不容忽视的现实。建议取消《司法部关于执行〈外国律师事务所驻华代表机构管理条例〉的规定》第32条第4项"在仲裁活动中，以代理人身份对中国法律的适用以及涉及到中国法律的事实发表代理意见或评论"的规定，提高外籍律师参与国内仲裁的积极性，进而使中国成为国际上的重要仲裁地。GATS、TiSA 等为国际社会在多边框架下承诺法律服务自由化提供机制的同时，也要求政府宏观管理和行业监管更加有效。最惠国待遇原则使得缔约国通过具体的服务贸易承诺，约束市场准入水平及服务未来的自由化，也会使得缔约国在法律服务领域的自由化承诺在一定时期内保持相对稳定、透明和可预测。虽然法律服务自由化的市场风险总体上比较小，但是也不能忽视，特别是对境外法律机构的本土化过程要正确引导规范。虽然随着今后服务贸易自由化谈判次数的增加，新的自由化承诺将会产生，但是现有的承诺构成了未来承诺水平可预见的基础。司法部、律师协会等主管法律服务的单位或者行业组织对于国内法律服务市场的法律和政策监管，同样要围绕当前的法律服务承诺的水平和实践状况进行。在开放的条件下，对法律服务的监管必然要适应新的要求和新的形势，这对于提高决策部门管理的有效性具有十分重要的意义。建议参考 TiSA 文本的内容，建立法律服务工作组和联系点、争端解决机制以及监督机构。待时机成熟后，再进行相关法律法规的制定和修改。①

---

① 参见李本森：《经济全球化背景下的法律服务自由化》，载《法学》2004 年第 1 期，第 104—111 页。

附录

关于发展涉外法律服务业的意见

发展涉外法律服务业是建设完备的法律服务体系、推进全面依法治国、促进全方位对外开放的重要举措。为深入贯彻落实党的十八大和十八届三中、四中、五中、六中全会精神，积极推进我国涉外法律服务业发展，现提出如下意见。

一、发展涉外法律服务业的重要性和必要性

党的十八大以来，在党中央、国务院的领导下，我国涉外法律服务业发展较快，涉外法律服务队伍不断壮大，涉外服务领域日益拓展，服务质量逐步提升，为维护我国公民、法人在海外正当权益、促进对外开放发挥了重要作用。但是，也要看到，当前涉外法律服务业仍然面临一些问题和挑战，主要表现在：涉外法律服务业的工作制度和机制还不完善，政策措施还不健全，我国涉外法律服务业的国际竞争力还不强，高素质涉外法律服务人才比较匮乏。党的十八届四中全会对发展涉外法律服务业作出了重要部署，提出了明确要求。随着我国全面建成小康社会进入决胜阶段，对外开放面临新形势新任务，涉外法律服务业在全面依法治国和经济社会发展中的作用更加显现。发展涉外法律服务业，是适应经济全球化进程、形成对外开放新体制、应对维护国家安全稳定新挑战的需要，对于增强我国在国际法律事务中的话语权和影响力，维护我国公民、法人在海外及外国公民、法人在我国的正当权益具有重要意义。因此，必须把发展涉外法律服务业摆在更加突出的位置，采取有效措施，努力把我国涉外法律服务业提高到一个更高水平。

二、总体要求

（一）指导思想。全面贯彻落实党的十八大和十八届三中、四中、五中、六中全会精神，以邓小平理论、"三个代表"重要思想、科学发展观为指导，深入贯彻习近平总书记系列重要讲话精神，紧紧围绕"五位一体"总体布局和"四个全面"战略布局，牢固树立并贯彻落实创新、协调、绿色、开放、共享的发展理念，建立健全涉外法律服务工作制度和机制，加强涉外法律服务队伍建设，推进涉外法律服务业发展，努力为形成对外开放战略新布局，为实现"两个一百年"奋斗目标和中华民族伟大复兴的中国梦做出新的贡献。

（二）基本原则

坚持服务大局。围绕党和国家中心工作，服务对外开放大局，服务外交工作大局，发挥优势，主动作为，努力为促进我国经济社会发展提供优质高效的涉外法律服务。

坚持创新发展。主动适应经济新常态和对外开放新格局，积极推进涉外法律服务业务创新、方式方法创新和管理创新，不断丰富服务载体，提高涉外法律服务能力和水平。

坚持统筹兼顾。统筹好国内和国际两个大局，促进涉外法律服务业发展的速度、规模、质量与开放型经济发展相协调，实现涉外法律服务业整体协调发展。

坚持立足国情。从我国国情和法律服务业实际出发，遵循发展规律，充分发挥政府主管部门、行业协会和法律服务机构的作用，共同推进涉外法律服务业发展。

（三）主要目标。到 2020 年，发展涉外法律服务业的制度和机制基本健全，涉外法律服务领域有效拓展，服务质量明显提升，服务队伍发展壮大，国际竞争力显著提高，建立一支通晓国际规则、具有世界眼光和国际视野的高素质涉外法律服务队伍，建设一批规模大、实力强、服务水平高的涉外法律服务机构，更好地服务经济社会发展。

三、主要任务

（四）为"一带一路"等国家重大发展战略提供法律服务。围绕推进"一带一路"、自贸区建设等重大国家发展战略，为全面提升开放型经济水平提供法律服务。积极参与交通、能源、通信等基础设施重大工程、重大项目的立项、招投标等活动，提供法律服务，防范投资风险。推动与"一带一路"沿线有关国家和地区在相关领域开展务实交流与合作，为国际货物贸易、服务贸易、跨境电子商务、市场采购贸易以及新的商业形式和新一代信息技术、新能源、新材料等新兴产业发展提供法律服务。在执业活动中开展对外法治宣传，向有关国家和地区宣传我国法律制度，特别是有关投资、贸易、金融、环保等方面的法律规定，增进国际社会对我国法律制度的了解和认知。

（五）为中国企业和公民"走出去"提供法律服务。适应我国实施"走出去"发展战略的需要，鼓励和支持法律服务机构和人员参与中国企业和公民"走出去"法律事务，努力做到中国企业和公民走到哪里，涉外法律服务就跟进到哪里。开展外国有关法律制度和法律环境咨询服务，帮助中国企业和公民了解驻在国家和地区的有关法律制度。参与企业涉外商事交易的尽职调查，开展风险评估、防范与控制，协助中国企业建立健全境外投融资风险防范和维护权益机制，防范法律风险。拓展涉外知识产权法律服务，加强专利、商标和著作权保护、涉外知识产权争议解决等方面的法律服务工作。切实做好涉外诉讼、仲裁代理工作，依法依规则解决国际贸易争端，积极参与反倾销、反垄断调查和诉讼，维护我国公民、法人在海外及外国公民、法人在我国的正当权益，依法维护海外侨胞权益。

（六）为我国外交工作大局提供法律服务。围绕我国外交工作大局，积极为我国对外签订双边、多边条约等提供法律服务，提升我国在国际法律事务中的话语权和影响力。适应推动建立新型大国关系的需要，为我国对外开展战略与经济对话、人文交流、高层磋商等提供法律咨询和法律服务。充分发挥法律服务专业优势，协助我外事、商务等部门依法依规则制定对外经济合作、文化交流等政策措施，协助我驻外使领馆依法依规则处理外交领事事务。

（七）为打击跨国犯罪和追逃追赃工作提供法律服务。推动在打击跨国犯罪、毒品、洗钱和反腐、反恐等领域的务实合作，依据国际规则和双边条约提供法律服务，深化国际刑事司法协助，切实维护地区安全。认真做好涉外民商事案件代理等工作，促进国际民商事司法协助。配合相关部门加强反腐败国际多边双边合作和追逃追赃工作，及时提供法律意见和建议。加强被判刑人移管国际合作。

四、主要措施

（八）健全完善扶持保障政策。将发展涉外法律服务业纳入国家和地方"十三五"服务业发展规划，纳入实施"一带一路"、自贸区建设等重大国家发展战略。商务主管部门、商会和相关行业协会要为涉外法律服务机构和涉外企业搭建信息交流平台，发布对外经贸发展动态和涉外法律服务需求信息，把涉外法律服务作为境内外国际服务贸易展览会和经贸洽谈的重要内容予以推介。积极鼓励具备条件的高等学校、科研院所等按照涉外法律服务业发展需求创新涉外法律人才培养机制和教育方法，完善涉外法律的继续教育体系。充分发挥高校现有的22个卓越涉外法律人才教育培养基地的作用，加快培养通晓国际规则、善于处理涉外法律事务的涉外法律人才。利用现有资金渠道，加大政府采购涉外法律服务的力度，鼓励在政府采购项目中优先选择我国律师提供法律服务，在外包服务、国有大型骨干企业境外投融资等项目中重视发挥法律服务机构的作用。落实支持涉外法律服务业发展的税收政策，为涉外法律服务业发展提供支持。完善涉外法律服务机构境外发展的政策措施，对法律服务机构在信息咨询、市场考察、外派人员参加当地执业保险等方面提供便利。

（九）进一步建设涉外法律服务机构。培养一批在业务领域、服务能力方面具有较强国际竞争力的涉外法律服务机构，推出国家和地方涉外法律服务机构示范单位（项目）。制定涉外法律服务机构建设指引，完善其内部组织结构、质量控制、风险防范、利益分配等制度，不断提升法律服务机构管理水平。支持国内律师事务所通过在境外设立分支机构、海外并购、联合经营等方式，在世界主要经济体所在国和地区设立执业机构，律师协会要采取牵线搭桥、重点推介等措施，为国内律师事务所在境外设立分支机构创造条件。

（十）发展壮大涉外法律服务队伍。发展公职律师、公司律师队伍，政府外事、商务等涉外部门普遍设立公职律师，涉外企业根据需要设立公司律师。实施完善涉外律师领军人才培养规划。加快涉外律师人才库建设，为发展涉外法律服务业储备人才。将涉外法律服务人才引进和培养纳入"千人计划""万人计划"等国家重大人才工程，建立涉外法律服务人才境外培养机制，加大高层次涉外法律服务人才引进力度。建立边远和内陆省（区、市）涉外法律服务队伍培养机制，推动涉外法律服务区域均衡发展。健全完善优秀涉外法律服务人才推荐机制，积极推荐具备丰富执业经验和国际视野的涉外法律服务人才进入国际经济、贸易组织的专家机构、评审机构、争端解决机构以及国际仲裁机构，建立优秀涉外法律服务人才为我外交外事部门和确有需要的驻外使领馆提供法律服务的工作机制。

（十一）健全涉外法律服务方式。探索健全全球化、信息化背景下新的涉外法律服务方式，利用大数据、物联网、移动互联网、云计算等新一代信息技术推动涉外法律服务模式创新，培育发展涉外法律服务网络平台，推动网上法律服务与网下法律服务相结合。促进涉外法律服务业与会计、金融、保险、证券等其他服务业之间开展多种形式的专业合作。

（十二）提高涉外法律服务质量。充分发挥法律服务行业协会行业自律和服务功能，完善涉外法律服务工作标准和职业道德准则，规范律师涉外法律服务执业行为和管理。加强涉外法律服务机构基层党组织建设。健全完善涉外公证质量监管机制，建立严格的证据收集与审查制度、审批制度以及重大疑难涉外公证事项集体讨论制度。建立完善涉外司法鉴定事项报告制度，进一步规范涉外司法鉴定工作。

（十三）稳步推进法律服务业开放。支持并规范国内律师事务所与境外律师事务所以业务联盟等方式开展业务合作，探索建立律师事务所聘请外籍律师担任法律顾问制度。以上海、广东、天津、福建自由贸易试验区建设为契机，探索中国律师事务所与外国律师事务所业务合作的方式和机制。深化法律服务业对外合作，参与有关国际组织业务交流活动，开展与"一带一路"沿线国家法律服务领域的互惠开放。坚持在CEPA及其补充协议框架下，实施内地对香港、澳门的各项开放措施，加快落实合伙联营律师事务所试点工作，进一步加强香港、澳门律师事务所与内地律师事务所的业务合作。

五、组织领导

（十四）建立协调机制。司法部会同外交部、国家发改委、教育部、财政部、商务部、国务院法制办、军委法制局、军委政法委等有关部门建立联席会议制度，及时研究解决涉外法律服务工作中的重大问题。各地有关部门要根据本地区的实际情况，建立部门协调配合机制，制定实施科学合理、切实可行的发展涉外法律服务业措施。

（十五）加强监督管理。建立健全涉外法律服务法律法规体系，修订《外国律师事务所驻华代表机构管理条例》，加强对外国律师事务所驻华代表机构设立的审核和监督管理。司法行政部门要建立律师事务所在境外设立分支机构备案制度，加强对设立境外法律服务机构的引导和规范管理工作。

参考文献

一、书籍类

（一）中文

1. 本书编写组：《马克思主义基本原理概论》（2013年修订版），高等教育出版社2013年版。
2. 曹建明、贺小勇：《世界贸易组织》（第三版），法律出版社2011年版。
3. 陈向明：《质的研究方法与社会科学研究》，教育科学出版社2000年版。
4. 《辞海》（第四卷），上海辞书出版社1999年版。
5. 马宏俊主编：《〈律师法〉修改中的重大理论问题研究》，法律出版社2006年版。
6. 《马克思恩格斯文集》（第2卷），人民出版社2009年版。
7. 马英娟：《政府监管机构研究》，北京大学出版社2007年版。

（二）英文

1. J. Ross Harper (ed.), *Global Law in Practice*, Kluwer Law International and International Bar Association, 1997.
2. Salvatore Babones, Studying Globalization: Methodological Issues, in George Ritzer (ed.), *The Blackwell Companion to Globalization*, John Wiley & Sons, 2008.

二、期刊类

（一）中文

1. 白洁：《中美服务贸易开放度的比较与启示——基于频度分析的方法》，载《亚太经济》2015年第6期。

2. 鲍晓华、高磊：《中国专业服务贸易：发展现状、国际经验及政策建议》，载《外国经济与管理》2014 年第 9 期。

3. 陈承帼：《对境外律师事务所驻华（内地）代表处及其代表应实施行业监管》，载《中国律师》2011 年第 6 期。

4. 陈东：《论〈服务贸易总协定〉框架下的法律服务对外开放——兼论中国的立法取向》，载《国际经济法论丛》2002 年第 2 期。

5. 陈立虎、刘芳：《服务贸易协定（TiSA）对 WTO 法律规则的超越》，载《上海对外经贸大学学报》2015 年第 6 期。

6. 陈林、罗莉娅：《中国外资壁垒的政策效应研究——兼议上海自由贸易区改革的政策红利》，载《经济研究》2014 年第 4 期。

7. 段子忠、林海：《服务贸易协定（TiSA）谈判追踪》，载《WTO 经济导刊》2016 年第 6 期。

8. 冯新舟：《经济全球化新形势与中国的战略选择》，载《经济问题》2018 年第 3 期。

9. 付丽：《美欧国际贸易规则重构战略及其对中国的影响》，载《国际经济合作》2017 年第 1 期。

10. 高连廷：《我国服务贸易国际竞争力研究》，载《中国流通经济》2011 年第 10 期。

11. 韩长印、郑丹妮：《我国律师责任险的现状与出路》，载《法学》2014 年第 12 期。

12. 贾午光、何敏：《国际法律服务业的发展趋势与中国法律服务业的进一步开放》，载《环球法律评论》2001 年第 4 期。

13. 景丹阳：《西方国家的逆全球化危机和"驯服"全球化》，载《国际展望》2017 年第 1 期。

14. 冷帅等：《中国涉外法律服务业探析（上）》，载《中国律师》2017 年第 6 期。

15. 李凯杰：《供给侧改革与新常态下我国出口贸易转型升级》，载《经济学家》2016 年第 4 期。

16. 李伍荣、周艳：《服务贸易协定（TiSA）市场开放承诺的机制创新》，载《国际贸易》2015 年第 3 期。

17. 李伍荣、周艳：《〈服务贸易协定〉的发展路向》，载《国际经济评论》2014 年第 6 期。

18. 林晓伟、李非：《福建自贸区建设现状及战略思考》，载《国际贸易》2015 年第 1 期。

19. 刘敬东：《多边体制 VS 区域性体制：国际贸易法治的困境与出路》，载《国际法研究》2015 年第 5 期。

20. 刘思达：《中国涉外法律服务业市场的全球化》，载《交大法学》2011 年第 1 期。

21. 秦石：《段祺华：完善监管稳步开放中国法律服务市场》，载《中国律师》2011 年第 4 期。

22. 任靓、林桂军：《金砖国家服务业开放研究》，载《亚太经济》2016 年第 4 期。

23. 邵云伟、顾潇斐、王琼：《上海法律服务业的现状与完善》，载《法治论丛》2005 年第 4 期。

24. 沈伟：《逆全球化背景下的国际金融治理体系和国际经济秩序新近演化——以二十国集团和"一带一路"为代表的新制度主义》，载《当代法学》2018 年第 1 期。

25. 盛斌：《贸易、发展与 WTO：多哈回合谈判的现状与前景》，载《世界经济》2006 年第 3 期。

26. 盛雷鸣、彭辉、史建三：《中国（上海）自由贸易试验区建立对法律服务业的影响》，载《法学》2013 年第 11 期。

27. 史建三：《全球化背景下法律服务市场大趋势》，载《中国律师》2009 年第 10 期。

28. 孙南申：《法律服务业市场开放中的问题与对策》，载《南京大学学报（哲学·人文科学·社会科学）》1998 年第 4 期。

29. 孙蔚、曹德军：《中国正在引领新一轮全球化进程》，载《中国发展观察》2017 年第 Z2 期。

30. 天津市司法局课题组：《"一带一路"背景下推进涉外法律服务业发展的探索与思考》，载《中国司法》2017 年第 9 期。

31. 佟家栋等：《"逆全球化"浪潮的源起及其走向：基于历史比较的视

角》，载《中国工业经济》2017 年第 6 期。

32. 王江：《德国法律服务业开放的管窥和启示》，载《德国研究》2001 年第 3 期。

33. 王丽、韩玉军：《中国服务贸易竞争力与服务业开放度的国际比较》，载《中国流通经济》2016 年第 8 期。

34. 王琳：《韩国自贸区制度化建设的经验与借鉴》，载《对外经贸实务》2015 年第 5 期。

35. 王智新、梁翠、范亦非：《法律服务能否促进我国制造业企业出口？》，载《西部论坛》2015 年第 5 期。

36. 向涛：《对外国律师事务所驻华代表机构及代表的监管问题研究》，载《中国律师》2011 年第 3 期。

37. 杨立民：《法律服务市场：开放的风险与机遇》，载《WTO 经济导刊》2017 年第 12 期。

38. 姚战琪：《中国服务业开放的现状、问题和对策：基于中国服务业 FDI 视角的研究》，载《国际贸易》2013 年第 8 期。

39. 尹伟华：《中、美两国服务业国际竞争力比较分析——基于全球价值链视角的研究》，载《上海经济研究》2015 年第 12 期。

40. 袁志刚、余新宇：《经济全球化动力机制的演变、趋势与中国应对》，载《学术月刊》2013 年第 5 期。

41. 张方舟：《论中国法律服务市场开放的新标准——以上海自贸区的实践为视角》，载《研究生法学》2016 年第 1 期。

42. 张皞：《〈国际服务贸易协定〉的自由化推进和多边化悬疑》，载《亚太经济》2014 年第 4 期。

43. 张茉楠：《当前"逆全球化"趋势与新一轮全球化走向》，载《宏观经济管理》2017 年第 5 期。

44. 张萍：《服务贸易规则重构对中国的影响及应对》，载《国际经济合作》2017 年第 6 期。

45. 张霄岭、任健：《〈国际服务贸易总协定〉对 90 年代国际贸易的影响》，载《世界经济》1992 年第 12 期。

46. 张晓明：《中国法律服务业：区域特征与市场结构》，载《上海经济研究》2007 年第 3 期。

47. 张雪松：《澳门公证执业主体概述》，载《中国公证》2016 年第 7 期。

48. 赵仁康：《全球服务贸易自由化态势研判——以多哈回合服务贸易谈判为视角》，载《国际贸易问题》2006 年第 9 期。

49. 郑春荣：《欧盟逆全球化思潮涌动的原因与表现》，载《国际展望》2017 年第 1 期。

50. 周艳、李伍荣：《〈服务贸易协定〉会否多边化？》，载《国际经济评论》2016 年第 3 期。

51. 周忠海、谢海霞：《中国开放法律服务市场有关问题之探讨》，载《政法论坛》2002 年第 1 期。

52. 朱景文：《关于法律与全球化的几个问题》，载《法学》1998 年第 3 期。

53. 宗泊：《〈服务贸易协定〉介评》，载《河北法学》2016 年第 2 期。

（二）英文

1. Douglas A. Irwin, The Truth About Trade: What Critics Get Wrong About the Global Economy, *Foreign Affairs*, 2016, 95 (1).

2. Gavin Bridge, Grounding Globalization: The Prospects and Perils of Linking Economic Processes of Globalization to Environmental Outcomes, *Economic Geography*, 2002, 78 (3).

3. Jeanne Lee John, The KORUS FTA on Foreign Law Firms and Attorneys in South Korea—A Contemporary Analysis on Expansion into East Asia, *Northwestern Journal of International Law & Business*, 2012, 33 (1).

4. Paul James & Manfred B. Steger, A Genealogy of "Globalization": The Career of a Concept, *Globalizations*, 2014, 11 (4).

三、报纸类

1. 单士磊：《韩国：律师业竞争激烈滋生创收乱象》，载《法制日报》2014 年 11 月 11 日第 6 版。

2. 高虎城：《完善对外开放战略布局》，载《人民日报》2015 年 12 月 10 日第 7 版。

3. 龚柏华：《涉外法律服务业发展将迎来新的机遇期》，载《光明日报》

2017年1月10日第4版。

4. 陆振华：《起底 TiSA 秘密谈判：中国加入服务贸易立规新游戏》，载《21世纪经济报道》2014年1月1日第1版。

5. 邱海峰：《海南新定位令全球瞩目》，载《人民日报（海外版）》2018年4月18日第11版。

6. 魏哲哲、倪弋：《法律服务护航"一带一路"》，载《人民日报》2017年5月10日第17版。

7. 佚名：《中外律师事务所可在上海自贸区内联营》，载《大众日报》2014年11月27日第9版。

四、其他文献资料类

（一）中文

1. 杜相希：《韩国法律市场："自由贸易协定"下的"开放"与"防范"较量》，http://www.law-lib.com/lw/lw_view.asp?no=10858。

2. 陆磊：《主动参与全球化符合中国战略利益》，http://opinion.caixin.com/2012-10-10/100445424.html。

3. 商务部国际贸易经济合作研究院：《世界经济贸易形势》，http://images.mofcom.gov.cn/zhs/201711/20171107095504154.pdf。

4. 商务部：《中国服务行业发展报告2007》，http://tradeinservices.mofcom.gov.cn/index.shtml?method=view&id=24756。

5. 孙明华：《从中韩对比看未来二十年我国经济发展前景》，http://www.aisixiang.com/data/86746.html。

6. 王凤梅：《自贸区中外律所互派律师、联营焦点十问》，http://www.lvshimen.com/news.asp?id=101152。

7. 王聘远、林戈：《上海自贸区四家联营》，https://www.zhihedongfang.com/49699.html。

8. 谢海涛：《中国律师业面临全球化服务瓶颈》，http://finance.sina.com.cn/roll/20110505/15479797119.shtml。

9. （2013）一中民特字第6539号。

10. 佚名：《韩国发展报告2012》，http://www.lieguozhi.com/skwx_lgz/

259

book/initChapter？siteId＝45&contentId＝1610&contentType＝Knowledge。

11. 佚名：《商务部服贸司负责人谈 2015 年服务贸易发展情况》，http：//www. mofcom. gov. cn/article/ae/ai/201602/20160201251015. shtml。

12. （2013）中国贸仲京裁字第 0223 号。

（二）英文

1. ABA，ABA National Lawyer Population Survey Lawyer Population by State（2017），https：//www. americanbar. org/content/dam/aba/administrative/market_research/National％20Lawyer％20Population％20by％20State％202017. authcheckdam. pdf.

2. Addendum，Detailed Analysis of the Modifications Brought About by the Revision of the Central Product Classification，S/CSC/W6/Add. 10，March 27，1998.

3. Australian Service Roundtable，Securing Australia's Place in the Global Services Economic，Submission to Mortimer Review of Export Policy and Programs，Canberra，July 2008.

4. Commission of the European Communities，Panorama of EU industry，1997.

5. David Dollar & Aart Kraay，Trade，Growth，and Poverty，http：//www. imf. org/external/pubs/ft/fandd/2001/09/dollar. htm.

6. EUROSTAT，Legal Services，Research Paper，March 1993.

7. Gootiiz Batshur & Mattoo Aaditya，Service in Doha：What on the Table？World Bank Policy Research Working Paper 4903，2012.

8. IMF Staff，Globalization：Threat or Opportunity？http：//www. imf. org/external/np/exr/ib/2000/041200to. htm.

9. Negotiations for a Plurilateral Agreement on Trade in Services，http：//europa. eu/rapid/press-release_MEMO-13-107_en. htm.

10. OECD，International Trade in Professional Services：Advancing Liberalisation Through Regulatory Reform（OECD Proceedings），1997.

11. OECD，International Trade in Professional Services：Assessing Barriers and Encouraging Reform，OECD Documents，1996.

12. OECD，Liberalization of Trade in Professional Services，OECD

Documents,1995.

13. Rachel E. Stern & Su Li, The Outpost Office: How International Law Firms Approach the China Market, http://onlinelibrary.wiley.com/doi/10.1111/lsi.12138/full.

14. South Korea, Foreign Legal Consultants Law, http://www.loc.gov/law/foreign-news/article/south-korea-foreign-legal-consultants-law.

15. Sperry v. Florida, 373 U. S. 379, 83 S. Ct. 1322 (1963).

16. Statista, Distribution of the Legal Services Fee Revenue Worldwide in 2014/2015, by country, https://www.statista.com/statistics/605510/distribution-of-the-global-legal-services-market/.

17. The Warwick Commission, The Multilateral Regime: Which Way Forward? http://www2.warwick.ac.uk/research/warwickcommission/worldtrade/report/uw_warcomm_tradereport_07.pdf.

18. US International Trade Commission, Recent Trends in US Services Trade, May 1997.

19. World Trade Organization, Legal Service: Background Note by the Secretariat, S/C/W/43, July 6, 1998.

五、主要网站类

1. 经济合作与发展组织：http://www.oecd.org。

2. 联合国国际贸易法委员会：http://www.uncitral.org/。

3. 伦敦金融城：https://www.cityoflondon.gov.uk/。

4. 美国国际贸易委员会：https://www.usitc.gov。

5. 美国劳工部：http://www.bls.gov/ooh/legal/home.htm。

6. 美国律师协会：http://www.americanbar.org。

7. 《美国律师》杂志：https://www.law.com/americanlawyer。

8. 美国专利和商标局：https://www.uspto.gov。

9. 欧盟：http://europa.eu。

10. 上海浦东：http://www.pudong.gov.cn。

11. 上海政务：http://shzw.eastday.com。

12. 世界贸易组织：https：//www.wto.org。
13. 网易新闻：http：//news.163.com。
14. 维基解密网：http：//WikiLeaks.org。
15. 新华网：http：//news.xinhuanet.com。
16. 新浪财经：http：//finance.sina.com.cn。
17. 中国国家发展和改革委员会：http：//www.ndrc.gov.cn。
18. 中国律师网：http：//www.acla.org.cn。
19. 中国人大网：http：//www.npc.gov.cn。
20. 中国商务部：http：//www.mofcom.gov.cn。
21. 中国（上海）自由贸易试验区：http：//www.china-shftz.gov.cn。
22. 中国司法部：http：//www.moj.gov.cn。
23. 中国网：http：//www.china.com.cn。
24. 中国政府网：http：//www.gov.cn。
25. 中国自由贸易区服务网：http：//fta.mofcom.gov.cn。

谢辞

本书是在我的博士后出站报告的基础上修改而成的。

首先，特别感谢父母在我两年多的博士后工作中给予全力支持。

其次，在上海财经大学工作期间，我收获良多。第一位应该感谢的是我的博士后合作导师郑少华教授。郑教授是一位可亲可敬的学者，他在专业上传道解惑，在生活上给予我无微不至的关照，将"为人师表"的深意予以生动诠释。通过跟随郑教授以及我的博士生导师贺小勇教授对自由贸易试验区进行调研，以及领悟他们对自由贸易试验区建设的独到见解，我获益颇多，这对本书的写成有着重要作用。同时，还要感谢上海财经大学的老师们，他们非常关心我们这些博士后研究人员的工作进展和生活状况，竭尽所能地为我们排忧解难。感谢以下老师（按姓氏音序排列）：蔡守秋、陈骏杰、陈小枚、丁凤楚、樊健、付艳、付卓婧、葛伟军、何佳馨、胡凌、胡苑、李睿、刘水林、马洪、潘晓、单飞跃、商舒、宋晓燕、苏盼、童心、王福华、王缙凌、王全兴、王树义、王蕴、吴文芳、徐健、姚永美、叶名怡、叶榅平、曾坚、张军旗、张淑芳、张占江、周杰普、周燕、朱晓喆等。

再次，感谢校外专家不辞劳苦地到上海财经大学指导我开题、中期考核、答辩等。感谢上海财经大学博士后陈诚、李程宇、罗素梅、徐寿福等在日常给予的各种帮助。感谢全国博士后管理委员会和工作人员的帮助。

我回到母校华东政法大学工作期间，贺小勇教授、沈福俊教授、张国元教授以及山东大学沈伟教授和西南政法大学陈咏梅教授，对本书内容提出了许多宝贵意见，在此表示感谢。由于能力原因，如果书中出现纰漏或者存在其他问题，是我自己的责任。

最后，感谢那些我不知道但是帮助过我的人。

李晓郛

2018 年 9 月 10 日